聖經通識叢書

奔走風塵的僕人

馬可福音析讀

張略、黃錫木 著

基道出版社

▼

聖經通識叢書

奔走風塵的僕人

馬可福音析讀

Rediscovering the Bible
Book of Mark

作者
張略 Cheung, Luke L.、黃錫木 Wong, Simon S.M.

系列編委
張達民、張略、孫寶玲、黃錫木

審閱
李慧儀、羅慧琪

執行編輯
羅慧琪

內文設計
莫可雅

封面設計
胡立強

■

出版／發行
基道出版社
香港沙田火炭坳背灣街 26 號富騰工業中心 10 樓 1011 室
LOGOS PUBLISHERS
Unit 1011, 10/F, Fo Tan Ind. Centre, 26 Au Pui Wan St., Shatin, Hong Kong
電話：(852) 2687-0331　傳真：(852) 2687-0281
網址：https://www.logos.com.hk

承印
陽光（彩美）印刷有限公司

●

7/2003 初版
Cat. No. LP149C
ISBN-10: 962-457-241-0
ISBN-13: 978-962-457-241-4

刷次	14	13	12	11	10	9	8	7	6
年份	2032	2031	2030	2029	2028	2027	2026	2025	2024

聖經書卷析讀

「聖經書卷析讀」是「聖經通識叢書」的進深課程，以本叢書之「聖經書卷要領」為基礎，進深分析每本聖經書卷的內容和信息。傳統註釋書縱使包含豐富的釋經資料，但其可讀性非常低，只能作參考之用。「聖經書卷析讀」各冊的內容既反映個別學者嚴謹的學術研究，又務求深入淺出地解釋每卷書的每一段經文；此外，各書依然保留本叢書的特色：活潑和生動。

為更配合內文的討論，避免花不必要的篇幅討論翻譯等問題，這叢書所引用的聖經譯文全取自《現代中文譯本修訂版》(聯合聖經公會，1995；以下簡稱《現修》)。《現修》的翻譯不一定比教會傳統採用的《和合本》更好，然而，相對於《和合本》而言，《現修》的確是用普羅大眾較易明白的現代漢語寫成，而且大致上能夠頗為準確地表達經文的意思。不過，在《現修》與其他主要譯本有顯著出入的地方，本書都會有特別註明，並內文中常附有《和合本》或其他譯本的經文，以作比較。此外，在處理一些關鍵性的經文翻譯時，我們都會扼要地討論原文的意思，讓讀者無論使用甚麼譯本，都能對經文有準確的理解。

「聖經書卷析讀」的讀者若能先閱讀有關書卷的「聖經書卷要領」，以及《聖經鳥瞰——基礎篇》和《聖經鳥瞰——進深篇》，自然更能循序進入「聖經書卷析讀」較深入的討論；當然，本課程各冊亦可獨立使用，供資深信徒作研經材料。簡言之，「聖經書卷析讀」的對象是信主已有一段日子，對聖經有基本認識的基督徒，適合主日學和查經班使用。

「聖經通識叢書」的特色是要兼顧學術研究的精確和執著，與教會信徒的生活實踐，因此，每冊所討論的內容務求達到學術上的嚴謹，又以平易、通達的詞句表達。我們的目的，是要建立一個真正能夠反映聖經學術研究的普及聖經文化，讓信徒和教會可以享受歷代教會先賢和當今學者努力鑽研的成果，更勇敢地面對聖經研究在21世紀學術上的新發現和新理論，從而培養對追求聖經真理的認真和熱誠，並能在真理的基礎上對自己的信仰有更深層和謙卑的反省。

從不敢面對新的真理的懦弱，
從滿足於對真理一知半解的懶惰，
從自以為通曉一切真理的驕傲，
噢，真理之主，拯救我們！

—— 古代禱文

序言

馬可福音是4卷正典福音書中最短的一卷，不少牧者都推薦此書予初信的信徒閱讀，因為這書簡潔地敍述了耶穌的生平事迹和教訓。

從馬可福音中，我們可看到耶穌在世時的生平言訓如何使他成為當時極具爭議性的人物。透過耶穌為人犧牲性命的經過，就清楚地闡釋了「十架神學」的精神，亦帶出作耶穌門徒的意義；本書名為《奔走風塵的僕人》，正是要説明耶穌這位釘身十架的彌賽亞，與以賽亞書（五十二～五十三章）所描述那耶和華受苦僕人的遭遇相符。馬可福音內容節奏明快，敍述生動逼真，例如書中屢次記述耶穌能看透人心，且多次描述耶穌的感受（六6、34，七34，八12，十14，十四33～34等）和羣眾因他的神蹟教訓而驚愕的場面。雖説此書簡潔，但並非完全沒有艱澀難明的地方，例如本書原來的結尾並沒有記載耶穌復活後向門徒的顯現，其意義何在仍是一個爭論不休的問題。

自公元2世紀中葉以後，在正典書卷的排列上，馬可福音都置於馬太福音之後，並往往被視作馬太福音的撮錄。事實上，馬可福音要算是初期教會教父引述得最少的正典福音書卷。然而，近代大多數的新約學者卻認為馬可福音是4卷正典福音書中最早面世的一卷，而馬太福音和路加福音的作者都取材於馬可福音。若馬可福音真的是最先寫成的，則在正典福音書中，它也是第一卷使用「福音」這詞來指一本涵蓋耶穌生平和教訓的著作。因此，「福音」不只是初期教會所宣講的救恩信息，它實際上與耶穌的生平事迹和教訓息息相關。

多年來參與教會中教導工作的事奉，筆者深深體會到要由牧者、主日學教師或小組組長自行預備一份兼備經文釋義、討論問題及應用建議的教材，供主日學或教會小組使用，實在殊不輕易。筆者盼望這書會是一本合適的課本，供教會使用。

我們再次多謝基道出版社同工，特別是羅慧琪、李慧儀和許寶瑩的協助，使這書能順利出版。多謝Mr. Todd Bolen (www.BiblePlaces.com) 和Dr. Carl Rasmussen (www.holylandphotos.org) 慷慨地免費提供高解度圖象，使本書的內容更為豐富。

張略、黃錫木

2003年3月16日

目錄

專欄目錄

第一章

馬可福音導論

- 寫作對象和特色
- 主題和結構
- 如何閱讀這卷書
- 參考註釋書

小亞細亞的希拉波立的監督（Papias of Hierapolis；公元60～130年）

早於2世紀初葉，已有教會中的學者、作家（一般稱為「教父」）指出馬可福音的作者名為「馬可」，而**帕皮厄斯**的一番話更常被引用：「馬可成為彼得的翻譯者，把他對基督言行的記憶通通寫下來，雖然並不順著次序，卻是準確的。」（見於優西比烏的《教會歷史》）這一點，我們亦可以從書中找到證據，因為馬可福音傾於注重彼得的言行（八29～33，九4～7，十28～31，十一21，十四29～31、66～72）。但這並非說，馬可只是彼得的代筆人，而不是此書的作者。若彼得才是此書的撰寫人，它必定會以彼得著作之名流傳下來；由此可見，馬可是此書作者之說是有一定可靠性的。

里昂主教愛任紐（Irenaeus of Lyon；活躍於公元175～195年）

較後期的**愛任紐**不單止支持馬可為作者這立場，更指出馬可是在彼得去世後，在羅馬寫下他的福音書。既然彼得約在公元64至65年間殉道，書中十三章3至23節對耶路撒冷城被毀（公元70年）一事的描述，可能就是顯示馬可福音剛好成書於這事的前後，這表示馬可福音成書年份可能是公元65至70年間，因此，彼得便不可能是馬可福音的作者了。

原因是馬太福音幾乎涵蓋了馬可福音的所有內容。

馬可福音可能是最早出現的福音書，然而，馬可福音並不像馬太福音與路加福音般被教會廣泛引用。直至約150年前，仍有人認為馬可福音是**馬太福音的撮寫**。今天，大多數學者認為，馬太福音和路加福音大有可能是使用馬可福音的資料才寫成。

馬可生平

我們可以肯定，這位馬可就是使徒行傳十二章25節所提到的「約翰．馬可」：「約翰」(亞蘭文)是很常用的猶太人名字，而「馬可」(拉丁文)則是一個很普遍的羅馬人名字。當時很多猶太人都有兩個名字。馬可住在耶路撒冷，他母親馬利亞(徒十二12)擁有一所頗大的**房子**，其家庭與初代教會關係密切。早期教父更指出，這房子就是耶穌與門徒一同享用最後晚餐的地點(路二十二12～13)。

五旬節期間，這房子亦供使徒聚會(徒一13，二1～2)，所以他的家可能是耶路撒冷教會起初聚會的地方。

馬可是巴拿巴(初代教會領袖之一，亦是保羅的同伴)的表弟(西四10)。在保羅和巴拿巴的第一次宣教旅程中，馬可也曾與他倆同行，但由於他的立場較為保守，因此，**出發後不久便離隊**返回耶路撒冷(徒十三13)。後來，馬可有一段時間跟隨使徒彼得。彼得在其前書中，也提及馬可與他同在巴比倫(這「巴比倫」其實是羅馬的代號；彼前五13)，並稱馬可為他的兒子。

詳細討論，可參閱本叢書中，由張達民和黃錫木合著的《風起雲湧的初代教會──使徒行傳析讀》9.2「保羅與巴拿巴分手」。

公元4世紀的教父耶柔米(公元347～420年)，是古代最出色的聖經學者之一，曾把全本聖經翻譯成拉丁文；他在馬可福音的序言中很清楚介紹馬可：「馬可──這位上帝的傳道者──是彼得從水禮所生的兒子和上帝話語的學生；生為利未人，是一位在以色列執行祭司職分的人。他於信主後在意大利寫了這卷福音書。」耶柔米在《論名人》一書中又指出，馬可在埃及的亞歷山太城建立教會，並安葬在該城。

有關福音書的導論，可參本叢書之《耶穌生平與福音書要領》(由孫寶玲和黃錫木合著)第一章「福音書概述」；進深的討論，可參黃錫木編著的《福音書總論與馬可福音導論》第一章「福音書簡介」及第二章「符類福音問題」。

1.1. 寫作對象和特色

馬可福音有以下4個特點，表明它是為羅馬的外邦信徒所寫的：

❶馬可細緻地解釋了猶太人的風俗習慣：洗手的習俗（七3～4）、除酵節的習俗（十四12），以及安息日前的習俗（十五42～43）；

亞蘭語是巴勒斯坦猶太人的日常用語，一般外邦人都不懂這語言。

❷將**亞蘭語**的表達翻譯成希臘語並解釋其含意：約翰的名稱（三17）、耶穌呼喚小女孩（五41）、各耳板（七11）、耶穌以亞蘭語説話（七34）、各各他（十五22），以及耶穌在十字架上的呼喊（十五34）；

拉丁文是羅馬帝國的官方語言；一般人都會對此有點兒認識，住在羅馬城一帶的居民就更不用説了。

❸使用不少以希臘語音譯的**拉丁**術語和量值：「大羣」（五9）、「侍衛」（六27）、「天快亮」（六48）、「銀幣」（十二15）、「小銅板」（十二42）、「天亮以前」（十三35）、「院子」（十五16），以及「軍官」（十五39）；

❹還記錄了站在十字架前的一個羅馬軍官信仰的陳述（十五39）。

作者以「連續不斷的敍述」帶出急速緊湊的氣氛。要留意馬可用了超過40次「立刻」或類似的字眼來形容耶穌馬不停蹄的活動，而這詞在路加福音只出現1次。這可證明馬可對這詞情有獨鍾。

馬可似乎要給羅馬的信徒寫一本「耶穌生平概述」，藉著扼要敍述耶穌的生平事迹，再現耶穌作為救世主的形像，為教會提供一個基督徒生活和事奉的動態模式。在整個敍述中，耶穌匆忙地從一地方轉換到另一地方，藉著神蹟奇事強化他的教訓。在馬可福音裏，作者明顯較為重視**耶穌的行動**；在耶穌的言訓方面，作者大多記載耶穌的比喻。

作者當然也希望藉此鼓勵一些受到外界（如羅馬政府）強烈反對的信徒。馬可寫這福音書時，正值羅馬的基督徒大受當時羅馬皇帝尼祿（統治期：公元54～68年）的逼迫。許多基督徒遭到迫害，有的甚至為信仰被殺。馬可福音可能就是為了鼓勵這羣羅馬信徒而寫的，因此，書中詳細地描述耶穌面對持續不斷的反對、毅然決定完成自己上十字架的使命時，所經受的種種痛苦。

一個受逼迫的信仰羣體

馬可之所以著眼於這位要走上十字架的耶穌，可能是因為在馬可的時期有些基督徒過於關注耶穌的神性和他榮耀的復活，因此忽略了耶穌的人性和受苦。結果，他們亦不期然盼望能夠免去今世的苦難，進而很快地進入榮耀的天堂裏與耶穌聯合。我們不難想像，當尼祿皇帝帶走他們中間的一些人，把他們當作火把一樣焚燒的時候，這些人的信心會動搖得多麼厲害！馬可從神學和教牧的角度出發，複述了耶穌的事迹，表明在歷經苦難和事奉之後，天國終於在榮耀中顯現。馬太主要講述耶穌是我們的導師，是我們應當學習的（太十一29，二十八20）；約翰主要講述耶穌是上帝的兒子，是我們所應當信服的（約二十31）；而馬可則主要講述耶穌是服事人的君王，我們應當跟從他（一17）。這樣，如果我們要享受天國的榮耀，也必須要跟隨耶穌走苦難和事奉的道路。

馬可福音最後的部分講述耶穌復活的故事，但卻沒有圓滿地交代這故事的結局。根據最早和最可靠的抄本，故事的結尾是婦女們恐懼戰兢地離開空墳墓，沒有將情況告訴任何人（十六1～8）。馬可福音戛然而止的結束可能是出於作者的部署和刻意使用的修辭手法。然而，也有學者認為馬可福音的最後幾頁，在寫成後不久就已丟失。而現存馬可的結尾（十六9～20）是後來教會為了使作品有完整的結束而加上去的。

1.2. 主題和結構

馬可福音開宗明義道出它要說的是甚麼：「上帝的兒子，耶穌基督的福音是這樣開始的。」（一1）這裏的意思大概是：「要談論【或介紹】上帝的兒子耶穌基督所傳的福音，我會如此開始。」

全卷福音書旨在介紹耶穌基督是「上帝的兒子」此一身分。雖然「上帝的兒子」這稱謂在本福音書只出現**8次**，而其中多次都是以宣認的形式出現，但這名稱卻表明耶穌與上帝有獨特

（一1、11，三11，五7，九7，十三32，十四61，十五39）

的關係，是上帝獨一的兒子，有著上帝的能力與權柄。這宣認不單來自上帝，也是作者個人所見證的，甚至外邦人（羅馬軍官）也因看見耶穌在十字架上所作的事，而不期然給他這稱號，見證他是上帝的兒子。

例如：在此書的開首，作者介紹耶穌為「上帝的兒子」（一1），這是作者的宣認。耶穌受洗時，有從天上來的聲音說「你是我親愛的兒子」（一11）；耶穌在山上改變形像時，雲裏有聲音說「這是我親愛的兒子」（九7）；在此書末羅馬軍官說「這個人真是上帝的兒子」（十五39）。

參本書3.1.有關「人子」的專欄。

值得一提的是：「人子」在亞蘭語可理解作「我」，因此，對那些知道耶穌獨特身分的人來說，這自稱是指向但以理書七章所說的那位有權柄的人子，對於不明所以的人來說，其意思只是「我」。

與「上帝的兒子」這稱謂相似的是「人子」。在整本新約中，「**人子**」這稱謂主要見於四福音——在其他書卷只出現過3次，分別是：使徒行傳七章56節、啟示錄一章13節、十四章14節——而且只有主耶穌用以自稱時才出現（參二10，十33，十四41；太十七22；路九22；約八28），此特點十分值得我們注意。這可能是福音書作者刻意保留這個耶穌所獨有的自稱。換言之，這稱謂可能是耶穌所用的字眼。耶穌以這名號自稱，顯然是借用**但以理書七章13節**人子駕著雲從天降下的意象，並結合以賽亞書五十三章「受苦僕人」的形像。主耶穌在世上作了全人類的典範，他並非以軍事家或革命家的身分出現，而是徹底成為一個受苦的僕人，並且甘願為人類受苦至死，去完成這救贖的使命。

正因這緣故，耶穌經常阻止別人揭露他是「上帝的兒子」的身分。無論是被趕走的鬼魔（一34，三12）、被醫治的人（一44，五43，七36，八26）或是那些確認耶穌身分的門徒（八30，九9），耶穌都吩咐他們不可揭露他這身分，因為耶穌要避免當時的人將他們對彌賽亞的錯誤期望加在他身上。他來的目的，不是要拯救猶太人脫離羅馬帝國的統治，而是要救贖世人脫離罪的捆綁、撒但的統治。為此，他向人示範了一條卑微受苦而順服的路，要人體悟、跟隨而得生命。

這個「新」彌賽亞身分在凱撒利亞．腓立比被揭露，亦是馬可福音的高潮：彼得宣稱耶穌是「基督」，但當耶穌預言「……人子必須遭受許多苦難，被……棄絕，被殺害……」是他作為彌賽亞必要經歷之事時，彼得因對耶穌所言提出異議而被斥責為「撒但」(八27～33)。

1.2.1. 結構

在內容的鋪排上，每卷福音書都各具獨特的手法，馬可福音亦不例外。最為學者所稱道的是所謂「**ABA三明治式的敘事手法**」。作者以講述一個故事作開始，但在講述過程中突然停止，並且插入另一個故事，待這插入的故事完結後，再接續講述之前那個還未完結的故事。

較詳細討論，參黃錫木編著的《福音書總論與馬可福音導論》4.2.「語文特色和結構」。

一般認為，馬可福音中共有6段經文是以這種方式寫成的：

原段落		插入部分	
3.20～21……3.31～35	耶穌親屬的反對	3.22～30	靠別西卜趕鬼
5.21～24……5.35～43	醫治葉魯的女兒	5.25～34	醫治患血崩的女人
6.7～13……6.30～31	差派十二門徒	6.14～29	施洗者約翰的死
11.12～14……11.20～26	無花果樹被詛咒	11.15～19	潔淨聖殿
14.1～2……14.10～11	猶大出賣耶穌	14.3～9	耶穌在伯大尼受膏
14.53……14.55～65	大祭司審問耶穌	14.54	彼得遠遠跟著耶穌
14.54……14.66～72	彼得3次不認主	14.55～65	大祭司審問耶穌

這6段經文只是最經典的例子，有些學者還會提出結構相近的經文，例如：醫治癱瘓病人的故事(二1～12)；耶穌在醫病的過程中，與幾位經學教師(《和合本》譯作「文士」)討論赦罪的問題(二6～10上)，都屬於這種結構。

這種敍事文體的表達手法有何作用呢？學者們對這一點的意見眾説紛紜。一般學者都會同意，這種三明治式結構既要引導讀者將兩件事件互作參照，同時亦要突出ABA結構中的B部分。例如耶穌詛咒沒有結果的無花果樹(十一12～14、20～26)，此事要從當時宗教領袖盤踞聖殿、縱容買賣勾當的背景(十一15～19)來看，才能更具尖鋭的警戒意義。

1.2.2. 內容大綱

以下的分段主要是按耶穌傳道的地域分成3個段落：在第一個段落，耶穌的活動範圍主要是加利利省；在第二個段落，雖然耶穌有時仍然在加利利省，但他卻經常離開加利利到別的地方去(約有3次之多)；而第三個段落則主要記述耶穌在耶路撒冷最後一週所發生的事。

此福音書結構簡單，用詞精煉，節奏明快，只概括地提及耶穌的傳道旅程及他被釘的事迹，當中好些細節被省掉，而記載得最詳細的，要算是主耶穌在耶路撒冷最後一個星期的事迹。作者稱這份記載為「福音」，因此這卷書所敍述的不僅是歷史，它更對每一時代的人有著切身的影響。

A. 耶穌在加利利省(一1～六29)

  a. 耶穌開始在公眾場合出現(一1～45)

  b. 富爭議性的言行(二1～三12)

c. 耶穌呼召和訓練十二門徒（三13～六29）

B. 耶穌在加利利省和其他地方的傳道生活（六30～十52）

a. 耶穌的第一次傳道旅程（六30～七23）

b. 耶穌的第二次傳道旅程（七24～八12）

c. 耶穌的第三次傳道旅程（八13～九50）

d. 往耶路撒冷之路（十1～52）

C. 耶穌在耶路撒冷的最後一週（十一1～十六20）

a. 在耶路撒冷的傳道工作（十一1～十三37）

b. 耶穌的受苦、死亡和復活（十四1～十六20）

1.3. 如何閱讀這卷書

福音書屬於歷史敘述文體。這類文體強調某些人物在某特定時空中的活動。從解釋聖經的角度來看，這文體不單止涉及歷史資料的可靠性的問題，也同樣牽涉到信徒如何把發生在特定時空下的事件，變成上主所賜的永恆教導，讓世人遵守。

1.3.1. 敍述文體中的歷史資料

本節修改自《風起雲湧的初代教會——使徒行傳析讀》1.3「如何閱讀這卷書」。

首先，雖然福音書屬歷史敍述文體，但所記載的資料不一定符合今天歷史研究的標準。這並不是說當中所記載的歷史不可靠，或我們不能評審它的歷史真確性。雖然馬可沒有像路加那樣在其福音書中交代他自己如何審慎地處理歷史資料（路一1～4），又或像約翰在約翰福音中指出自己是耶穌生平事迹的見證人（約十九35），但早期教會一致認同他的資料來自使徒之首彼得，所以，我們對馬可所記述的事迹所持的基本態度，應該是信任而不是懷疑。正如帕皮厄斯見證說：「馬可把自己記得的一切寫下來，無一錯誤。因為他緊守一個原則：他聽到甚麼，都會毫不遺漏地記下來，也不記載任何不真確的事。」(見於優西比烏：《教會歷史》)

事實上，純粹以現代的歷史寫作或新聞報導的標準來衡量古代作品是不智的，而且也是不合理的。在注重法律細則、處處力求精密的現代社會，我們很容易覺得不盡就等於不實，戲劇性的表達就等於虛構，卻少有空間去賞析古代文獻史料的文學性和對資料所下的取捨工夫。

我們必須注意古代的文學慣例：將焦點集中在作者想要表達的信息多於當時具體發生的事件。例如，根據馬可福音，耶穌公開傳道的第一次講話(或講道)，他說的是：**「時機成熟了，上帝的國快實現了！你們要悔改，信從福音。」**(一15)難道當日耶穌所說的只得這兩句嗎？當然不是，這只是作者對耶穌的宣講活動的開場白所作的記述(或摘錄)。

我們又可看看馬可福音中一些段落的結構，作者按某種格式鋪排耶穌的事迹，為要帶出某種信息。舉例來說，二章1節至三章6節載有5樁事件(參本書第三章「富爭議性的言行」)，作者以首尾對稱的格式來編排相似的事件在書中出現的次序，為要特別強調夾在中間的事件，即「耶穌的門徒沒有禁食」(二18～22)。這些事件是否順著時序記載並不重要，重要的是作者的鋪排所帶出的信息。我們又可參看三章13節至六章29節這段落。這段落先記載耶穌揀選了十二門徒(或使徒)，並賜他們特別的使命(三13～19)，然而，直到六章7節，馬可才記載耶穌差派門徒出去傳道。倘若我們單單從時序的角度來看，我們可能只會覺得耶穌遲遲都未把門徒差出去，但從內容的鋪排來看，這個結構暗示，記載在三章20節至六章6節的事迹是對門徒的訓練；門徒要先與耶穌同在，經歷「做門徒」是怎樣一回事，為接受差派而作準備。

學者認為，古時的歷史學家在記述某歷史事件時，不時會加插或改編一些對話內容來表達某些信息。其實，就是今天的歷史作品也同樣充滿著取材、編修和詮釋的工夫。完全客觀和巨細無遺地如實報導不單是不可能，也是極端沉悶和令讀者找不到重點的。在某程度上，聖經中這類歷史敍述文體的寫作有點像今日較戲劇性的歷史紀錄片集。在這些片集中，歷史人物的對話內容，並不是如播放錄音般一字不易地重述一次，而是經過選擇、濃縮、合併、編修，務求以最戲劇性的表達引起觀眾的共鳴。就作者的目的而言，這些表達雖然不是完全客觀的如實報導，但卻是準確的，也是忠於歷史的，因為這些對話內容都是根據歷史事實而寫成的，與當事人所表現的思想行為並沒有衝突。我們相信，在福音書和使徒行傳中都有不少這類的記載，以致4卷福音書中的**平行報導**常出現細節上的分歧。然而，要具體地劃分甚麼是實況，甚麼是編修，卻又是極之困難的事。

例如保羅3次描述遇見主的經歷，或四福音裏關於耶穌受難和復活的記載。

無論如何，在上帝的默示下，聖經作者的作品已成了上帝權威的話語，絕不會誤導我們。我們不應太著意作者的記述未能解答後世讀者許多關於歷史的問題，倒要看重每一書卷的寫作目的，讓它成為我們信仰的幫助和指引，這才是真的尊重上帝的話。換句話說，我們不應以現代批判性的歷史鑒別法或任何先入為主的觀念，來規限聖經作者應如何寫歷史。相反地，我們應放下成見，嘗試了解那當時被普遍接納和明白的歷史寫作手法，並聆聽作者藉著那時的文學慣例所要表達的信息。

1.3.2. 敍述文體中的永恆教訓

聖經中的歷史敍述表明了基督教的信仰建基在歷史上，與一些神祕宗教或神話迥然有別。福音不是抽象的神學理論或宗教意識，而是上帝直接介入人類的生命，並在歷史舞台上彰顯祂拯救的大能。透過歷史上許許多多活生生的見證人和扣人心弦的故事情節，作者將福音開展的歷史進程展現在讀者眼前。這種具體的歷史感所帶來的效應是其他文體(如神學論文)所無法達到的。

不過，敍述文體仍然有其限制。敍述文體所記載的，都是在一個特定的時空之下所發生的事件，並且通常只能間接地闡明神學思想或道德教訓，例如藉著資料的編排，穿插一些講章和論述性的對話，又或透過書中人物的榜樣或下場來達到鑒古知今的功效，但無論如何，始終不如書信這類論述文體那麼清楚直接，能明確地對應當時教會的處境予以教導和修正。

舉例來說，馬可福音記載耶穌在平息風浪的事件中，用説話來吩咐風浪停止下來(四35～41)，那麼，這是否表示我們在面對自然界的風暴或災難時，也應該這樣做呢？抑或，這反映耶穌作為一個典型猶太人，他也認同當時有些(或一般)猶太人對大自然的看法，認為大自然背後是由靈界操控的呢？抑或，這反映正邪的靈界對峙呢？此外，耶穌的一些舉止又的確值得現代人深思和效法，例如他無懼地接觸「不潔」的病人(例如痲瘋病人，一40～42)，完全不會因害怕這種疾病而與患者疏離；那麼，倘若在你的教會也來了一位痲瘋病人(或患了非典型肺炎)的人，你會仿效耶穌的做法，與他握手或同桌嗎？

分界線在哪裏呢？很難説！一個可行的原則是：要從敍述文體中汲取教訓並加以應用，必須先配合新約書信的明確教導。尤其重要的是，如果書信裏並沒有清楚的根據，我們便不宜貿貿然以這類歷史敍述文體所載的個別事件，作為建立教義的重要基礎。

1.4. 參考註釋書

一般參考書

鍾志邦著。《馬可福音》。香港：基督教文藝出版社，1991。

孫寶玲、黃錫木合著。《耶穌生平與福音書要領》。香港：基道出版社，2002。

黃錫木著。《新約研究透視》。二版。香港：基道出版社，2000。

黃錫木、孫寶玲和張略合著。《新約歷史與宗教文化導論》。香港：基道出版社，2002。

學術性參考書

黃錫木編著。《福音書總論與馬可福音導論》。香港：基道出版社和國際聖經協會，2000。

Evans, Craig A. *Mark 8:27-16:20.* Word Biblical Commentary 34B. Dallas: Word, 2001.

Gundry, Robert H. *Mark: A Commentary on His Apology for the Cross.* Grand Rapids: Eerdmans, 1993 (2000).

Guelich, Robert A. *Mark 1-8:26.* Word Biblical Commentary 34A. Dallas: Word, 1989.

Witherington III, Ben. *The Gospel of Mark: A Socio-Rhetorical Commentary.* Grand Rapids: Eerdmans, 2001.

亞比利尼省
西頓
腓
撒勒法
尼
基
泰爾
門
黑
凱撒利亞·腓立比
加
利
利
哥拉汎
迦百農
伯賽大
迦拿
提比哩亞
拿撒勒
他泊
拿因
迦密
耶斯列
凱撒利亞
沙崙
低加坡里
約
撒馬利亞
敘加
旦
比
利
亞
河
亞利馬太
約帕
呂大城
猶大地
(猶太)
以馬忤斯
耶路撒冷
伯大尼
耶利哥
昆蘭
亞鎖都
伯利恆
希律堡
希伯崙
迦薩
買
土
以
別是巴
阿
拉
伯
■ = 地區首府

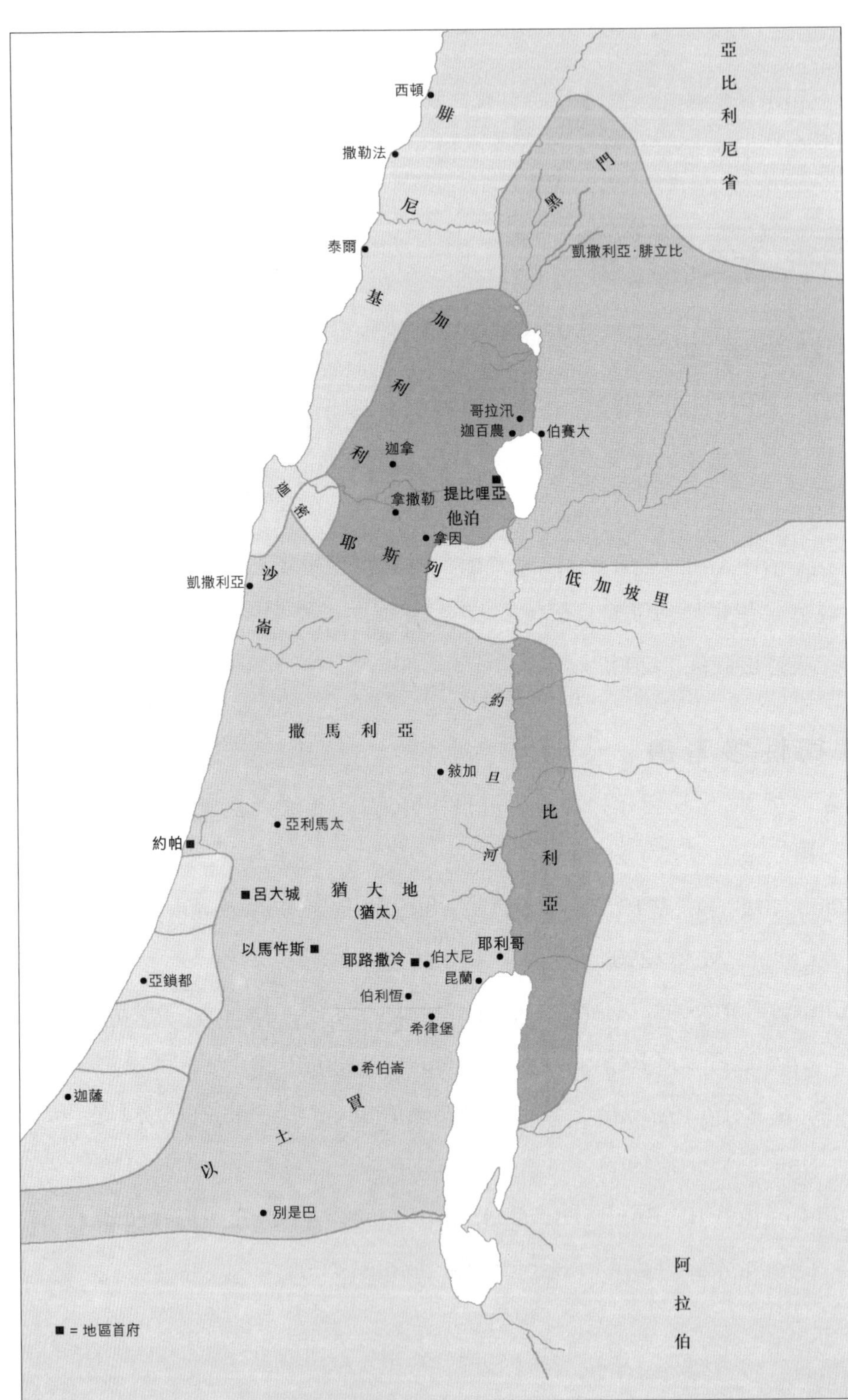

● 耶穌時代的巴勒斯坦。

第一篇

耶穌在加利利省（一1至六29）

綜觀4卷福音書，耶穌在他傳道3年多的日子中，花了很多時間在**加利利省**，而在馬可福音，「加利利」尤為重要，耶穌進入耶路撒冷受苦前的工作幾乎全都是在加利利省進行的。我們可以肯定，耶穌還在別的地方做過很多事情，但馬可卻專注記載耶穌在加利利省所做的事。

羅馬政府把當時的巴勒斯坦分為3個省分：加利利、撒馬利亞和猶太，而加利利是位於最北面的省分。

馬可這樣專注加利利省的原因很簡單，耶穌的成長地（拿撒勒城）就在加利利省，而幾位重要的門徒（使徒）都是來自這省的；此外，加利利省人口**相當稠密**，兼且品流複雜，在那裏很容易便接觸到不同種族的人。在新約時代，很多猶太省的猶太人都看不起加利利人，認為他們是無知的鄉下人，不嚴守律法，不是好猶太人。約翰福音七章45至52節便記載了尼哥德慕企圖要為這位來自加利利的耶穌講好話時，被祭司和法利賽人嘲諷。

按猶太歷史學家約瑟夫所記，當時的加利利省有200多個大大小小的城鎮和村莊。

在馬可眼中，加利利省作為耶穌公開傳道的重點場所是最適合不過的，這反映了耶穌所傳的福音的普及性，是有別於主流猶太教狹隘的宗教思想的。馬可福音以加利利為耶穌傳道的主要根據地，就是要強調福音的「普世性」，而這地方亦使這福音書的外邦讀者羣體倍感親切。

第二章

耶穌開始在公眾場合出現（一章）

- 標題：「上帝的兒子，耶穌基督的福音是這樣開始的」
- 施洗者約翰、耶穌受洗、耶穌受試探
- 耶穌的信息
- 呼召第一批（4位）門徒
- 趕鬼／醫病的事迹

經文

施洗者約翰傳道

1 1上帝的兒子①，耶穌基督的福音是這樣開始的。2先知以賽亞在
他的書上記載：

上帝說：

看吧，我要差遣我的使者；

他要作你的前驅，為你開路。

3在曠野有人呼喊：

為主準備他的道路，

修直他要走的路徑！

4果然，約翰在曠野出現，為人施洗，並且宣講②：「你們要悔
改，接受洗禮，上帝就赦免你們的罪。」5羣眾從猶太各地和全耶路
撒冷到約翰跟前來。他們承認自己的罪；約翰就在約旦河裏為他們
施洗。

6約翰穿着駱駝毛的衣服，腰間繫着皮帶；吃的是蝗蟲和野蜜。7他
宣講：「在我以後要來的那一位比我偉大多了，我就是蹲下去替他脫
鞋子也不配。8我用水給你們施洗，他卻要用聖靈給你們施洗。」

耶穌受洗和受試探

9過了不久，耶穌從加利利的拿撒勒來，約翰就在約旦河為他施
洗。10耶穌一從水裏上來就看見天開了，聖靈像鴿子降在他身上。
11從天上有聲音傳下來，說：「你是我親愛的兒子，我喜愛你。」

12聖靈立刻催促耶穌到曠野去。13他在那裏四十天，受撒但試探；
他和野獸在一起，但是有天使伺候他。

---

①有些古卷沒有「上帝的兒子」。

②「果然，約翰在曠野出現，為人施洗，並且宣講」有些古卷作「施洗者約翰果然在曠野出現，宣講」。

耶穌呼召四漁夫

14約翰被關進監獄以後，耶穌到加利利去，宣講上帝的福音。15他
說：「時機成熟了，上帝的國快實現了！你們要悔改，信從福音。」

16耶穌沿着加利利湖邊走，看見兩個打魚的——西門和他的弟弟
安得烈——在湖上撒網打魚。17耶穌對他們說：「來跟從我！我要使
你們成為得人的漁夫。」18他們立刻丟下魚網，跟從了他。

19再走不遠，耶穌看見西庇太的兒子雅各和他的弟弟約翰；他們
在船上整理魚網。20耶穌一呼召他們，他們就把父親和雇工留在船
上，跟從了耶穌。

一個污靈附身的人

21他們來到迦百農城；安息日一到，耶穌進會堂教導人。22聽見耶
穌教導的人都很驚奇，因為他的教導滿有權威，和一般經學教師不同。

23這時候，有一個污靈附身的人來到會堂，喊着說：24「拿撒勒
的耶穌，你為甚麼干擾我們？你是來除滅我們的嗎？我知道你是誰；
你是上帝的聖者！」

25耶穌命令污靈：「住口，快從這人身上出來！」

26污靈使那人猛烈地抽瘋，大叫一聲，然後離開那人。27大家驚
訝不已，竊竊私議：「這是怎麼一回事？真是聞所未聞的道理！他
居然有權柄指揮污靈，而污靈也服從他！」

28於是，耶穌的名聲很快地傳遍了加利利地區。

耶穌治好許多病人

29他們離開會堂，到西門和安得烈的家去；雅各和約翰也一道
去。30西門的岳母正發高燒，躺在牀上；耶穌一到，他們就把她的
病情告訴耶穌。31耶穌去看她，拉着她的手，扶她起來。她的熱退
了，就起來接待他們。

32傍晚，太陽下山的時候，有好些人把害各種病和被鬼附身的人
都帶到耶穌跟前來；33全城的人也來了，聚集在門前。34耶穌治好許

多患各種病症的人，也趕走許多鬼。他不准鬼說話，因為他們知道
他是誰。

在加利利傳道

35第二天一早，天還沒亮，耶穌就起來，離開屋子，到一個偏僻
的地方去，在那裏禱告。36西門和他的同伴出去找他；37找到了，他
們就說：「大家都在找你呢！」

38耶穌說：「我們到附近的村莊去吧，我也必須在那些地方傳道，
因為這正是我來的目的。」

39於是，耶穌走遍加利利全境，在各會堂裏傳道，並且趕鬼。

耶穌治好痲瘋病人

40有一個痲瘋病人來到耶穌跟前，跪下來求他，說：「只要你肯，
你能夠使我潔淨。」

41耶穌動了惻隱之心③，伸手摸他，說：「我肯，你潔淨吧！」
42他身上的痲瘋立刻離開他，他就潔淨了。43耶穌立刻把他送走，
並鄭重地囑咐，44說：「不要告訴任何人；直接去見祭司，讓他檢
查，然後按照摩西的規定獻上祭物，向人證明你已經潔淨了。」

45可是這個人一出去，到處宣揚這件事，以致耶穌不能再公然
進城，只好住在城外偏僻的地方；羣眾仍然從各地方來找他。

---

③「動了惻隱之心」另有些古卷作「心裏很生氣」。

對於今天的讀者來説，來自初代教會的第一卷福音書這開首是陌生的，但對於當時的讀者來説，其實**施洗者約翰**與耶穌的接觸以及耶穌接受試探都是最能代表主耶穌出現的明證。此外，無論是後來的讀者還是原來的讀者，馬可福音一章1節都像全書的總標題般帶出全書的主旨。

這是《現修》的譯名，《和合本》則作「施洗約翰」。中文「施洗」一詞是個動詞，但一般人都習慣了《和合本》的譯法，故此兩者皆通用。

第一章記載耶穌傳道初期的事迹，包括耶穌呼召首批門徒和行了好幾個神蹟。這些神蹟顯明了耶穌施行神蹟的矛盾：他一方面用神蹟來彰顯他的能力，但另方面卻又不想人們過分著眼神蹟本身。

A. 標題：「上帝的兒子，耶穌基督的福音是這樣開始的」(一1)
B. 施洗者約翰為人施洗、耶穌受洗和受試探(一2～13)
C. 耶穌的信息(一14～15)
D. 呼召第一批(4位)門徒(一16～20)
E. 趕鬼／醫病的事迹(一21～45)
  a. 在迦百農趕逐污靈(21～28節)
  b. 西門岳母和其他有病的人(29～38節)
  c. 潔淨長大痲瘋的(39～45節)

2.1. 標題：「上帝的兒子，耶穌基督的福音是這樣開始的」(一1)

馬可福音以宣認的方式作開始：「上帝的兒子，耶穌基督的福音是這樣開始的。」這宣認仿似一本書的標題，帶出這書的主角(耶穌)的身分(上帝的兒子、基督)。

例如：「光明之子」《和合本》(《現修》譯作「光明的人」)是指這人有光明的特質(約十二36)；「滅亡之子」《和合本》(《現修》譯作「滅亡的那個人」)是指這人註定要滅亡(約十七12)；「那惡者之子」《和合本》(《現修》譯作「邪惡者的人」)實指惡者的手下(太十三38)。

其實「以色列人」也是這樣自稱的，參申命記十四章1節：「你們是上主——你們上帝的兒女。」

希臘文Christos(基督)一詞譯自希伯來文或亞蘭文的Messiah，中文將Messiah音譯作「彌賽亞」。

參《和合本》「神的兒子，耶穌基督福音的起頭」；讀起來，這譯文並不暢順，但其實譯者是要將「神的兒子」、「耶穌」、「基督」和「福音」等同起來。

馬可福音的開首句來得很突然，但亦給現代讀者帶來一種點題的感覺。古代書籍一般都是沒有標題的，但這句本來是作為宣認的句子(在原文，這句子其實並不完整，亦沒有動詞)，卻成為這書的標題，帶出這書的主角——耶穌——的身分就是「上帝的兒子、基督」。

現代人以「兒子」這個名銜來表達血緣上的關係，但猶太人有時為要突顯這人有某方面的特性或跟某人有密切關係時，也會用「**……的兒子**」這手法來表達。於此，「上帝的兒子」並非指耶穌與上帝在血緣上有父子關係，而是兩者之間有共同的特性和密切的關係。嚴格來説，所有基督徒都是「**上帝的兒女**」(約一12；羅九8)，但當用這手法指稱耶穌時，耶穌作為「上帝的兒子」的身分，與我們作為「上帝的兒女」的身分是有所不同的；初代教會的讀者自然會知道對於耶穌而言，這短語表達的是一種神性的身分。

「**基督**」是希臘文的中文音譯詞，與「彌賽亞」的意思一樣，意即「受膏者」。「受膏」是一種猶太人的儀式，將膏油倒在被委任和揀選的人的頭上，代表這人被上帝揀選，行使特殊職責。在舊約時期，以色列人的君王(「將力量賜與所立的王，高舉受膏者的角」，《和合本》撒上二10)和祭司(出四十15)都是受膏立的。

馬可開宗明義宣認耶穌的身分：他是上帝所揀選的人。他用「兒子」和「基督」這兩個詞語彼此襯托，説明耶穌就是那位既有神性的身分又蒙上主揀選的僕人。那麼，耶穌跟福音的關係是怎樣的呢？《現修》的翻譯只能表達出希臘文原句的其中一種含意，就是：這福音是藉耶穌而傳的，或這福音是關於耶穌的；但希臘文原句其實也可以理解為：**耶穌就是福**

音。這個理解是相當有意思的，耶穌整個人就是福音，他的一生就是福音，他所講、所做的就是福音。換言之，一章2節就開始了這福音(即耶穌)的記載。

2.2. 施洗者約翰、耶穌受洗、耶穌受試探(一2～13)

作者並沒有記載耶穌出生或早年的任何事迹，只用概括的字眼，以施洗者約翰傳道(為人施洗)、耶穌受洗和受試探3件事迹作為這福音書的前奏；這個次序亦可見於其他兩卷符類福音書。

我們在本書第一章「馬可福音導論」部分已經說過，馬可福音是根據彼得的回憶寫成的，而彼得是在耶穌開始傳道後才跟隨他的；馬可福音並沒記載耶穌的誕生和童年，甫開始便記載耶穌開始事奉上帝，大概也可能是基於這個原因。此外，馬可並不像現代人那樣關心「**第一個聖誕節**」是怎樣的一回事，較諸耶穌的事迹，在他心中，耶穌的出生並不特別重要；按我們現有的4卷福音書看來，耶穌誕生的故事是後來在馬太福音和路加福音才補上的。

參本叢書由孫寶玲和黃錫木合著的《耶穌生平與福音書要領》3.1.「第一個聖誕節」。

馬可只集中記載耶穌傳道的事迹，對於傳道之前的日子，他並不感興趣。然而，他仍然記載了3件相當重要的事情，藉此與這福音書的題旨相呼應。這3件事迹亦可見於其他福音書中，並都按照相同的次序排列①。

2.2.1. 施洗者約翰的出現(2～8節)

施洗者約翰是耶穌的先鋒，正如以色列歷史中的偉大君王都有耶和華的先知向世界作出宣告(參撒上十1)，同樣，新的國度的君王也有上帝的先知或使者(瑪三1;賽四十3)向世界作出宣告②。

留意文中的一些代名詞和事物的所指對象:

約旦河是巴勒斯坦地區最長的河流,由黑門山流經加利利湖,最後注入死海。按這節經文的描述,約翰大概是在約旦河西南端,靠近死海一帶傳道、施洗。

你的生命是否也需要作出改變,好迎接和明白耶穌的信息?人要承認自己需要赦免,才會接受赦免;要接受耶穌就得承認自己需要被赦免。

- 「我」和「我的」是指上帝(2節);
- 「你」和「你的」是指耶穌(2節);
- 「我的使者」和「在曠野有人呼喊」③(2、3節),這人是指施洗者約翰;
- 「曠野」可能指猶太曠野(參太三1);這曠野從「耶路撒冷——伯利恆」高原往東延伸,下達約旦河西岸和死海;
- 約翰為主預備道路是指他在**約旦河**(約旦河流經猶太的曠野)給人施洗,讓人們為主耶穌的出現做好準備。作者精簡地用了一句話總括約翰的傳道內容:**「你們要悔改,接受洗禮,上帝就赦免你們的罪。」**(一4)意思是:以色列的百姓要從罪中悔改過來,接受約翰給他們的水禮,作為他們在道德上潔淨的標誌;受洗代表他們相信自己罪得赦免。約翰呼召百姓修直基督的路,意思是要以色列百姓回到上帝面前,更新他們與上帝的關係,到上帝面前認罪悔改。

福音是大有能力的,並會吸引願意悔改的人離開自己舒服的住處,長途跋涉地進入曠野。我們傳福音,只需要按著上帝的指引和心意去傳,福音本身自然會發揮其效力。

從來沒有人在荒涼的地方開佈道會或培靈會,但施洗者約翰就是這樣的一個人。也許,這要證明,那些從耶路撒冷或其他猶太城市出來到曠野聽道的,都已經預備了一顆悔改的心。

在聖經裏,「曠野」象徵屬靈爭戰的場所;它可象徵背叛上帝(詩七十八17~18,一○六13~33),亦可代表上帝的拯救(出十九~二十四章;賽四十一18~20,四十三19~21;西二14~15)。在馬可福音,我們經常看到曠野的這兩重表徵意義。例如在一章12節,耶穌被聖靈催促到曠野去面對試探;在耶穌的傳道生涯裏,他經常往曠野禱告和安靜(一35、45,六31~

32、35)。在施洗者約翰的事奉中,他刻意選擇「曠野」,是要突出在這地點發生的是一場屬靈爭戰。去曠野聽道要很有決心,不然,曠野就成為一個難阻。

就如君王出巡時,必有使者為他打點一切,同樣,基督來臨之先,上帝就差施洗者約翰來預備人心。因此,馬可引用這兩節經文的重點,不是要說基督的來臨,而是約翰的來臨。瑪拉基身處的時期距耶穌有400年,而以賽亞身處的時期又距離瑪拉基有400年;馬可要指出,早在這些日子裏,上帝已經預言,在彌賽亞來臨之先,他的先鋒必須先來,而這先鋒就是施洗者約翰。不單如此,馬可如此描述施洗者約翰:「穿着駱駝毛的衣服,腰間繫着皮帶;吃的是蝗蟲和野蜜。」(一6)④顯然是要讓人想起舊約的先知以利亞⑤(王下一8「他穿着獸皮的外袍,束着皮帶」);施洗者約翰如此穿戴是要刻意與當時的宗教領袖有所分別,表明自己不屬於他們那個系統。

約翰的吸引力很大,羣眾都蜂擁而至(5節)⑥,但他預言將要來的那一位能力比他更大,要用聖靈為以色列人施洗。舊約聖經記載,以色列人在末日時候,亦要被聖靈充滿(賽十一1~2;珥二28~32;徒二17~22)。

這不單止反映約翰胸襟廣闊,更顯示他對自己的使命非常清晰。

2.2.2. 耶穌受洗(9~11節)

耶穌受洗一方面表明耶穌認同施洗者約翰的傳道和它的果效,指出耶穌的傳道正是承接約翰(亦是以色列先知傳統)的使命;另一方面,則強調耶穌——而非約翰——所傳的道才是真正的「福音」,而且耶穌也並非一般以色列的先知,而是上帝的兒子(10~11節)。

相反，其他的福音書就交代得較清楚，例如約翰福音就清楚地交代施洗者約翰與耶穌有不同的身分（約一19～27）。

馬可福音多次用不同方法來宣告耶穌的身分，例如登山變像（九7）、在受審時耶穌與大祭司的對話（十四61～62），最重要的是當耶穌被釘在十字架上時，羅馬的一個軍官宣告說：「這個人真是上帝的兒子！」（十五39）

施洗者約翰為耶穌施行洗禮，這一舉動是否表明，約翰在敬虔、能力與知識（智慧）等方面均要優勝於耶穌呢？不！馬可顯然並不打算處理**這問題**。對馬可而言，這則受洗故事的重點並非施洗者約翰與耶穌的關係，而在要作為上帝宣布耶穌身分的背景；而這個宣布亦正好配合約翰先前的宣告（8節「**他卻要用聖靈給你們施洗**」），以及作者（舊約先知）對約翰使命的宣召（3節）：

耶穌一從水裏上來就看見天開了，聖靈像鴿子降在他身上。從天上有聲音傳下來，說：「你是我親愛的兒子，我喜愛你。」（10～11節）

今天的讀者也許會很想知道當時發生了甚麼事，但故事的敍述者只要我們聚焦於耶穌如何經歷聖靈的臨在和充滿。「**聖靈像鴿子**」（而不是「聖靈就是鴿子」）表明聖靈採用了某種為人們所看見的方式出現。所表達的意象與受膏是一樣的——表明上帝的揀選；這與馬可福音開首稱耶穌為「基督」相呼應。

但為甚麼聖靈不是像別的東西，而是「**像鴿子**」呢？傳統認為「鴿子」代表溫柔、和平，但這則故事的重點並非描述耶穌的品性，而是要宣告他的使命正式開始。據此，「**天開了**」、「**聖靈……降在他身上**」和「**像鴿子**」都是富有很濃厚的神學意義的：

● 約旦河；箭頭顯示傳統認為是耶穌受洗的地方。

- **「天開了」**屬天啟文體的用語，表達上帝的彰顯（賽六十四1；結一1；約一51；啟四1）；同樣，一章8節記載聖靈將要充滿以色列人，亦是取用了天啟文體的用語；
- **「聖靈……降在他身上」**：昔日以色列人在西奈曠野時，五經作者特別記載上帝親臨西奈山來與以色列人見面（出十九11、18、20）；幾百年後的聖經作者卻說，上帝的臨在其實就是上帝的靈充滿著以色列民（賽六十三11、14）；
- **「像鴿子」**：鴿子當然可以指普通的鴿子，但配合前面兩項富象徵性意義的行動，「鴿子」大有可能象徵以色列（何十一11；詩七十四19；歌一15，二14，五2等）；同樣的表達亦可見於後期的拉比文獻；

綜合以上幾點，作者可能要透過整個情景，把耶穌描繪成上帝新民族的代表。

那呼喚耶穌的聲音來自天上，明確地表明耶穌與上帝之間的特殊關係，這一點也與馬可稱耶穌為「上帝的兒子」相呼應。這個呼喚聽起來有點突兀（難道耶穌對自己與天父的關係懵然不知，需要有人跟他弄清楚嗎？），但其實，這話不是向耶穌講的，而是向周圍的人說的，向這福音書的讀者說的，包括第一代的讀者以及今天的讀者。耶穌接受水禮的目的，不是表明他的悔改，或是要耶穌意識到自己的身分，而是要表露他的身分，以及上帝對他的喜悅之情。

然而，馬可的確是宣告了耶穌的身分嗎？綜觀整卷馬可福音，其間各方人物都竭力想要識破耶穌的身分：是誰賦予耶穌醫治之能？耶穌比喻中那些高深莫測的教誨又有何含意？耶穌既是基督，那麼，他為何還要忍受苦難，甚至被掛在十架之上？無論對當時代的人，抑或是現代的讀者，「你是我【指上帝】親愛的兒子」(11節)這句話既表明了耶穌的身分，同時又將其身分藏匿起來。只有那些閱讀和明白這福音書的人才能解開這些疑問！

2.2.3. 耶穌受試探(12～13節)

按馬可短短的描述，你可否嘗試描述耶穌與魔鬼、野獸一起時的情景呢？他在曠野是怎樣生活的？

耶穌身上的聖靈首先把耶穌催促⑦到約旦河附近的曠野裏去，這證明耶穌已領受了聖靈。馬可沒有特別強調或詳述撒但的試探是甚麼，甚至連耶穌是否勝過試探也沒有清楚交代⑧，只提及撒但試探耶穌的時間共40天⑨。作為鬼王的撒但⑩試探了這麼長時間，耶穌即使與野獸在一起⑪也沒有受到傷害，天使也來伺候他，這種種都暗示了，無論是魔鬼，是動物，還是天使，都承認了耶穌的身分：他是基督，是上帝的兒子。

● 傳統認為是撒但試探耶穌的山，位於猶太曠野，自4世紀開始有修道者居住。

耶穌在曠野受撒但試探，再次呼應他與施洗者約翰的關係——兩人都曾於此地方居住。然而，更為重要的，是這試探顯明了耶穌一生都會經常置身於危險中。在傳道初期，耶穌就知道，他身處一場將以自己被釘十字架為高潮的衝突之中，而這段曠野經歷亦預示出，耶穌將要遭受被釘十架的危險。潛在的危險無處不在，縱使耶穌將要遭遇各種危險，但最終都不能將他擊敗。這位與野獸安然同行，又為天使所服事的上帝之子，終將贏得最後的勝利。

在馬可福音成書期間，馬可的許多讀者都在羅馬，因著尼祿的逼迫，要在競技場中跟野獸搏鬥。你認為，他們對馬可所描述的耶穌受試探的情景會有甚麼反應呢（一12～13）？就面對試探的情況來說，你從這裏可以得到甚麼鼓勵呢？

在馬可福音裏，先知的宣告（2～3節）與從天上來的聲音是互相呼應的，這位身為「上帝的兒子」的耶穌正是天上的聲音所宣稱的「**我親愛的兒子**」（參11節；另參詩二7；賽四十二1）。

施洗者約翰的水禮和教會的水禮

施洗者約翰所施行的水禮，於猶太教文化中是相當普遍的，主要表達禮儀上的潔淨，例如祭司向上帝獻祭之前必須接受類似洗禮的儀式（出四十12～15），而大祭司在贖罪日進聖幕或聖殿的至聖所獻祭之前和之後，也必須沐浴（利十六4、23～24）。此外，先知以賽亞亦指示眾民，要以沐浴作為表明自己希望得潔淨的表徵，表示願意遵行上帝旨意（賽一16～17）。施洗者約翰的水禮有著相同的意義，表明接受水禮者願意悔改的心，表示一個人決定改變自己的生命，離棄罪惡和自私自利的生活方式，轉向上帝。

基本上，初期教會所實行的水禮是承接施洗者約翰的水禮的，不過卻進一步把洗禮與耶穌的死和復活聯繫起來（羅六3～4；彼前三21）。然而，馬可（和其他福音書）特別強調「聖靈的洗禮」，難道只受水禮並不足夠嗎？

這番話是馬可在經歷過「聖靈的洗禮」幾十年之後，再回想昔日施洗者約翰的「悔改的洗禮」而說的。作者並不是說，那些領受了「悔改的洗禮」而未經歷「聖靈的洗禮」的人就不蒙上帝赦罪。作者是說，這個代表悔罪的洗禮只是屬靈生命的起點，當耶穌賜聖靈進入我們心中，聖靈就把人完全改變，並使我們的軟弱變為剛強。最激烈地彰顯聖靈降臨的日子，就是耶穌死後50天的五旬節。

聖經作者對「聖靈的洗禮」的觀念顯然是以「水禮」為基礎的；按此，「聖靈的洗禮」是指：就如人接受水禮時被水傾注而充滿全身，領受聖靈的洗禮的人也同樣被聖靈傾注而充滿整個生命，意即被聖靈完全掌管。概念其實很簡單，但要界定甚麼是被聖靈充滿的生命彰顯的形態卻相當困難，主要是因為上帝在各人身上彰顯的方法並不是一式一樣的。在使徒行傳中，說靈語(《和合本》譯作「方言」)是其中的一種形態，但也有其他的形態，例如：辯道(徒四8～12，七55～56，十三9～11)、宣講(徒四31；另參路一67)；有時，經文甚至沒有具體說明當時的狀態(徒六3、5，九17，十一24，十三52；另參路一15，四1)。

2.3. 耶穌的信息(一14～15)

耶穌的傳道生涯在約翰下監後展開；馬可並非要記述耶穌的第一篇講道(大概沒有人的講章只有兩句話吧！)，而是耶穌所傳的道的核心：「上帝的國快實現了」(15節)。

馬可在六章17至29節將會完整地交代施洗者約翰去世的事，但這裏他把注意力轉向描述耶穌傳道和呼召頭幾個使徒。

「約翰被關進監獄」(14節)象徵施洗者約翰傳道工作的結束，耶穌由此展開傳道工作。

馬可福音顯然以施洗者約翰作為耶穌的「先鋒」，為耶穌**「準備他的道路」**，他的遭遇亦多少預示了耶穌的遭遇：

- 他們都是按舊約的應許而出現的(一2～3)；
- 他們所宣告的信息都是要以色列人悔改(一4～5、15)；
- 他們都招聚了一班門徒(一16～20，二18，三13～19，六29)，並且都得到羣眾的擁護(一5，三7～8)；
- 他們同樣被當時的宗教領袖所排斥(十一31，十二1～12，十四63～64)、迫害(一14，六14～29，十四43～46，十五1～15)。

在介紹耶穌的傳道工作之先，經文總結說：「時機成熟了，上帝的國快實現了！你們要悔改，信從福音。」(15節)這就是「上帝的福音」。

雖然經文明確地標明，這句話是耶穌說的，但**這話顯然是馬可對耶穌所傳的信息所作的總結**。作者沒有交代這番話的意思，亦沒有解釋甚麼是「上帝的國」，大概因為當時的讀者都知道，又或，作者的用意是要讀者在讀完整本書後自行領會。

福音書固然記載了很多耶穌的話，但作者亦不時會把自己對福音的經歷或體會融入耶穌的話裏，我們並不能徹底區分兩者，亦不需要如此做，因為作者既在聖靈的默示之下寫福音書，那麼，是耶穌所說的也好，是馬可所作的綜合也好，都是上帝的啟示。

「國」這詞的希臘文並非指「國土」，而是「國度」，指有權操控這國度的主權，因此，「上帝的國」實指上帝永恆的統治，而在福音書裏，這統治也包含了教導人怎樣遵從上帝的命令而行。承接作者在一章1至13節對耶穌的介紹，耶穌比施洗者約翰更有能力，那要用聖靈為人洗禮的，是上帝的獨生兒子，14至15節則將耶穌與這則有關上帝國度的宣告緊扣在一起，令到1至13節這段介紹更顯完整。的確，耶穌的到來本身就象徵著上帝的國度已經臨近，而上帝國就是他能力的彰顯。

理論上，上帝的國來臨應該是令人很興奮的，但這裏卻帶有一種威嚇式的迫切感，背後暗示：百姓所過的生活未能符合這國度的理想。「時機成熟」所指的可能就是施洗者約翰為耶穌所作的準備；人心已準備好，時機也就成熟了。

2.1. 呼召第一批(4位)門徒(一16～20)

上帝從不需要人為祂做甚麼，祂只希望愛祂的人能分享祂的榮耀。耶穌應該呼召了不少門徒，但獲得聖經作者記載的，都是初代教會的柱石。

隨著16至20節這段耶穌呼召首批門徒經文的出現，福音書的記述也從介紹耶穌轉至介紹他的事工。

要實踐這信息，耶穌先呼召了兩個家庭的成員，即西門和他的弟弟安得烈，雅各和他的弟弟約翰，他們都是在加利利湖邊工作的⑫。這兩對兄弟被召的過程都依循著一定的格式：

> 耶穌路過→他看見他們兄弟兩人→耶穌發出呼召→他們立即放下一切，跟從耶穌。

你對上帝的呼召所作的回應能否果斷？

事情是否果真如此巧合發生並不重要，最重要的是這格式表明了作門徒的本質和目的：一方面是出於耶穌的主動呼召（當時往往是門徒選擇老師的）；另一方面，耶穌的呼召要求即時而果斷的回應（參十21～28）。

今天的商業社會，即便是信仰，也要被當成一種可被包裝、粉飾，並置於市場出售的商品。耶穌那種完全不看重包裝的行為是對消費社會的諷刺。

耶穌的主動呼召是具權威性的；與同時代那些為贏得有更多跟隨者而不擇手段的教師與哲學家相比，耶穌的呼召只顯得他突兀無禮。說是突兀無禮，但耶穌這一則呼召卻是令人無法抗拒的。這幾位門徒毫不遲疑地回應了耶穌的呼召，這確實見證了上帝國的力量或吸引力。4名漁夫立刻⑬放下他們當時所做的工⑭，跟從上帝的兒子。耶穌預言西門和安得烈將成為**「得人的漁夫」**，這將會應驗在日後發生的事情上：使徒可以讓人們悔改、治癒病人，以及從被鬼附身的人身上驅鬼（三13～19，六7～13、30）。

16至20節這段經文並未說明這些漁夫為何會作此回應，為何會捨了網，以及所雇用的工人，甚至是家人，而去跟隨耶穌。這些人亦不明白，是甚麼力量驅使他們去跟隨一個自己並不了解的人，並踏上一條令他們困惑、費解，又前途未定的道路。這些漁夫此刻成為耶穌的門徒，是憑信心而行。這信心並非出於對耶穌的認識、也不意味著冒一些可以預見的風險，或為追求某種獎賞，而是回應一則他們從未經歷過的呼召，一則他們一直弄不明白，甚至還會為之感到心驚膽顫的呼召。踏上信仰的路是要有勇氣的，不能計算，只能憑著信心回應呼召。

4名漁夫的反應

為何4人有如此積極的反應？難道上帝的呼召就是如此順利、浪漫的嗎？他們的回應是否純然基於信心，抑或還有其他可能性呢？

若要重構一個符合當時實況的處境，我們會假設耶穌傳道已經有一段日子了，然後才呼召門徒，因為這事件是發生在施洗者約翰被關進監獄之後的(一14～15)，而他的信息亦一直深深吸引著他們，因此，這些漁夫看出，成為耶穌門徒可令他們在社會地位上得到提升，會有更好的發展機會與前途；又或他們預見到，「得人」工作要比他們日常的捕魚工作更能滿足己心，也就是說，「屬靈」的捕魚勝過「屬世」的捕魚工作。

儘管我們很難否定以上的可能性，但作者對這種種假設完全沉默。福音書中絲毫未提及有門徒因這種師徒關係而得到任何獎賞；但在後來的經文確實載有雅各和約翰向耶穌請求坐在祂榮耀寶座的左右但卻遭到耶穌嚴厲責備之事(十35～40)。其實，為信仰的緣故遭受逼迫與抵擋(十三9～13)才是門徒所得到的應許。儘管這4名漁夫聽過耶穌的講道，但經文並沒有顯示這些「準」門徒理解耶穌在世上的使命，以及已經準備好去理解並回應這「成為得人的漁夫」的挑戰。相反，在馬可福音裏，這些門徒一再誤解耶穌；當耶穌被釘十架時，他們都不見蹤影。無論這些門徒此刻對耶穌的認識如何，據馬可福音記載，他們最終都忘記，甚至可說「離棄」了耶穌。

既然經文保持沉默，我們亦無須勉強重構一幅只對我們有意義的圖畫。實際情況當然較文字記錄複雜，作者沒有詳細交代，正是要帶出一個不粉飾，甚至是突兀的呼召，為要襯托出門徒憑信心的踏上；馬可福音原先的讀者可能正面臨著重重患難，這幾位門徒的擺上不啻成了他們很大的鼓勵！看！回應耶穌的呼召，令門徒對自己生活中的諸多掙扎產生了不少沒有答案的疑問；這呼召帶給他們的不是安全穩妥，而是人們的棄絕，甚至是遭受危難。那位呼召者的身分不但不能被世人所了解，甚至不被這些門徒所了解，反而常遭誤解。但這些門徒此刻還是作出回應，並「跟從了他」。

2.5. 趕鬼／醫病的事迹（一21～45）

*從耶穌傳道的開始，他便一直邊行動、邊教訓人，這可算是馬可福音的記錄底下耶穌傳道的特色。在醫治病人（以及趕鬼）的故事裏，上帝藉耶穌所彰顯的醫治能力，因應那些受苦者的需要而臨到他們，使旁觀的人都為之驚訝：**「……他居然有權柄指揮污靈，而污靈也服從他」**（27節），結果，**「……群眾仍然從各地方來找他」**（45節）。*

安息日是一個星期中的第七日，相當於現今周五日落後至周六日落前一整天。參本書3.4.有關「安息日」的專欄。

「會堂」原文的意思是「聚集」。在耶穌時代，雖然聖殿仍然存在，但為方便不同地區的人聚集敬拜上帝、學習（舊約）聖經，很多地方都設立了會堂（徒九20，十三15，十八8、17）。一般來說，只需10個猶太裔成年男人，便可成立一間會堂。

這段經文記載了耶穌傳道初期幾個醫病、趕鬼的故事。留意文中表達時間或事件次序的用語：**「安息日」**（21節）、**「他們離開會堂」**（29節；原文意思是「他們一離開會堂後，就……」）、**「傍晚」**（32節；意即「當天的傍晚」）、**「第二天一早」**（35節；即「安息日翌日」）、**「於是」**（39節），這些都表示作者刻意地把這些故事緊湊地連繫起來，只發生於2、3天之內。然而，實際發生的時段可能會較經文所披露的時段更長，例如，一章28節及39節描述的情況和事情都不是一下子便能造成和完成的。

2.5.1. 耶穌趕鬼(21～28節)⑮

沿著加利利湖周圍有30多個漁村，而迦百農是加利利湖最重要的漁港之一，位於主要商道之上。⑯

當時的會堂沒有固定的教師，因此，以客人身分到會堂講道是非常普遍的事情；耶穌本來也是以客人的身分去**迦百農**的會堂講道，但殊不知竟趕出鬼來。

馬可這樣把兩件事放在一起，是要說明耶穌的權柄不僅在言語上，也在行動上，他並不像經學教師(或文士)，就是那些在猶太社會中被視為知識淵博、德高望重的教師。馬可在談及耶穌之教訓「有權柄」時，並非僅要表明他的教訓可信又可靠，而是要見證那是上帝能力的彰顯。

● 加利利湖的西北面沿岸。

所謂「污靈」，馬可是從猶太人的角度來看的。一個被污靈附身的猶太人，會被視為「不潔淨」；他不可與其他猶太人一起吃飯、一起敬拜。病人的病如果被認為是由污靈造成的話（在耶穌時代，人們認為身體和精神上的許多毛病都是因污靈附身所致），其他人都會害怕與這病人接觸，免得也會變成不潔；因此，被污靈附身的人一般都會被隔離。污靈固然是為撒但工作的，但在本質上，卻是受制於上帝（耶穌）。上帝限制著他們的活動；若沒有上帝的准許，他們做不到甚麼（伯一6～12，二1～7）。閱讀福音書會給我們一個印象：耶穌在世上的日子，污靈特別活躍；這可能要顯出耶穌勝過他們的能力和權威。

值得留意，這裏的污靈是複數的，這可以指污靈這個類別，亦可指超過一個污靈附著那人。

當你聽到某人的得救見證或分享時，你會感到驚訝嗎？抑或已習以為常，不會有任何的感動？

這**污靈**喊叫耶穌的名字「拿撒勒的耶穌」以及耶穌的稱號「上帝的聖者」（與污靈的不潔淨成對比），他的語氣似乎不太好，帶有挑戰口吻。耶穌叫他住口，因為耶穌不用污靈為他宣傳；類似的指令（有些是對人講）經常見於馬可福音（一34、44，三11～12，五43，七36，八30，九9、30）。在耶穌的吩咐下，那被鬼附身的人猛烈地抽瘋，大叫一聲，污靈就走了；這些都證明耶穌勝利了，人們的眼睛和耳朵都能見證這事實。

古代希伯來人（和猶太人）的名字只有單字，沒有代表宗族的姓氏。如此，很多人的名字就會相同，為了避免混淆，往往會加上「……的兒子」或「來自……城／地的……」來作介紹，例如新約聖經對耶穌的介紹，就有「約瑟的兒子耶穌」（約六42）、「拿撒勒的耶穌」（一24；參太二十六71）了。有關古代名字和現代名字的比較，參《聖經鳥瞰——基礎篇》第五章「聖經歷史簡述」之專欄「名字」。

在古希伯來人的社會，認識別人的名字和為人或物命名，並非只是資訊上的認知，而是表達了一種關係，或一種超然的能力（創二19～20，三十二27～29；出三

13～15；士十三17～18）。因此，當污靈說「我知道你是誰」（一24）之時，它可能對耶穌的能力有相當程度的認知，它的話甚至可能是帶挑戰的。

在這則故事中，作者沒有交代那名被污靈折磨的男子的背景以及他對耶穌的信心，而事後，馬可亦未再談及該名男子；耶穌的言行也僅直接與污靈有關。儘管馬可的記載很是粗糙，但這反映福音書記載神蹟故事的特色：被醫治者只是陪襯，而非主角。

雖然這故事的開首是耶穌講道，而結尾又重新論及耶穌教導的權柄，但故事的焦點應該是羣眾的驚訝⑰：「這是怎麼一回事？真是聞所未聞的道理！」（一27）這種驚訝是一種基於無知所產生出來的意料之外的感覺。雖然事情發生在他們眼前，但羣眾對耶穌的身分依然一無所知；他們並未體會到上帝拯救的日子臨到，亦未能領會上帝那大而可畏的權能。整個情節所帶出的諷刺不言而諭：那些理應知道耶穌身分的人卻對此一無所知，但污靈卻知得一清二楚。

不少現代基督徒認為，親眼目睹奇事可能會使人的信心更加堅固，然而福音書作者卻另有高見。他們不僅知道神蹟是能力的表現，而能力的來源不一而足，且有善惡之分；而且亦懂得，使讀者理解耶穌的身分及其在地上的事工，要較單單記述他們目睹的某件神蹟更為要緊。同樣，我們今天所應著重的不是神能的彰顯，而是道——上帝的話——的彰顯。

2.5.2. 醫好西門的岳母和其他人（29～38節）

安息日聚會完畢，大家本來是要到西門和安得烈家去的，可能是

「正發高燒」(30節)這動詞原文所用的時態表明她患病已好一段日子。

耶穌探訪西門和安得烈家，給你留下甚麼印象？

一起用餐或歇息一會，但殊不知耶穌又行起神蹟來。原來彼得的岳母**一直在病中**，耶穌得知事情後，便主動醫治她：「拉着她的手，扶她起來⑱。她的熱退了」(31節)。她就起身服事在場的人⑲，這證明她已經痊癒了，能夠恢復日常工作。

目睹這件事的人應該不多，但不知怎的，在當天「太陽下山的時候」(32節)⑳，竟來了一大羣「害各種病和被鬼附身的人」(32節)。馬可說，全城的人聚集在彼得岳母的家門前(32～33節)，明顯是有所誇大，目的是要讀者注意到，耶穌現在已經成為一位公眾人物。此刻耶穌作為上帝的兒子的身分還未顯露，即使鬼魔知道其身分，但耶穌也禁止他們說話。馬可藉此表明，羣眾前來乃為尋求耶穌的醫治，他們既未認同耶穌的教導，亦不知曉其真實身分。

你曾否因為在某些人羣中間有非常成功的建樹，而戀戀不捨地留在他們當中，卻忘記其他地方或人的需要呢？

因為耶穌所行的神蹟非常成功，吸引了很多人，這是耶穌大展拳腳的好機會，但耶穌反倒退到曠野去安靜。到曠野祈禱可能是耶穌慣常做的事，所以耶穌一不見了，西門和他的同伴就知道往哪裏找他。「大家都在找你呢！」(37節)㉑這一句話表達了他們對耶穌的請求(即返回迦百農的人羣當中)，亦顯示門徒和耶穌之間的不協調，兩者對人世間的成就有不同的期望。門徒大概希望能在迦百農落地生根，建立自己的地盤，但耶穌卻不以為然，予以拒絕，反而進到加利利地區內的其他鄉村(暗示這些鄉村都是他們未曾去過的)，繼續其宣教事工；「我也必須在那些地方傳道，因為這正是我來的目的」(38節)。

耶穌已經是上帝的兒子，本來就不需要像人一樣，從祈禱中支取力量，但他仍需要祈禱；因為他要安靜自己，不讓神蹟所帶來片刻的榮耀，使他忘記真正的使命是要到處傳道。如果你想在安排事情的先後次序方面更加像耶穌般帶有使命感的話，你也要養成一個習慣，在忙碌的生活中有安靜、自省、親近主的時候。

耶穌為何拒絕行神蹟？

醫病、趕鬼不都是好事嗎？耶穌為何要拒絕行更多的神蹟？

首先，耶穌所拒絕的，是羣眾因神蹟而對他產生的一種狹隘認知。神蹟雖能彰顯耶穌的能力，亦使人不得不思考其身分，但這並不能指明耶穌的身分。

其次，這拒絕出於耶穌對其事奉方向的認知：「我也必須在那些地方傳道，因為這正是我來的目的」(一38)。耶穌降世為要傳揚福音(一14～15)，並挑戰撒但之權柄(一13、39)。耶穌樂意施行醫治，因此事不僅有意義，亦頗受人歡迎，但他亦知道自己的真正使命並不在此。這些神蹟本身當然並不與耶穌的真實使命相矛盾，但羣眾對神蹟的無知，或者說是對行神蹟者的無知，卻明顯與這使命相違背。

上帝的國度對世人更為重要，所以，為完成宣揚上帝國度的使命，耶穌並不高舉他趕鬼與醫病的能力。因為耶穌不僅知道，宣揚上帝國度是自己的首要工作，他亦明白，其醫治之能也只有在宣揚上帝之國度這大前提下，才具有實在的意義。

2.5.3. 醫治痲瘋病人(39～45節)

在福音書中，醫病故事一貫以記述病人的信心和耶穌的能力為主，對於疾病的性質很少予以描述。但痲瘋病顯然屬於例外，因它不單與疾病有關，亦關乎猶太人的潔淨條例，並富有神學意蘊。

在我們社會中，你覺得和甚麼人交往是最不愉快的？為甚麼？

痲瘋病

按一般譯本的翻譯，這人得的是痲瘋病，但「痲瘋病」這個詞的原文可以泛指一切有傳染性的皮膚病。因此，利未記十三至十四章中有關痲瘋病的條例，亦清楚紀錄了很多種皮膚病。這些條例同時表明，無論症狀如何，被列為「痲瘋病」的皮膚病都違反了潔淨條例。猶太人若認為某事、某種情形不合常例或不正常，通常會按禮儀潔淨條例將之定為不潔淨。

由於這種疾病會傳染，病人的病況亦非常明顯，這種非同尋常和影響他人的病況使病人被列為不潔，正常的社交或宗教活動固然不能參加，就連每當接近人羣時，痲瘋病人必須喊叫說：「我不潔淨！我不潔淨！」所有的人就都散開，免得碰到他。另一點把情形弄得愈加複雜的，是由於這病很難(甚至無法)醫治，很多人將痲瘋病視為犯罪的懲罰，而且也只有上帝才能醫治此病(參民十二10～15；申二十四8～9，二十八27、35；王下五19～27；代下二十六16～21)。毫無疑問，病者(及其親人)的日常生活是極為痛苦的，生不如死。

正因為這並非一般疾病，聲稱自己痊癒的人就必須接受一位祭司檢查(祭司並不是醫生，但卻可以按照潔淨條例來決定某人是否潔淨)，待祭司說明他已經痊癒(即「潔淨」)之後，才可以在猶太人社會中重過正常的生活。

很難確定一章39節所屬的分段：《和合本》和《現修》把這節歸入前一段，但現時通行的希臘文新約聖經則以這一節為這段的開首。

耶穌離開了迦百農，但依然在加利利省一帶傳道、趕鬼(**39節**)。期間來了一個痲瘋病人，雖然從他對耶穌所說的話，表明他相信耶穌能醫治自己，但亦反映出其內心並不確定耶穌是否願意替自己醫病：**「只要你肯，你能夠使我潔淨」**(40節)。痲瘋病人的這番話並非出於禮貌，亦不是質疑耶穌的能力，而是不肯定耶穌是否願意把他醫好，這反映他絕望的心境。這人意識到自己已經遭人遺棄，所以，即使有人能治這病，他亦會想，這人未必願意醫治他。請看耶穌如何對應這病人的請求：**「我肯，你潔淨吧！」**(41節)這話何等堅決，並與病人的心情成了極大的對比。

值得留意的，是馬可記載耶穌的「回應三部曲」：先從內心發出(「**動了惻隱之心**」㉒)，然後用行動表達(「**伸手摸他**」)，最後是宣布醫治(「**我肯，你潔淨吧！**」)。

「**動了惻隱之心**」原來是一個極富感情的字眼，字面意思有時作「心腸的轉動」，指一種非膚淺性的同情心，而來自內心深處的真誠感情。這顆同情心推動了耶穌伸手去摸那人，即使這次觸摸可能會使耶穌自己變成不潔淨，甚至被逐出人羣，但他在所不惜。最後，耶穌這一回答，「**我肯**」，全然將他自己與這位痲瘋病人的痛苦境遇聯繫在一起，亦把病人徹底醫治。

倘若在你的教會來了一位痲瘋病人(或患了非典型肺炎)的人，你會仿效耶穌的做法，與他握手或同桌嗎？

耶穌即時敦促這人不要耽延，直接去找祭司，將身體給他查看，並獻上所當獻的禮物㉓，一方面是向人們證明他已經潔淨(44節)㉔，使他可以重獲新生和融入社會；另一方面，耶穌亦不想這事過分張揚，影響他的傳道工作㉕。但那個被潔淨了的痲瘋病人並不領會耶穌的心意，他出去，將這件事「**宣**」和「**揚**」開去。他大有可能還指示人怎樣去找耶穌，使很多人為了求醫來找耶穌。此時，耶穌已無法居住在任何一座城鎮中，只得住在「**城外偏僻的地方**」。羣眾又來尋找耶穌，只是為著耶穌的能力，並不認識這些神蹟的含義。

你若是那名患痲瘋病的人，你會遵照耶穌所說，一句話都不向人說嗎？你又會如何向你的親友解釋這事？

這兩個字原文的意思是「大規模地傳講，並把事情揚開去」。

這名痊癒了的痲瘋病人再次證明受惠的人完全不明白耶穌的心意，人們只出於他們的需要來找耶穌，既達到了目的，就把耶穌忘記得一乾二淨。

值得留意，在這裏主要記載的3個神蹟中，耶穌都企圖阻止他的神性身分被揭露(一25、34、43～44；另參三11～12，五43，七36，八30，九9、30)。除了為要避免太多人為了神蹟而來，反妨礙了耶穌傳道的工作之外(一38)，也因為對於耶穌來說，儘管鬼魔知道他的神性身分，但他的身分原不應藉著他們而宣講出來，也不該單靠賴那些經歷神蹟的人來見證他，因為神蹟並非福音的核心，他的身分應藉著十字架的光芒顯明出來（參八27～31，九9，十五39）。但無論如何，耶穌藉著他的行動所顯明的「新道理」（一27），是滿有權柄能力的，勝過鬼魔一切的作為。

釋經短註

① 有關的平行經文，參馬太福音三章1節至四章11節和路加福音三章1至22節、四章1至13節。雖然約翰沒有記載耶穌受試探，但明確地認同施洗者約翰的出現和耶穌受洗的次序。在早期教父的著作中，這3件事的次序較耶穌的誕生更有代表性。

② 雖然2節清楚聲明這段說話引自以賽亞書，但嚴格來說，只有3節是引自以賽亞書（賽四十3），而2節則引自瑪拉基書（瑪三1）。從今天強調引經據典的寫作文化來評論，我們可以說馬可福音作者不夠嚴謹。的確，古代社會並不如今天社會般看重知識產權，亦不會仔細交代這些經文的出處，反映了今天和昔日的做法的不同。其實，在猶太人文獻中，個別作者不時都會將不同出處的舊約經文合併起來使用，而不加以區分（例如十二30～31記載耶穌引述最大的使命時，就綜合了兩段經文，即申六4～5和利十九18）。

③ 原文其實是「在曠野有人聲呼喊」（參《和合本》），經文的重點是只聞其聲音（表示信息）而不見其人。這是舊約先知典型的傳統，作為上帝代言人的先知並不著重交代自己的身分，只突出上帝的信息。

④ 施洗者約翰的衣著跟先知以利亞相似（王下一8），至於他的飲食，可能只是基於環境的限制；約翰在曠野裏，只能找到甚麼就吃甚麼。

⑤ 以利亞是以色列古時候的先知，他身處的年代，比耶穌的誕生早800多年。按瑪拉基書的記載（三1～2，四5～6），上帝會再次差派以利亞到地上來，警告世人要為上帝的審判作好準備，並且為基督準備道路。

⑥ 留意5節所描述的情景，並非指頃刻間所發生的事，而是一段頗長的日子。

⑦ 文中「催促」一詞希臘原文所用的字眼（希：*ekballô*）帶有一種強烈地迫使出去的意思，因此經常用於趕鬼的情況。據此，這裏似乎表達，聖靈就如一種強烈的外界力量把耶穌「趕出去」。然而，一章10節已經清楚說明聖靈臨到他身上，因此，聖靈顯然不是以一種外界的力量（如被鬼附的那樣）把

耶穌「趕出去」，而是耶穌身內的聖靈催迫他整個人出去。

⑧ 相比之下，後來才面世的馬太福音（太四1～11）和路加福音（路四1～13）的記載就清楚得多，它們記載了耶穌如何引用聖經的話來戰勝撒但。

⑨「40」這個數字使人很自然聯想起若干重要的聖經故事，如大洪水的持續時間（創七4、12、17）、以色列民族的曠野漂流期（出十六35；申二7）和以利亞的曠野行程（王上十九4～8）。人的生命在危險急難中得到保全，是上述這些故事所要表達的一個關鍵主題；因此，在曠野的40天中，耶穌的生命因著撒但的出現而無疑更加危險，但結果他仍得保存。

⑩「撒但」一詞（原是希伯來文）是「敵擋／仇敵」的意思。撒但也被稱為「魔鬼」（意思是「控訴者」）。

⑪ 只有馬可記載耶穌與野獸同在。這情景令人不禁想起聖經中那些有關上帝保護人類免受獸類攻擊的應許（參伯五22～23；詩九十一13；賽十一6～9）；此外，這也可能要表達一個人墮落之前在樂園裏的情景。

⑫ 加利利湖位於約旦河谷北部，是一個淡水湖，約21公里長，13公里闊。這湖又名革尼撒勒湖（路五1），羅馬人則稱它為提比哩亞湖（約六1，二十一1）。

⑬ 在西門和安得烈蒙召的記載中，我們首次讀到「立刻」這個用詞；參本書1.1.「寫作對象和特色」的討論。

⑭ 在加利利湖一帶，打魚可以是一門收入相當可觀的生意；作者特別記載這人家有雇工（不是奴隸），進一步證明約翰家人的漁業生意相當好。

⑮ 馬可福音只記載4個耶穌趕鬼的故事（其餘的是五1～20，七24～30，九14～29）。

⑯ 這商道西南通往埃及，東北通往敘利亞。在耶穌的時代，迦百農也是羅馬兵收稅的基地。

⑰「驚訝」、「懼怕」以及相類似的字眼在馬可福音中屢次出現（參一22、27，二12，四41，五15、20、33、42，六2、6、50～51，七37，九6、32，十24、26、32，十一18，十二11、17，十四33，十五5、44，十六5～6、8）。

⑱ 在耶穌所行的醫治神蹟中，他經常與病人有肌膚的接觸（一41，五41，九27；太九29；路二十二51），但這並非是當時一般醫生的做法，而猶太人更會儘量避免如此，以免被玷污，在禮節上成為不潔。此外，留意不同福音書作者記載同一件事情時會突顯不同的細節：馬太說耶穌摸婦人的手（太八14～17），而路加則說耶穌斥責熱病（路四38～41）。

⑲ 彼得岳母的病痊癒了，就馬上起來服事眾人，這本來是很平常的猶太人習俗，但卻說明了服事是作門徒應有的素質。從這教導來看，她所確立的典範就對在場目睹這神蹟的雅各和約翰帶來了諷刺。馬可福音十章35至45節記載這兩兄弟請求耶穌賜他們與他一同共享天國榮耀的福分（留意馬

太記述同一事件時，卻說是他們的母親來請求，參太二十20～28）；儘管兩人已經與耶穌共渡2、3年的傳道生涯，他們還是以世俗的榮祿心態來看門徒身分，亦明顯忘記了昔日西門岳母的服事行為所表達的典範。

⑳ 猶太人計算新一天的開始是從日落算起的（不像今天普遍的算法，是從凌晨計算），這觀念可追溯創世記中對上帝6日創造的描述，「晚間過去，清晨來臨」（創一5）。這裏是指安息日已完結了（參一21），因此，人們直到天晚日落的時候才敢把那些害病的人和被鬼附的人帶到耶穌面前，因為按照當時的猶太領袖的理解，無論是在安息日接受醫治，抑或走遠路，都是違反律法的（太十二10；路十三14）。耶穌的吸引力太大了，他們只得在「太陽下山的時候」，趕快將那些人帶來了。

㉑ 在馬可福音，那些尋找耶穌的人通常有不良動機（參三32，八11～12，十一27，十二12，十四43）。

㉒《現修》在「動了惻隱之心」有一註腳，指出有些古卷作「心裏很生氣」，這是屬後期古卷的語句。

㉓ 摩西所規定以色列人要獻的祭物，包括動物以及一些調和了橄欖油的細麵粉（利十四1～32）。

㉔ 又鑒於二章1節至三章6節中所記的若干衝突，耶穌這提議亦可能表明他要向宗教權威們提出挑戰，要他們承認他滿有能力的醫治行為。

㉕ 耶穌吩咐那人「不要告訴任何人」，意思只是要那病人不要耽延；大概耶穌也理解這病人多少也要向家人或祭司解釋他如何得到醫治，耶穌只想那人低調處理這事。

溫習問題

1. 一章2至3節把出自瑪拉基書的經文和出自以賽亞書的經文混合使用。這兩段引文有甚麼相同點？馬可暗示將要來的王及使者是指誰呢？請列舉證據。
2. 瑪拉基書四章5節形容這位使者的使命像先知以利亞的一樣。馬可強調施洗者約翰和以利亞有何相似？（參一4～8）
3. 人們對施洗者約翰的反應如何？從人們的反應中可以看出他們有怎麼樣的需要？（參4～5節）
4. 耶穌受洗時發生的那些事情，如何為他在曠野受試探做了預備呢？（參10～12節）
5. 施洗者約翰的遭遇與耶穌的有何相似的地方？（參1～14節）
6. 何謂「上帝的國」？馬可怎樣交代這「上帝的國」的意義？（參15節）
7. 促使西門和安得烈，約翰和雅各樂於接受耶穌的邀請的原因分別是甚麼？（16～20節）耶穌主動說「跟從我！」這命令如何顯出耶穌的權威？而門徒的回應又如何反映他們作門徒的本質呢？
8. 安息日，耶穌去了會堂（一21～28）。他在那裏發生了甚麼事情，人們的反應如何呢？耶穌為何不讓污靈洩露他的身分？
9. 35至39節中寧靜孤獨的環境和前面的事件形成一個很強烈的對比。這幾節經文揭示了耶穌把甚麼擺在第一位呢？
10. 這個痲瘋病人要到耶穌面前，得冒甚麼的危險？（40～45節）耶穌這樣回應又冒了甚麼危險呢？

第三章

富爭議性的言行（二1至三12）

- 醫治癱瘓病人
- 呼召利未
- 耶穌的門徒沒有禁食
- 在安息日摘取麥穗
- 在安息日治病（手枯萎的人）
- 馬可的總結

經文

耶穌治好癱瘓病人

2 [1]過了幾天，耶穌又回到迦百農；他在家的消息傳開了。[2]許多
人聚集，屋裏擠滿了人，連門前也沒有空地。耶穌向他們講道
的時候，[3]有四個人抬着一個癱瘓病人來見耶穌。[4]因為人多，他們
無法把他抬到耶穌面前。於是在耶穌所在之處的屋頂上拆開一個洞，
然後把病人，連同他所躺臥的褥子，縋了下去。[5]耶穌看見這些人
的信心，就對那癱瘓病人說：「孩子，你的罪蒙赦免了。」

[6]有幾個經學教師坐在那裏，心裏議論說：[7]「這個人竟敢說狂妄
的話！除了上帝，誰有赦罪的權呢？」

[8]耶穌立刻看穿他們在轉些甚麼念頭，就對他們說：「你們為甚
麼有這種想法呢？[9]對這病人說『你的罪蒙赦免了』容易呢？還是說
『起來，拿起你的褥子走』容易呢？[10]我要向你們證明人子在地上有
赦罪的權柄。」於是他對那癱瘓病人說：[11]「我吩咐你，起來，拿起
你的褥子，回家去吧！」

[12]那個人起來，立刻拿起褥子，在大家注視下走出去。大家非常
驚奇，頌讚上帝說：「我們從來沒有見過這樣的事！」

耶穌呼召利未

[13]耶穌再到加利利湖邊，一大羣人聚集在他身邊，他就教導他們。
[14]他再往前走的時候，看見一個收稅的，就是亞勒腓的兒子利未，
坐在稅關上。耶穌對他說：「來跟從我！」利未就起來，跟從了他。

[15]以後耶穌在利未家裏吃飯，有許多稅棍和壞人也跟着他；當中
有好些人跟耶穌和他的門徒同席吃飯。[16]有些經學教師和法利賽人
看見耶穌跟壞人和稅棍一起吃飯，就質問他的門徒：「他為甚麼跟
稅棍和壞人一起吃飯呢？」

[17]耶穌聽見了，就說：「健康的人用不着醫生，有病的人才用得
着。我來的目的不是要召好人，而是要召壞人。」

禁食的問題

18有一次，施洗者約翰的門徒和法利賽人正在禁食。有人來問耶
穌：「為甚麼施洗者約翰以及法利賽人的門徒禁食，你的門徒卻不
禁食？」

19耶穌回答：「新郎還在婚宴上的時候，賀喜的客人會禁食嗎？
只要新郎跟他們在一起，他們就不禁食。20可是日子將到，新郎要
從他們當中被帶走，那時候他們就要禁食了。

21「沒有人拿新布去補舊衣服，如果這樣做，新的補釘會撕破舊
衣服，使裂痕更大。22也沒有人拿新酒裝在舊皮袋裏，這樣做的話，
新酒會脹破舊皮袋，酒和皮袋都會損壞。所以，新酒要裝在新皮
袋裏！」

安息日的問題

23有一個安息日，耶穌經過麥田。他的門徒們跟他同行；他們一
邊走，一邊摘取一些麥穗。24於是法利賽人對耶穌說：「你看，你的
門徒做了在安息日不准做的事！」

25耶穌回答：「大衛在需要食物的時候做了甚麼事，你們沒有念
過嗎？他跟他的隨從餓了，26就進上帝的聖殿，吃了獻給上帝的供
餅。這事發生在亞比亞他當大祭司的時候。根據我們的法律，只有
祭司才可以吃這餅；可是大衛自己吃了，又分給他的隨從吃。」

27於是耶穌說：「安息日是為人而設的；人不是為安息日而生的。
28所以，人子也是安息日的主。」

治好手枯萎的病人

3 1耶穌又進會堂；那裏有一個人，他的一隻手枯萎了。2有些人
在窺伺，要看耶穌在安息日治不治病，好控告他。3耶穌對那手
枯萎的病人說：「站到前面來」，4然後問大家：「關於安息日，我們
的法律是怎樣規定的？做好事還是壞事？救命還是害命？」

大家一聲不響。5耶穌怒目環視左右，心裏為這些人悲傷，因為

他們的心腸剛硬。於是他對那病人說：「把手伸直！」那人一伸手，
手就復原了。6那些法利賽人從會堂出來後立刻和希律黨人商量要
怎樣對付耶穌，殺害他。

湖邊的羣眾

7耶穌和門徒們離開那裏到加利利湖邊去，一大羣人跟着他。他
們是從加利利、猶太、8耶路撒冷、以土買、約旦河對岸等地區以
及泰爾和西頓附近的城市來的。這一大羣人來找耶穌是因為他們聽
見耶穌所做的一切事。9人太多了，耶穌吩咐門徒替他準備一條小
船，免得人羣擁擠他。10因為他治好了許多病人，所有患病的人都
擠向前來，要摸他。11那些被污靈附身的人一看見他，就俯伏在他
面前，喊說：「你是上帝的兒子！」

12耶穌嚴厲地囑咐他們不可說出他是誰。

「他們來到迦百農城；安息日一到，耶穌進會堂教導人。」(一21)，就在這一次停留在迦百農居住的日子裏，耶穌開始跟當時的宗教領袖們正面衝突。他冒犯他們的事項有：

- 他聲言自己有赦罪的權柄(二1～12)；
- 他跟稅棍和壞人吃飯(二13～17)；
- 他的門徒沒有嚴格遵守禁食的規條(二18～22)；
- 他的門徒在安息日摘取麥穗(二23～28)；
- 他在安息日治病(三1～6)。

● 2世紀末的迦百農會堂的遺址。

簡單來說，耶穌所做的與法利賽人的屬靈或釋經傳統相違背，故惹來他們的攻擊。

馬可把這5樁事件放在一起，是有深層意義的，這可從3個層面來看：

首先，作者在這段落中用了交錯配對(chiastic structure)的表達方法(ABCB'A')來鋪排這5次的衝突事件(參下頁的大綱)；在這些衝突中，主要的問題是：「誰有權柄代表上帝來說話和行事？」最外層的(A和A')是兩件與醫病(死亡與生命)有關的神蹟，第二層(B和B')則是兩件涉及飲食的潔淨之禮的事件，而夾在兩件與飲食有關的事件中間的(C)，卻是禁食——不吃食物。

另一方面，首兩次衝突(A和B)是針對罪和罪人而引發的，而末後兩件事件(B'和A')均與安息日可作甚麼、不可作甚麼的問題有關。留意夾在中間的(C)，是有關不禁食的指控(二18～22)，亦是這個段落(二1～三6)的核心，為要表明：有一天耶穌要離去，但卻帶來新的時代，那是舊傳統所不容的（新舊難合的比喻）。這正好與全卷福音書相呼應。

「經學教師和法利賽人」原文亦可譯作「法利賽人中的文士」（《和合本》）。

此外，在這5次衝突中，跟耶穌敵對的對抗面不斷擴闊：開始的時候只是幾個經學教師（二6），到後來是**經學教師和法利賽人**（二16）、法利賽人（二24），最後是法利賽人和希律黨的人（三6）。此外，衝突亦愈來愈白熱化：從心裏議論（二6、8）、以至對耶穌的門徒説（二16）、到直接質問耶穌（二24），最後是設陷阱找耶穌的把柄（三2）。

會堂是當時猶太人禱告和教導的地方，但在馬可福音中卻成了衝突發生的地方（參一21～28，三1～6，六1～6）。

這些衝突所導致的結果是清楚的：耶穌怒目環視，但亦憂愁他們的心剛硬，而法利賽人則離開會堂，立刻和希律黨的人就合謀商議要除滅耶穌（三5～6）。這事**在會堂裏發生**，象徵耶穌與當代傳統之間的齟齬。面對種種的攻擊，耶穌指出「人子」①的權柄是超越他們的傳統的：人子在地上有赦罪的權柄（二10），他也是安息日的主（二28）。

雖然猶太教領袖們不喜歡耶穌，卻仍有許多人繼續跟隨他；三章7至12節可算是馬可為耶穌在迦百農工作了一段日子（也可説是在加利利省第一期的工作）所作的總結（比較一39與三7）。

A. 醫治癱瘓病人（二1～12）
  B. 呼召利未（二13～17）
    C. 耶穌的門徒沒有禁食（二18～22）
  B'. 在安息日摘取麥穗（二23～28）
A'. 在安息日治病（手枯萎的人）（三1～6）
  馬可的總結（三7～12）

3.1. 醫治癱瘓病人(二1～12)

繼馬可福音一章29至31節、40至45節這兩段行文簡潔明快的神蹟故事後，這則耶穌醫治癱瘓病人故事的出現，著實有些出人意料。作者在描述這故事的背景時，很詳細地敘述了4名男子為要把其癱瘓的好友帶到耶穌面前所作的努力。

二章1至2節所記述的背景清楚表明，就是將病人抬至耶穌面前這一簡單動作，亦是一種信心的挑戰。耶穌當時已回到迦百農，而他先前曾因鄰近鄉村百姓的緣故離開此地(一21、32～34、38～39)。此刻，耶穌被屋裏屋外②的人羣團團圍住，即使是想靠近屋子門口聽他講道亦不大可能(參一33)。儘管困難重重，這位癱瘓病人還是被送至耶穌面前。

每一個人都有擔子要承擔，有些時候我們可以自己一力承擔，有些時候則需要其他人幫忙；想想你有需要時也希望有朋友來幫忙，讓別人的需要也叫你伸出憐憫之手！

馬可雖然以很平淡的描述帶出故事的主人翁，但卻足以將讀者的視線引向那幾位抬癱瘓病人的人所付出的巨大努力：**「有四個人抬着一個癱瘓病人來見耶穌。」**(3節)馬可為我們描述出這樣一幅令人會心一笑的情景：屋子內外擠滿了圍觀耶穌的人羣，而屋頂上卻有4個人抬著一名癱瘓病人；由於無法從門進入屋內，這些人不得不再費力地從屋頂上**拆開一個洞**，將病人縋到耶穌面前。

在巴勒斯坦的鄉村，房子的屋頂通常是平的，屋外則有樓梯可通上屋頂去。屋頂用橫梁和木板建成，再鋪上搗實的泥土，因此，在屋頂上拆開一個洞並不太困難。

耶穌本可以對這4個人表達欣賞，然後醫治好這癱瘓病人便算，然而他的反應卻大出眾人的意料之外，他把事情提升到神學的層面，**「耶穌看見這些人的信心，就對那癱瘓病人說：『孩子，你的罪蒙赦免了。』」**(5節)耶穌不是想小題大作，而是要藉著上帝赦免與醫病的關係，證明自己也有赦罪的權柄。

雖然馬可並沒有清楚說明，但經文裏的「這些人」理應包括那「癱瘓病人」，不然，耶穌宣告癱瘓病人的罪蒙赦免就變得很滑稽了。

假如你就是那個躺臥在耶穌面前的癱瘓病人(二1～12),你對耶穌一番赦罪的宣言有何感覺?你得了醫治後又會覺得怎麼樣呢?

在馬可福音的其他神蹟故事中，那些尋求醫治者來到耶穌跟前的行為，也同樣被歸因於他們對耶穌的信心(五34，十52)。在記述那些病人的行動時，馬可並未明確指出耶穌的位格或上帝的屬性，因為病人向耶穌求醫治這行動本身就表明病人毫不懷疑耶穌的能力。同樣重要的一點是，這種因對耶穌滿有信心與期待而產生的行動，在這些病人被醫治前就展現出來，並非他們得到醫治後才產生的。這顯然是信心的表現。

(參約五14，九2；雅五15～16；另參詩一〇三3)

在當時，很多猶太人都把疾病或苦難**歸咎為犯罪的結果**；至於外邦人，則認為這是觸犯神明所致。這樣的關聯常會無理地為當事人帶來「莫須有」的罪名。某程度上，耶穌這樣說也符合——但不一定表示他支持——當時的人的看法，不過，耶穌說出這話就必須要把病人醫好；不然，赦罪就沒有甚麼意思了。因此，耶穌說完了「**孩子，你的罪蒙赦免了**」(5節)這番話後，本應馬上把癱瘓病人醫好，然而，在馬可的記述中，耶穌的話似乎被在場人的旁觀者(即幾個經學教師)打斷了③。其實他們也沒有講出來，只是在「**心裏議論**」，但馬可把這本來的隱藏的話表露出來，正說明這是故事焦點的所在。

這種赦罪與醫治的關係，引發了人們對耶穌的爭論。即便是記述首個耶穌的醫治故事時(一21～28)，那節將耶穌與經學教師比較的經文亦令人瞠目結舌(一22「**聽見耶穌教訓的人都很驚奇，因為他的教導滿有權威，和一般經學教師不同**」)，而耶穌的權柄亦已受到質疑(一27)。這裏對耶穌褻瀆上帝的指控卻更為嚴厲，因為只有上帝才有赦罪的權柄(二7；參賽四十三25，四十四22)，而凡犯此罪者當一律按猶太律法論處(利二十四15～16)。

耶穌很輕描淡寫、並語帶諷刺地回應：「對這病人說『你的罪蒙赦免了』容易呢？還是說『起來，拿起你的褥子行走』容易呢？」(9節)——結果亦是一樣。耶穌的反問點出如下事實：宣告得醫治與蒙赦免的結果是一樣的，就是病人得到痊癒(儘管「醫治」才是可驗證的)，但為了證明身為「人子」的他也如上帝般確實有赦罪的權柄，他就選擇用「你的罪赦免了」這表達方式。於是，他轉身對癱瘓病人說：「我吩咐你，起來，拿起你的褥子，回家去吧！」(11節)在眾目睽睽之下，那癱瘓病人就站起來，**與他的好友們一起離開去了**。旁觀者們便再也無法否認耶穌的能力，就如故事結尾所言，眾人都對此感到驚奇(12節)。

那人離去的情景與他到來的情景形成強烈的對比：原本是給他躺臥的褥子，如今反而成為他手中之物，亦是他痊癒的證據。

人子

在舊約聖經中，例如在以西結書，「人子」是指一般人，但在但以理書，這詞的含義顯然不同。先知但以理自稱看見「一位彷彿像人子的，駕着雲來」(但七13)；這裏所說的「人子」，是由上帝揀選來統治萬國萬民的，是救世者。值得一提的是：「人子」在亞蘭語可理解作「我」，因此，對那些明白耶穌獨特身分的人來說，他是但以理書七章所說的那位有權柄的人子，對於不明所以的人，「人子」的意思只是「我」。

在新約聖經中，「人子」一詞主要見於福音書，並且帶有謎一般的感覺，但基本上，福音書作者使用這詞語的方法主要承接自但以理書作者，指耶穌以蒙上帝揀選的身分來到世上。這身分在耶穌首次和再次來世的處境中有不同含意。

「人子」的首次來臨強調自己的人性，特別是他必要受苦、必要為赦免人的罪而死(八31，九31，十45)。然而，「人子」的再次來臨卻是允滿着能力和權柄地回到世上(太二十四30；啟十四14)，所強調的是他的榮耀；這時，上帝的子民要聚集在一處，上帝的國要建立起來(八38～九1)，眾人將要看見人子坐在全能者的右邊(十四62)。這兩種含意是重疊性的，特別當福音書作者說明耶穌的在世身分時，是從他將得榮耀的處境來說的。

在這裏，「人子」是一個頭銜，是一則耶穌對其身分的自表。

這故事不單止說明，來求醫者的信心的重要性，更說明耶穌用這神蹟來證明他有赦罪的權柄。耶穌並沒有否定經學教師的神學（即只有上帝才有赦罪的權柄），而明顯地將之修正過來，因為身為**人子**的耶穌，他在世上也有同等的權柄（參10節）。

儘管經學教師心裏的議論內含對耶穌極為嚴厲的指控，但我們應該記住，經學教師們並沒有公然出語反對耶穌，只是在心裏議論。在下文中，當法利賽人開始質疑耶穌的特別行為時，才是公然對其權柄提出質疑。三章6節是這一部分的高潮，法利賽人從此開始設計除掉耶穌。

3.2. 呼召利未（二13～17）

*耶穌與法利賽人之間的衝突在馬可福音二章1節至三章6節中逐漸變得明朗。由經學教師內心的疑慮（二6「**有幾個經學教師坐在那裏，心裏議論**」），慢慢提升為法利賽人對耶穌的公開質問，這些人最終一同商議如何除滅耶穌。*

福音書特別記載4位門徒的蒙召經過，這並不一定表示，他們是最先成為耶穌門徒的，大概是因為他們日後成為十二使徒成員，以及早期教會重要的領袖，所以福音書的作者才將他們成為門徒的過程記下。不過，馬可記載耶穌呼召利未，似乎別有用心。

在馬太福音中，他的名字是「馬太」（太九9～13）。

耶穌有一次在海邊教導人的時候，在路上看見「**亞勒腓的兒子利未，坐在稅關上**」（14節），意思是，他正在處理稅務事項。利未是名**稅棍**，因為職業的緣故，他必定受當時猶太人的蔑視。然而，耶穌依然愛他，並揀選他作為自己最親密的傳福音夥伴之一。

符類福音常把「稅棍」與「壞人」一概而論（參路五30，七34）。

當時的「稅棍」負責向指定地區的居民和商旅徵收稅款。「稅棍」本可以從徵收的稅款中抽取佣金，但他們大多濫收稅金以肥己。猶太人當稅棍，當然會被其他猶太人所痛恨，因為他們非但詐取金錢、充當羅馬政府的走狗，有時為了拉攏身邊的支持者，甚至用部分稅金支持異教活動。由於這些猶太稅棍經常與外邦人接觸，他們並不嚴守摩西律法。

表面上，這段經文似乎是要記載「耶穌呼召利未」這事件，但從整段經文來看，作者只是借用這事帶出耶穌與這些被一般猶太人唾棄的稅棍和壞人的關係。

法利賽人為保證自己在禮節上的潔淨，從不和稅棍、壞人一起吃飯，他們認為稅棍和壞人辱沒了律法。相反，耶穌願意與稅棍和壞人一起的心無疑大量吸引了這種被認為是邪惡的人。當法利賽人問耶穌為何與「稅棍和壞人」一同坐席時，實質上亦是在質問耶穌為何不遵照他們的規矩而行。耶穌很精簡的回答：**「健康的人用不着醫生，有病的人才用得着。我來的目的不是要召好人④，而是要召壞人。」**(17節)

耶穌的回答與行為冒犯了法利賽人和一些猶太人，同樣亦得罪不少今天的基督徒！耶穌召喚利未並在其家中吃飯一事，表明耶穌有意識地接納這些被排斥在「好人」圈外的人——稅棍和壞人。出乎我們意料之外，(至少在馬可的筆下)耶穌在此並未要求利未悔改，或是向那些與自己一同坐席者提出若干要求或條件。上帝所接納、呼召的正是「壞」人，而非自以為「好」的人；即使不改往常的惡習，人也能夠感受到上帝的接納。愛的真意就是愛的本身，其他的都只是一種利益上的交易，而不是愛的本身。耶穌比任何人都明白這點：在一個人接受福音之先，他必須

今天，你若看見教會的傳道人與一些妓女或滿口粗言穢語的人一起吃飯，你會有何感覺呢？

感受到真愛，即那無條件的愛，而不是先認識教理。這一點恐怕是今天很多熱心的信徒，特別是教會領袖，必須要記住的。

你認為誰是「不該愛」的人？誰是「不可能」進天國的人？若要與耶穌有一致的態度和行為來對待這些人，你認為得作出怎樣的努力？

我們讀這段經文（特別是二17），不應該以為耶穌並非為健康的人或好人來到世間，這段經文的主旨在於上帝的救恩將要臨到那些有需要的人（病人和罪人），但並不是要將那些看似健康的人排斥在外。從另一角度而言，耶穌言簡意賅的一番話是在嘲笑那些「健康的人」與「好人」。真正健康的人和好人並不需要耶穌的接納，因為上帝已經接納了他們。那麼誰才是真正健康的人與好人呢？難道是法利賽人、經學教師、或宗教建制內的人？對於那些自以為義者，耶穌此言就如同是一面擺在他們面前的鏡子，反照出他們真實形像與理想形像之間的差距（參詩十四篇；羅三章）。

在研讀福音書中有關耶穌與人爭論的經文時，最令人困惑的，是讀者該如何評價那些反對耶穌的人，這些人通常是法利賽人。在描述那些反對者時，福音書作者常常很自然地使用無情的貶義辭彙，藉此反襯出耶穌完全和正義的形像。那種認為法利賽人都是律法主義者、人格卑劣、假冒為善的假定觀念，加深了現代基督徒與猶太人間原本就存在的重大分歧。

我們應該意識到，福音書作者筆下的記錄完全聚焦在耶穌身上；種種事迹都是因耶穌參與其中而被記錄下來，而不是因為法利賽人。作者記載法利賽人僅是為給耶穌作陪襯，也就是說，我們在閱讀這些故事時，不應認為作者所描寫的是法利賽人的特質。因此，法利賽人的惡劣，是因為作者拿他們與耶穌作一對照，相形之下才顯得惡劣，但實際上，在當時一般人民心中，法利賽人是很受尊重的。

3.3. 耶穌的門徒沒有禁食(二18～22)

緊接著耶穌與稅棍和壞人用膳一事，馬可記載了耶穌借用新郎、補衣、酒袋的比喻論述禁食及與禁食相關的問題。按我們對這段經文(二1～三12)的分析，二章18至22節理應是這段經文所記載的5件事件的核心。馬可以禁食作為開始，將耶穌不同時期的論述放在一起，從末世觀點指出耶穌和他的門徒是屬於新時代的，為舊傳統所不容。

禁食在猶太教是一項相當普遍的禮節，但不同人賦予禁食的意義也各有不同。法利賽人一星期禁食兩次(路十八12)，認為禁食是謙卑和悔罪的表現，也是一種警醒的操練，但施洗者約翰的門徒禁食可能是受當時昆蘭一帶的愛色尼人的影響，是渴望彌賽亞來臨的表現。

在耶穌身處的時代，愛色尼派是猶太教的一個派別。他們堅守猶太教純一的信仰，對舊約五經教導的執著比法利賽人更甚。這派別認為主流的猶太教已經腐敗不堪，為了逃避世俗，他們甚至刻意遠離羣眾，以免受世俗沾染。不少愛色尼人住在死海沿岸的昆蘭地區，自成一角(稱為昆蘭羣體)，但也有一些愛色尼人住在其他地區；一般學者認為，在1948年所發現的死海古卷就是他們收藏在洞穴裏的。

他們又強調儉樸的生活方式，倡導禁欲主義，因此，一般愛色尼人都不重視婚姻，有些甚至鄙視婚姻，認為虔誠人根本不應結婚。他們悉心研讀聖經，尤其注重研究末世預言，這是由於他們對現況不抱任何希望，只將一切寄望將來。

留意19節兩句平行句：「新郎還在婚宴上的時候……」與「只要新郎跟他們在一起……」，這突出作者的焦點。

耶穌的門徒不禁食，可能只反映他們並非是很嚴謹的猶太人，而耶穌亦沒有規定他們這樣做。當有人向耶穌提出質詢時，耶穌借用婚嫁的情景來作比喻⑤。新郎的朋友在陪伴新郎的這段短暫時間內，用不著禁食(**19節**)；同樣，儘管有一天耶穌要離他的門徒而去，但耶穌一天還在，門徒也不用禁食；**「可是日子將到，新郎要從他們當中被帶走，那時候他們就要禁食了。」**(20節)

禁　食

禁食就是不吃不喝，禁絕身體享樂，是舊約利未記二十三章27節中提及的「刻苦己心」(《和合本》)。禁食的目的可以是為自己的罪而懺悔、追悼國家民族的苦難或作為象徵性的獻祭。最重要的禁食時間是贖罪日(Yom Kippur)。

禁食本來是謙卑和悔罪的表現，是猶太人表達自己對信仰敬虔態度的典型方法，因為這緣故，禁食漸漸變為猶太人自我推崇的手段。先知以賽亞在禁食的日子，痛斥富人只有禁食的行為，內心卻絲毫沒有行善之心或悔改的意願：「……你們一邊禁食，一邊做自己想做的事，而且欺壓工人。你們的禁食使你們更凶暴……」(賽五十八3～4)。以色列人的禁食完全「反其道而行」，不是為上帝犧牲，讓人得益，卻是要為自己謀利。

福音書只有一次耶穌禁食的記載，就是在接受試探前40天的禁食(馬可沒有記載此次禁食，只見於太四1～11；路四1～13)；雖然耶穌也有關於禁食教導，但不多，並且不是鼓勵，只是指示禁食者應有的態度(太六16)。耶穌之所以不積極鼓吹禁食，可能因為不同人的操練方式亦各有不同；對於耶穌來說，他是儘量與罪人和社會的邊緣人一同進餐的，他是「參加筵席而非禁食」。相對來說，禱告較禁食重要得多。

今天的以色列人藉著禁食，追悼3次民族災難：西底家作王9年10月10日，巴比倫軍隊開始圍攻耶路撒冷(王下二十五1)；西底家作王11年4月9日，耶路撒冷城牆被攻破(王下二十五2～3)；巴比倫王尼布甲尼撒的19年5月7日，聖殿被毀(王下二十五8)。

緊接的21至22節，耶穌用兩則眾所周知的格言作比喻進一步說明這個道理。一塊未經縮水處理的新布補在舊衣服上，不但補不好衣服，反而會撕破舊衣服，因為當這已補了新布的衣服浸在水中，那塊補上的新布會即時縮水，使衣裳破裂。同樣，新酒不能倒進舊(羊)皮酒袋去。新酒變陳，便會膨脹，使皮袋脹大。若果再將新酒倒進這舊了的酒袋中，那已不能再擴張的舊酒袋就會因變陳的新酒爆裂。這兩個故事都是要説明當新的時代來臨，乃舊的時代所不容的。

信主日久，我們的心靈也可能像舊布、舊皮袋一樣變得僵硬，而不能領受基督所賜的新生命。所以，要時刻更新自己的心靈，保持開放，領受耶穌改變人生命的真理。

按我們對這一章所涉及的經文的分析，二章1節至三章12節所記載的事件是以交錯配對法表達的(ABCB'A')，而這種結構的中心點(C)就成為解釋其他故事的關鍵。在彌賽亞的筵席上，禁食與盛宴並不能協調；新郎的出現預示著某種轉折，表明一段充滿歡樂的時光即將來臨。進一步而言，新舊體系間完全呈現水火不容之勢，其間毫無妥協的餘地。作為上帝統治介入人類生活的全權代表，耶穌是獨一的，而徒勞無益的陳舊宗教形式，例如對安息日應做或不應做的演繹(二23～三6)，並不能包容耶穌所帶來的這種充滿生機的新形式。新酒須用新的酒袋來盛載。

耶穌的出現和離世

讀者閱讀整段經文時，必須留意兩個焦點：耶穌的出現和耶穌的離世。

這兩則格言(二21～22)並非消極地論述舊衣服與舊酒袋，而是正面地指出耶穌說的話、做的事是代表新的權柄的來臨，是不可抗拒的。耶穌的門徒是屬於上帝國的人，新的身分理當有新的規矩，不必拘泥於舊規矩。如果硬要他們守舊規矩，只會徹底的摧毀舊規矩。據此，耶穌在20節的回答並非建議門徒，在他離去後要與法利賽人一樣禁食(二20)，作者是要強調現在這刻的不同：耶穌和他的門徒代表新的制度，與其他猶太人是不同的。

從這個角度來看，馬可在這裏之前記載有關耶穌接納罪人的故事，就來得有意思得多，亦起了互相襯托的作用：上帝(或耶穌)接納罪人象徵著上帝國的臨近。上帝的國度具有這樣一種特性：它的大門向所有在外徘徊者敞開。

與先前截然不同的另一個主題，也許是一個不太起眼的主題，那就是「新郎要從他們當中被帶走」(二20)後的日子。在馬可福音的佈局中，這是一則預示耶穌受難的凶兆。同樣，撕破的衣服與裂開的酒袋也表示，有人企圖要牽制耶穌，把他歸服在舊的制度之下；亦藉此預示耶穌的死，與門徒的分離。要留意，20節所提及的禁食，我們當然可以按字面解釋；按此，耶穌(或馬可)鼓勵信徒用禁食來表達哀傷。然而更重要的是，要仿效施洗者約翰的門徒，藉著禁食來表達對彌賽亞再來的渴求；也許是這個原因，馬可在這裏特別提及施洗者約翰的門徒禁食。換句話說，法利賽人其實是問，既然耶穌一派與施洗者約翰一派那麼相近，為甚麼耶穌的門徒不禁食呢？

雖然首次明顯提及謀害耶穌的經文要在三章6節才出現，但在字裏行間，這主題已經漸漸披露出來了。

3.4. 在安息日摘取麥穗(二23～28)

承接這個交錯配對結構的表達，接下來的兩個故事(二23～28，三1～6)與前面討論的兩個故事相應，分別是二章13至17節(兩件事均涉及飲食上潔淨之禮的問題)和二章1至12節(兩件與醫病有關的神蹟)。這兩個故事都是在安息日發生的，反映新舊權力間的衝突，並且衝突變得愈來愈明顯。

在新約時代，任何一個猶太的小孩子都知道，甚麼是在安息日「可作的」，甚麼是在安息日「不可作的」。但各人的操守不同，知道並不等於一定會遵守。耶穌的門徒只是學識平平的人，對於一些細節，疏忽是可理解；但對於為師的耶穌，他就責無旁貸了。

安息日

「安息日」的意思是休息或停止工作；按猶太人的計算法，這聖日是一個星期中的第七日，相當於現今周五日落後至周六日落前一整天。猶太人對這聖日的理解可追溯至創世的故事；按創世記的記載(一1～二4)，上帝用6天來創造萬物，而在第七天，「上帝因完成了他創造的工作就歇了工」(創二2)。因此，所有猶太人都必須遵守這個聖日，不可作工，而守安息日成為「十誡」中的一條(出二十8～11；申五12～15)。其目的是要人不可因工作而忽略了上帝；同時也讓人可以休息。

然而，可能要到猶太人被擄之後，守安息日才倍受重視。在回歸後，猶太人為強化自己的民族意識和屬靈身分，守安息日(同樣重要的是割禮)便成為自表敬虔的猶太人(如法利賽人)的最常見方式之一。藉著安息日不作工，猶太人能省察自己的屬靈身分，抗衡外邦社會中世俗文化的影響。因此，在新約時期，守安息日已成為一個猶太人規律生活和安定生活的象徵，亦成為聖潔生活的一種可見標誌。

至於在實際生活中，何謂「工作」，何謂「安息」，猶太教中有許多辯論。閱讀福音書，我們可能以為耶穌經常刻意違反「守安息日」的規條，但其實，猶太教對「安息日不可作的工」的定義不時有改變。後來猶太教的領袖列出39類「工作」是安息日不可作的事，其中包括收割和打磨麥子等；然而，這分類會隨著時代而有所增刪。因此，耶穌並不是挑戰「守安息日」這誡命，而是挑戰人將守安息日視為誡命一部分的心態。

法利賽人大概都認識耶穌的門徒，雖然是他們做了在安息日摘取麥穗這嚴重觸犯律法的行為⑥，但法利賽人卻去質問耶穌說：**「你看，你的門徒做了在安息日不准做的事！」**(24節)

原文的意思是：「你看，為甚麼他們做了不准在安息日做的事？」

耶穌引述先祖大衛這位在猶太人心目中極具威信者的事例，來回應法利賽人上述的指責⑦。按撒母耳記上二十一章1至9節所記，大衛在逃避掃羅王的追殺時，他和跟從他的都餓了，便吃了原為獻給上帝的供餅⑧(或「陳設餅」)⑨。大衛的行為是不尋常的，因為只有祭司（摩西哥哥亞倫的後裔）才准許吃這聖餅的（利二十四8～9）。耶穌的結論是：**「安息日是為人而設的；人不是為安息日而生的。所以，人子也是安息日的主。」**（二27～28）這番話是由兩句近似格言的形式的語句所組成：

1. **安息日是為人而設的；人不是為安息日而生的：**這兩句是平行句，意思一樣，均語帶諷刺，可能是當時流傳在一些猶太人間的語句，批評法利賽人那種本末倒置的律法主義；況且，既然上帝在「安息」之前已經造了人，安息日當然是為人而設！耶穌在一則同樣與安息日有關事件的衝突中（三4），暗示安息日是行善的日子。安息日是上帝為人著想而設立的，但不是要我們只顧休息，連舉手之勞的幫助也不肯去作。
2. **人子也是安息日的主：**為避免使讀者（也許特別是今天較具批判性的讀者）誤以為耶穌的回答其實只是為門徒的過失或為自己的疏忽教導而辯護，馬可要把問題神學化，於是便補充了這一句。文中**「也是」**一詞的意思，不是說：耶穌亦有分作為安息日的主，而是說：耶穌的統治身分也凌駕於安息日這層面。

有關「人子」，參本書3.1.的專欄。

正如先前出現在二章10節一樣，「**人子**」一詞在這節裏是指向一個頭銜，是耶穌自表其身分的方式，表明他的權柄甚至要超過大衛的；他所教導、所行的，都要比摩西律法更有權柄。這不是說若作為安息日的主的人子耶穌願意，他就可以讓門徒任意違反律法，而是說他的出現要改變猶太人對舊約律法的看法。

耶穌的身分不可因猶太傳統的要求或需求而被貶低。耶穌宣告他的宣稱，目的是要求猶太人重新學習與理解他們的傳統。耶穌在此亦賦予猶太傳統嶄新的含意。

3.5. 在安息日治病(手枯萎的人)(三1～6)

這神蹟同樣是在安息日發生的，為要藉此證明(不像之前的事件只是單單說明)，這位安息日的主的權柄。這故事與二章1至12節醫治癱瘓病人的神蹟是平行的，都是因醫病引發衝突的事件。

我們不清楚這神蹟與之前的事件相隔有多久，但他們同樣是在安息日發生的。作者特別指出，「**有些人在窺伺，要看耶穌在安息日治不治病，好控告他**」(2節)，情況與耶穌治好癱瘓病人相似，只是衝突升級了。從6節中，我們知道這些人是法利賽人和**希律黨人**。

希律黨大概是指在政治上追隨希律·安提帕(即大希律的兒子)的人；他於公元前4年至公元39年間管治加利利省和比利亞省。

在這個故事中，一開首耶穌就掌控著全個局面。他主動邁出第一步，亦無人提出異議，接著耶穌又挑戰那些懷疑者，要他們在「**關於安息日，我們的法律是怎樣規定的？做好事還是壞事？救命還是害命？**」(4節)的問題上作出選擇。眾人沒有回答耶穌的提問，固然說明這是一個受爭議的問題，但亦可能暗示了那些窺伺耶穌的法利賽人和希律黨人的立場儘管可能是官方立場，但卻並不能得到普羅大眾的認同和信服；不然，他們應該理直氣壯地表明立場。耶穌以其行為闡明「**安息日的主**」(二27)的真正含意，以及安息日的律例在這個嶄新形勢下所具有的意義。

法利賽人反對耶穌和他的門徒所做的，也反對他們所沒有做的。今天，人們會對身為基督徒的我們所做的哪些事情提出反對？他們又會對我們所沒有做的哪些事情提出抗議？耶穌對人們的反對所做出的反應，如何成了我們的榜樣？

一般猶太人認為，倘若有人或動物的生命在安息日受到威脅，其他人可以用行動幫助危難中的人或動物，因此，馬太在記述相同的事迹時，記載耶穌以下的回答：「假如你們當中有人有一隻羊，這隻羊在安息日掉進坑裏去，怎麼辦呢？他不把羊拉上來嗎？」(太十二11)在這個情況之下，這手枯萎的病人並沒有生命危險，按理耶

穌的行為的確違反了安息日的規條，但「人比羊貴重多了！所以，在安息日行善是法律所允許的」(太十二12)。在馬可的筆下，當時耶穌的情感是非常複雜的：「耶穌怒目環視左右，心裏為這些人悲傷，因為他們的心腸剛硬。」(三5)因為他們顛倒「人」和「安息日」的主僕身分，耶穌為此而憤怒和悲傷。

這段經文不僅確立了耶穌的身分和地位，亦表明他是安息日的最終詮釋者，而且向我們提出另一個與耶穌權柄相關的問題：耶穌擁有勝過邪惡勢力的能力。這種能力代表上帝能力和主權介入了人類生活，並要給人類生活帶來復興與更新。每一個趕鬼或醫病的故事都表明，耶穌身上就帶有這種能力，而疾病勢力在耶穌醫治大能下變得不堪一擊。

換言之，馬可是要說明，這些事件(或衝突)最終導致耶穌被釘十字架(參六14～16，十一18，十二13，十四1)。

大概有些希律黨人同時也是法利賽人，但相信這只是少數例子。

6節清楚帶出，法利賽人和希律黨人商量要殺害耶穌並不是單由這次衝突引起的，這結果可説是二章1節至三章6節所描述的事件引起的整體結果。猶太宗教權威對耶穌動**殺機**，並非只是因為他觸犯了猶太教的誡律，而是因為他徹底暴露了自己的身分，並這身分對當時猶太教體制帶來重大的威脅和震撼。法利賽人關注的始終是信仰的問題，但**希律黨人**就不然，他們是從政治穩定性的角度來評估耶穌的行為。毫無疑問，從他們的角度看，耶穌的言行只會令整個猶太社會變得更加散亂。

法利賽人也好，希律黨人也好，諷刺的是：耶穌因行善被指控是違反安息日，但這些嚴守安息日的人，卻竟然在安息日裏對人動起殺機來！

法利賽人面對的威脅

在這裏，我們必須弄清楚一個問題：那些宗教權威人士為何想要殺害耶穌呢？他們覺得自己面對挑戰，又是怎樣的一回事呢？

法利賽人之所以有這樣的感覺，並非因為他們本性邪惡、思想狹隘、生性愛鑽牛角尖；他們均是對信仰極為虔誠的猶太人。這些人認為，在當時被外邦人(即羅馬政府)統治的猶太人社會，要凝聚所有猶太人是非常重要的事，而只有藉著保持整個律法體系的完整，例如禮儀上的潔淨以及持守安息日等規條，猶太民族才能保存自己「上帝選召之特別子民」的特殊身分。

耶穌宣告自己的權柄，成為法利賽人的眼中釘。問題不單止是耶穌刻意拆毀歷世歷代法利賽人用心血建構的律法體系，使之變得岌岌可危，更甚的是，耶穌的言行很容易被人誤用來拆毀這個制度，不單使猶太人特殊身分危在旦夕，亦會很快惹來羣眾對猶太官方體制的不信任。當耶穌作出其他有關宗教、道德、經濟或民族的宣稱時，也都對法利賽人和整個猶太教體制構成了威脅。

3.6. 馬可的總結(三7～12)

這段的記載沒有出現在其他福音書裏，馬可特別記述這事，指出在法利賽人和希律黨人的陰謀之下，有很多人仍然跟從耶穌，這是一種諷刺；某程度上，這亦證明法利賽人的憂慮是合理的。

現代人閱讀這段經文時，可能會覺得有點凌亂；為使閱讀起來較為容易，首先要留意作者先寫情景後述原因的記述方式：

- 在7至8節，馬可先記載某一刻的情景，就是一大羣人跟著耶穌(7節上)，然後才告訴我們這些人的來歷(7下～8節上「從加利利、猶太、耶路撒冷、以土買、約旦河對岸等地區以及泰爾和西頓附近的城市」)⑩，以及這些人來的原因：「因為他們聽見耶穌所做的一切事」(8節下)。

• 同樣，9至12節亦是先寫情景後述原因，馬可先指出人太多，然後才解釋人多的原因。

類似摘要的記述(參一14～15、21～22、32～34)。

其次，要知道這記載並非單一事件，而是集合了多件事迹**摘要**而成的；文中重複之前出現過的事，字眼也很相似。此外，留意7至8節與9至12節兩段經文是平行的，只是後者較前者來得詳細。

• 圖中殘破的船，是於1986年在加利利湖西北面、部分乾涸的湖底發現的，長26.5尺，闊7.5尺，高4.5尺，有2000年歷史之久。

• 按照1986年發現的船所重建的模型。

三章9節「擁擠」(《現修》)一詞原文帶有「被羣眾壓碎」的意思。

作者特別記載，求耶穌醫治的人很多；多至一個耶穌恐怕自己也會被羣眾「**壓碎**」的地步，於是吩咐門徒準備一隻小船，這樣他就可以在眾人開始擁擠他的時候很快地離開。耶穌醫病根本不用任何主動的動作，那些病人只要摸到他(參五27～28，六56)便可以痊癒；這說明了耶穌的能力之大。然而，在趕鬼的事情上，耶穌的原則是不變的：他嚴禁污靈暴露他是上帝兒子的身分(三12)。

釋經短註

① 除了二章10和28節之外，馬可福音中耶穌自稱為「人子」的經文，全都出現在彼得宣認耶穌是基督(八27～33)之後(參八31、38，九9、12、31，十33、45，十三26，十四21 [兩次])。

② 《現修》譯作「家」，但《和合本》譯作「房子」(意即「一所房子」)；按原來的希臘文詞句，兩者的譯法皆可。我們認為「房子」的翻譯較可取。聽起來，《現修》的翻譯暗示耶穌在迦百農定居下來，又或耶穌的家庭搬到迦百農去(而福音書完全沒有這樣的記載)，不過，這亦可指西門彼得的家裏。

③ 意思是，原來耶穌可能講完這番話後，便馬上把那癱瘓病人醫好(二11)。這假設是合理的；我們很難想像，耶穌會只赦罪而不醫治。從醫治引申至衝突，是馬可福音對耶穌的醫治神蹟的記載中，頗常見的發展(參三1～6，三20～35，五21～24、35～43)。

④ 雖然「好人」一詞的原文一般被翻譯作「義人」(參《和合本》)，但這裏的意思並非指保羅書信中那些被上帝稱義的人，《現修》的「好人」明顯是較合宜的翻譯。

⑤ 舊約也經常用婚嫁的情景或婚姻關係來比喻上帝的拯救(或聖約，參賽五十四4～8，六十二4～5；結十六1～63；何二19；在新約中亦有不少例子，參太二十二1～14，二十五1～13；林後十一2；弗五31～32；啟十九7，二十一2)。

⑥ 讀者可能認為門徒似乎也犯了偷竊罪，但這只是現代社會的觀念而已；按申命記二十三章25節，摩西律法允許一個人在經過麥地的時候摘取麥穗。而且，按照以色列的風俗，農夫會把一些麥穗留在田間，讓飢餓的旅人經過的時候可以摘取(申二十四19～22)。

⑦ 耶穌的回答是以問題帶出來的：「大衛……，你們沒有念過嗎？」反問法是典型的拉比討論方式，在猶太教文獻中，隨處可見。

⑧ 按摩西的吩咐(利二十四5～9)，祭司必須在每個安息日把12塊新鮮烤製的餅，擺在

上帝面前的金桌子上，獻給上帝。陳設的餅(可能在安息日之後)只能供祭司享用。

⑨ 留意耶穌(或馬可)的引述並非很仔細。首先，根據撒母耳記上二十一章中所記載的，當大衛吃供餅的時候，作大祭司的乃是亞希米勒；馬可提及的亞比亞他是亞希米勒的兒子，後來作了大祭司(撒上二十二20)。值得留意，雖然馬太和路加均有記述同一件事，但卻沒有提及祭司的名字(太十二4；路六4)。其次，雖然文中提及大衛「進上帝的聖殿」(原文是：「上帝的院子」)，但當時，聖殿還未建造起來！這裏所指的應該是指聖幕(出三十六8～38)。

⑩ 以土買是山區，位於死海以南，舊約聖經稱之為西珥或以東(士五4；結三十五15)。泰爾和西頓都是重要的地中海港口城市，居民大多不是猶太人，位於巴勒斯坦北部，即今日的黎巴嫩。

溫習問題

1. 試透過分析二章1節至三章6節的結構，了解這幾則事件彼此間的關係。
2. 在醫治癱瘓病人的故事中，馬可說「耶穌看見這些人的信心」。何以見得他們是有信心的？（二1～5）
3. 耶穌如何回答經學教師心裏的議論呢？為何耶穌不乾脆把癱瘓病人醫好，而要把事情提升至神學的層面呢？（二1～12）
4. 當耶穌與稅棍及壞人一同吃飯時，經學教師為何質問耶穌？（二15～16）耶穌如何向同桌吃飯的人表達他對他們的愛？
5. 在耶穌呼召利未一事中，他明確地把自己比作一個醫生。從整個段落來看，他如何扮演了醫生的角色？（二13～17）
6. 在二章18節至三章6節中，耶穌和他的門徒因著哪兩件事而受到批評？耶穌如何解釋他的門徒不禁食的原因？這段經文與整個段落（二1～三12）有何關連及重要性？
7. 在二章23節至三章4節中，耶穌與法利賽人對安息日的態度有何不同？法利賽人對耶穌在安息日治癒病人的反應有何諷刺意味？（三1～6）
8. 耶穌說「人子也是安息日的主」（二28）是甚麼意思？
9. 當法利賽人和希律黨的人正籌劃著要殺死耶穌的同時，百姓們對耶穌的反應又有何不同呢？（三7～12）

第四章

耶穌呼召和訓練十二門徒（三13至六29）

- 呼召十二使徒
- 眾人的誤解
- 有關天國的比喻和比喻的目的
- 神蹟故事
- 拿撒勒人厭棄耶穌
- 耶穌差遣十二門徒
- 施洗者約翰的死

經文

耶穌揀選十二使徒

3 13耶穌上了一座山，把他所要的人都召集到跟前。他們來了，14耶穌選出十二個人，稱他們為使徒，又對他們說：「我揀選你們，要你們常跟我在一起，也要差遣你們出去傳道；15你們將有趕鬼的權。」

16耶穌所揀選的十二個人是：西門(耶穌又給他取名彼得)，17西庇太的兒子雅各和雅各的弟弟約翰(耶穌又給他們取名半尼其，意思是「性如暴雷的人」)，18安得烈，腓力，巴多羅買，馬太，多馬，亞勒腓的兒子雅各，達太，激進黨的西門，19和後來出賣耶穌的加略人猶大。

耶穌和別西卜

20耶穌回到家裏；一大羣人又聚攏來，以致他和門徒連吃飯的時間也沒有。21耶穌家裏的人知道了這種情形，出來要阻止他，因為有人說：「他發瘋了！」

22有些從耶路撒冷下來的經學教師說：「他被別西卜附身！他是靠鬼王趕鬼的！」

23耶穌把這些人叫到跟前來，用比喻對他們說：「撒但怎能驅逐撒但呢？24一個國家自相紛爭，那國家必然站立不住。25一個家庭自相紛爭，那家庭也必然破碎。26這樣看來，假如撒但的國度自相紛爭，它就站立不住，終必滅亡。

27「沒有人能夠進武士的家，奪取他的財物；他必須先把武士綁起來才能夠洗劫他的家。

28「我實在告訴你們，人所犯一切的罪和所說一切褻瀆的話都可得到赦免；29但是褻瀆聖靈的人永遠得不到赦免，因為他所犯的是永遠的罪。」(30耶穌說這話是因為有人說：「他是污靈附身的。」)

耶穌的母親和兄弟

31這時候，耶穌的母親和兄弟來了；他們站在外面，託人告訴耶
穌，說他們要見他。32有一羣人圍坐在耶穌身邊；他們告訴他：「喂，
你的母親和兄弟在外面，要找你呢！」

33耶穌說：「誰是我的母親？誰是我的兄弟？」34他環視坐在他周
圍的人，說：「你們看，這些人就是我的母親，我的兄弟！35凡實行
上帝旨意的人就是我的兄弟、姊妹，和母親。」

撒種的比喻

4 1耶穌又在加利利湖邊教導人。因為聚集在他周圍的羣眾非常擁
擠，他只好上了一條船，坐下。船在湖上，羣眾沿湖岸站着。
2耶穌用比喻教導他們許多事，在教導中對他們說：

3「你們留心聽啊！有一個撒種的出去撒種。4他撒的時候，有些
種子落在路旁，鳥兒飛來把它們吃掉了。5有些落在淺土的石地上，
種子很快就長苗，因為土壤不深，6太陽一出來，就把幼苗曬焦了，
又因為根不夠深，枯乾了。7有些落在荊棘中，荊棘長起來，把幼
苗擠住了，不能結出果實。8有些種子落在好的土壤裏，長大成熟，
結實纍纍，有的收成三十倍，有的六十倍，有的一百倍。」

9耶穌又說：「有耳朵的，都聽吧！」

比喻的目的

10耶穌獨自一人的時候，有些聽過他講論的人跟十二使徒一起來
見他，要求他解釋這些比喻的意思。11耶穌說：「上帝國的奧祕已經
給了你們；至於外界的人，他們所聽到的一切都是藉着比喻。12正
像聖經所說：

他們看了又看，卻看不見，
聽了又聽，卻不明白；
不然，他們回心轉意，
上帝就饒恕他們。」

解釋撒種的比喻

[13]耶穌又問他們：「你們不明白這比喻嗎？那麼，你們怎能明白
其他的比喻呢？[14]撒種的人撒的是上帝的信息。[15]有些人好像落在路
旁的種子；他們一聽了信息，撒但立刻來了，把撒在他們心裏的信
息奪走。[16]另有些人好像落在石地上的種子；他們一聽了信息立刻
樂意接受，[17]可是信息在他們心裏扎根不深，不能持久，一旦為了
信息遭遇患難或迫害，立刻放棄。[18]再有些人好像撒在荊棘中的種
子；他們聽了信息，[19]可是生活的憂慮、財富的誘惑，以及其他各
種慾望紛紛而來，窒息了這信息的生機，無法結出果實。[20]但是，
有些人好像撒在好土壤裏的種子；他們聽了信息，領受了，並結出
果實，有的收成三十倍，有的六十倍，有的一百倍。」

斗底下的燈

[21]耶穌又說：「有誰點了燈，拿來放在斗底或牀下？他豈不是要
把它放在燈臺上嗎？[22]任何隱藏的事總會被張揚出來；任何掩蓋的
事也會被揭露出來。[23]有耳朵的，都聽吧！」

[24]他又告訴他們：「要留心你們所聽的！你們用甚麼量器來量，
上帝也要用同樣的量器來量給你們，甚至要多給你們。[25]那有的，
要給他更多；沒有的，連他所有的一點點也要奪走。」

種子長大的比喻

[26]耶穌繼續說：「上帝的國好像一個人撒種在地上。[27]他晚上睡
覺，白天起來，那種子發芽生長，怎麼會這樣，他不知道。[28]土壤
自然而然地使植物生長，結實，先發芽，然後吐穗，最後穗上結滿
子粒。[29]農作物成熟，他立刻用鐮刀收割，因為收成的時候到了。」

芥菜種的比喻

[30]耶穌問：「我們說上帝的國像甚麼呢？我們用甚麼比喻來說明
它呢？[31]上帝的國好比一粒芥菜種子，是世上最小的種子。有人把

它種在地裏，[32]過些時候，它長大起來，比各種蔬菜都大；它長出
大枝，飛鳥也在它的蔭下搭窩。」

[33]耶穌用許多類似的比喻向羣眾講道，照他們所能明白的教導他
們。[34]他總是用比喻對他們講論；但是他單獨跟門徒在一起的時候，
就向門徒解釋一切。

耶穌平息風浪

[35]當天晚上，耶穌對門徒說：「我們渡湖到對岸去吧。」[36]於是他
們離開羣眾。耶穌已經在船上等着，門徒上了船就帶着他走；另有
別的船隻同行。[37]湖上忽然颳起大風，波浪沖擊，浪花打進小船，
船幾乎灌滿了水。[38]當時耶穌在船尾，靠着枕頭睡着了。他們叫醒
他，說：「老師，我們快死啦，你不在乎嗎？」

[39]耶穌起來，命令風：「靜下來！」又吩咐浪：「停止！」風就停
住，湖面平靜下來。[40]於是他對門徒說：「為甚麼膽怯，你們還沒有
信心嗎？」

[41]他們就非常恐懼，彼此說：「這個人究竟是誰，連風浪也聽從他！」

耶穌治好污靈附身的人

5 [1]他們到加利利湖的那一邊，屬於格拉森人的地區。[2]耶穌一下
船就遇見一個從墓穴出來的人；這個人被污靈附着，[3]一向住
在墳地裏，沒有人能夠控制他，用鐵鍊也鎖不住他。[4]多少次人
用腳鐐手銬鎖住他，他卻打碎腳鐐，扭斷手銬。沒有人有夠大的
力氣制伏他。[5]他日夜在墳地和山野間大喊大叫，又拿石頭擊打
自己。

[6]他遠遠地看見耶穌，連忙跑過來，跪在耶穌面前，[7]大聲喊：「至
高上帝的兒子耶穌，你為甚麼來干擾我呢？我指着上帝求求你，
不要折磨我！」([8]他講這話是因為耶穌已經吩咐他說：「污靈，從那
人身上出來！」)

[9]耶穌問他：「你叫甚麼名字？」

他回答：「我名叫『大羣』，因為我們數目眾多！」10他再三地哀求耶穌不要趕他們離開那地方。

11在附近山坡上剛好有一大羣豬在吃東西；12污靈就央求耶穌，說：「把我們趕進豬羣，讓我們附在豬裏面吧。」13耶穌准了他們；污靈就從那人身上出來，進了豬羣；整羣的豬（約兩千隻）衝下山崖，竄入湖裏，都淹死了。

14放豬的人都逃跑了；他們往城裏和周圍的鄉村去報告這消息。大家都出來要看看究竟發生了甚麼事。15他們到耶穌那裏，看見那個從前被鬼羣附着的人坐着，穿好了衣服，神智清醒，就很害怕。16看見這事經過的人把發生在被鬼附身那人身上和豬羣的事告訴了大家。17他們就要求耶穌離開他們的地區。

18耶穌上船的時候，那個曾被鬼附身的人來求耶穌說：「請讓我跟你去。」

19耶穌不答應，卻告訴他：「你回家去，告訴親友，主怎樣以慈愛待你和他為你所做的事。」

20那個人走了，開始在十邑地區傳揚耶穌在他身上所做的事；聽見的人沒有不驚奇的。

葉魯的女兒和患血崩的女人

21耶穌又坐船渡過湖的那邊；在湖邊有一大羣人聚集到他跟前。22當地一個會堂主管名叫葉魯，也來了。他一看見耶穌就俯伏在他腳前，23懇切地求他：「我的小女兒病重垂危，請你來為她按手，治好她，救她一命！」

24耶穌就跟他一起去。好些人跟着他走，擁擠他。

25那地方有一個女人患了十二年的血崩，26看過許多醫生，受盡許多痛苦，耗盡所有的家產；可是她的病不但沒有起色，反而一天比一天沉重。27她聽見過耶穌的事，所以雜在人羣中，走到耶穌背後，摸他的衣裳，28心裏想：「我一摸他的衣裳，一定得醫治。」

[29]她的血崩立刻止住，感覺到身上的病已經好了。[30]耶穌立刻知
道有能力從自己身上出來，就在人羣中轉過頭來，說：「誰摸了我
的衣裳？」

[31]他的門徒回答：「你看，這麼多人擁擠着你，為甚麼問誰摸你呢？」

[32]於是耶穌環視左右，要知道是誰摸他。[33]那女人知道發生在自
己身上的事，就戰戰兢兢地跪在耶穌腳前，把實情都說出來。[34]耶
穌對她說：「孩子，你的信心救了你。平安地回去吧，你的病痛消
除了。」

[35]耶穌還在說這話的時候，有人從會堂主管的家裏趕來，告訴葉
魯：「你的女兒已經死了，何必再麻煩老師呢？」

[36]耶穌不理會①他們所說的話，對會堂主管說：「不要怕，只要
信！」[37]於是他帶彼得、雅各，和雅各的弟弟約翰一道去，不許別人
跟着。[38]他們來到會堂主管的家，耶穌看見大家亂成一團，號咷大
哭。[39]耶穌進去對他們說：「你們為甚麼大哭大嚷呢？孩子並沒有死，
只是睡着了。」

[40]他們都譏笑他，耶穌就把他們趕出去，只讓孩子的父母和他的
三個門徒跟他進女孩子的臥室。[41]他拉着女孩子的手，對她說：「大
利大，古米！」意思就是：「小女孩，我吩咐你，起來！」

[42]女孩子立刻起來行走（那時她已經十二歲）。這事使大家非常
驚訝！[43]耶穌鄭重地囑咐他們不要向人宣揚，又吩咐給孩子一些東
西吃。

拿撒勒人厭棄耶穌

6 [1]耶穌離開那地方，回到自己的家鄉；他的門徒也跟他一起來。
[2]到了安息日，他在會堂裏教導人。許多人聽見他的話都很驚訝，
說：「這個人從哪裏得到這本領呢？誰給他這種智慧呢？他居然還

---

①「耶穌不理會」或譯「耶穌聽到」。

能夠行神蹟！3他豈不是一個木匠？他不就是馬利亞的兒子，雅各、約瑟、猶大，和西門的哥哥嗎？他的妹妹們不是都住在我們這裏嗎？」於是他們厭棄他。

4耶穌對他們說：「先知在本鄉、本族、本家外都受人尊重。」

5因此，他在自己的家鄉沒有行甚麼神蹟，只是給一些病人按手，治好他們。6對於這些人的不信，他非常詫異。

耶穌派遣十二使徒

耶穌繼續在附近各村莊教導人。7他召集十二使徒，派遣他們兩個兩個地出去。他賜給他們驅逐污靈的權柄，8同時吩咐他們說：「在旅途上除了一根手杖，甚麼東西都不用帶；不帶食物，不帶旅行袋，口袋裏也不帶錢，9只穿一雙鞋子，也不需要兩件內衣。」10他又對他們說：「當你們到了一個地方，哪一家願意接待你們，就住在那裏，直到你們離開那地方。11無論到甚麼地方，如果當地的人不接待你們，也不聽你們的話，你們就離開那地方，把腳上的塵土也跺掉，表示對他們的警告。」

12他們就出去傳道，勸人悔改。13他們又趕走許多鬼，用油塗抹許多病人，治好了他們的疾病。

施洗者約翰的死

14關於耶穌的一切事希律王都聽到了，因為耶穌的名聲傳遍各地方。有人說：「他是施洗者約翰復活了，所以具有行神蹟的能力。」

15有人說：「他是以利亞。」

也有人說：「他是個先知，像古時的先知之一。」

16希律聽見了這些話，卻說：「他是那個被我砍了頭的施洗者約翰，他復活了！」17希律曾下令逮捕約翰，把他綁起來，關在監獄裏。希律這樣做是為了討好希羅底，因為希律娶了他兄弟腓力的妻子希羅底。18約翰屢次指責他：「你佔了你兄弟的妻子是不對的！」

[19]因此希羅底對約翰懷恨在心，想要殺他，可是不能如願。[20]希律怕約翰，知道他是一個正直聖潔的人，要保護他。希律每次聽了約翰的講論，都非常不安，不過他仍然喜歡聽他談論。

[21]希羅底所等待的機會終於到了。希律生日的那一天，他舉行宴會招待政府的顯要、文武官員，和加利利民間的領袖。[22]席間，希羅底的女兒②出來跳舞；希律和賓客都賞心悅目。於是王對她說：「無論你向我求甚麼，我都給你。」[23]接着他又發誓：「無論你求甚麼，就是我江山的一半，我也給你！」

[24]那女孩子出去問她的母親：「我應該求甚麼呢？」

她的母親回答：「施洗者約翰的頭。」

[25]女孩子立刻回來見王，請求說：「求王立刻把施洗者約翰的頭放在盤子裏，給我！」

[26]王聽見這個請求，非常苦惱；可是他已經在賓客面前發誓，不願意拒絕女孩子的請求。[27]於是他立刻命令侍衛去拿約翰的頭來。侍衛出去，到監獄裏，斬下約翰的頭，[28]放在盤子裏，帶回給希羅底的女兒；女兒拿去交給母親。[29]約翰的門徒聽見這消息，就來把約翰的屍體領走，葬在墳墓裏。

---

②「希羅底的女兒」另有些古卷作「他的女兒希羅底」。

馬可繼續記載耶穌在加利利省的事迹。這是一個篇幅頗長的段落，而所記載的事迹並非只是隨意地放在一起，而是有同一個主題的，那就是對十二位門徒（使徒），甚至所有門徒的訓練。

《和合本》並沒有此句，因為有些抄本沒有這句；雖然較早期和可靠的抄本都有載錄這話，但學者依然未能肯定這句話是否見於原稿。

當耶穌的跟隨者愈來愈多的時候，他揀選了十二門徒，**「稱他們為使徒」**（三14），並賜他們特別的使命（三13～19）；然而，他們並非馬上就出發。在隨後的篇幅（三20和六6）可見，門徒大部分的時間依然都是與耶穌同在，直至六章7節，馬可才記載耶穌差派他的門徒出去傳道。

馬可有意要指出，這些事迹是門徒所經歷的訓練。門徒要先與耶穌同在，經歷「做門徒」是怎樣的一回事，為接受差派而作準備。這段頗長的篇幅包括耶穌講解天國的比喻（四1～34）和彰顯天國能力的4個神蹟（四35～五43），而開首和結尾兩個故事的信息是一樣的：耶穌身邊的人對耶穌的誤解（三20～35，六1～6）。

要留意，雖然這段經文的焦點是記載耶穌訓練十二使徒，但在整個段落裏，馬可卻只提及「使徒」1次；這要説明，在作者心目中，這些教訓並非只適用於「使徒」（若然如此，這些教訓就已經過時了），亦適用於任何「門徒」。對馬可來説，是「使徒」與否並不重要，至重要的是甘心樂意跟隨耶穌，作個忠心的好門徒。

在描述門徒被差派出去（六7～13）和回來之間（六30），馬可又插入了施洗者約翰的死一事（六14～29），這可謂別具意義之舉。從**「耶穌的名聲傳遍各地方」**（六14），可見門徒傳道的工作已在當時的社羣中產生一定的影響力，但正在此備受矚目之際，馬可卻插敍了施洗者約翰的枉死事件，暗示耶穌亦要有如施洗者約翰的收場（參一14；另參九31，十33）。今日的擁戴掩不住終被撇棄的命運。

A.呼召十二使徒（三13～19）

B.眾人的誤解（三20～35）

a. 耶穌的真正親屬（20～21、31～35節）

b. 靠著鬼王趕鬼（22～30節）

C.有關天國的比喻和比喻的目的（四1～34）

a. 撒種的比喻和解釋（1～9、14～20節）

b. 用比喻的因由（10～13節）

c. 斗底下的燈的比喻（21～25節）

d. 種子長大的比喻（26～29節）

e. 芥菜種的比喻和總結（30～32、33～34節）

D.神蹟故事（四35～五43）

a. 平靜風和海（四35～41）

b. 在格拉森醫治被鬼附的人（五1～20）

c. 叫葉魯的女兒復活（五21～24、35～43）

d. 醫治患血崩的女人（五25～34）

E. 拿撒勒人厭棄耶穌（六1～6）

F. 耶穌差遣十二門徒（六7～13）

G.施洗者約翰的死（六14～29）

4.1. 呼召十二使徒（三13～19）

「使徒」一詞出自希臘語，意為「差派」；在意思上，這字與「傳教士」（英文為missionary）一詞非常相近。使徒是指奉差派具有特殊使命的人（路六13～16）。十二使徒是耶穌所揀選任命的使者。

在那些加入成為耶穌門徒的人中，耶穌起初並沒有即時指定他們之中誰是使徒，但是對於設立十二使徒這事，他大概早已心裏有數；作者馬可敘述此事時更是早有安排，在之前的篇幅已記載了耶穌呼召西門、安得烈、雅各、約翰和利未（即馬太）的經過，他們均成為了使徒。這些使徒不單止會幫助耶穌更有效地傳天國的福音，更會成為他衣缽的承繼人。

使徒的數目

福音書沒有明確記載為甚麼耶穌選召12個門徒，為甚麼不是11個，也不是13個，或者其他數目。初代基督教教會認為這個數目具完整性的意義，因此，在出賣耶穌的使徒猶大去世後，他們感到有必要另選一名使徒（即馬提亞）取替猶大的位置。就如以色列人的十二支派，是代表屬於上帝的羣體，耶穌把這12個人作為「新」以色列民族（意即一個「更新或重構的以色列民族」）的核心；馬太福音更明確把耶穌的十二使徒和以色列民族的十二支派相提並論（太十九28）。約翰在描寫新耶路撒冷的景象時寫道：「有高大的城牆，城牆有十二個門，由十二個天使把守着，門上寫着以色列十二個支族的名字……城牆建立在十二塊基石上，基石上寫着羔羊的十二個使徒的名字」（啟二十一12、14）。簡言之，「12」這個數字表達了舊約中上帝的選民和新約的教會之間象徵性的關係。

耶穌上了山，**「把他所要的人」**（13節，《和合本》譯作「隨自己的意思」）召了來，滿有權柄地指出他們的使命（14～15節），主要有兩點：

1. **「要你們常跟我在一起」**（14節）
2. **「要差遣你們出去傳道；你們將有趕鬼的權」**（14節下～15節）

在馬可福音的結構裏，作者明顯用這兩點摘要地概括本章所涉及的篇幅：

1. 三章20節和六章6節之間的章節主要記載使徒與耶穌一起時的學習，是使徒（或門徒）的受訓期；

❷ 六章7節第一次記載耶穌差派他的門徒出去傳道，而全書第二次以「使徒」一詞稱呼他們見於六章30節。

作者特別提及趕鬼的權柄，再次強調上帝的能力和主權介入了人類生活，並要給人類生活帶來復興與更新；耶穌有這種能力和主權，他的使徒、門徒也有。

雖然這12位使徒有這樣的重要性，有趣的是，3卷符類福音書裏的使徒名單卻不全然相同；這多少反映3位福音書作者採用不同的資料來源（馬太福音和馬可福音兩者較為相近，而路加福音則較為不同①）。在12個門徒裏，首3位——彼得、雅各和約翰（有時還包括安得烈，參十三3），似乎是特別核心的圈子；**在一些場合**，耶穌單獨與他們幾個一起，教導他們。究竟耶穌甄選門徒的原則是甚麼呢？福音書並沒有交代，但我們可以肯定地說，這並不是因為他們特別出色或屬靈。雅各和約翰兩兄弟，不單止是脾氣暴躁的人，更不明白上帝國的真義是甚麼（太二十20～28；路九51～56），而彼得後來更3次不認主。其他使徒同樣沒有甚麼了不起的背景，有稅棍（馬太），亦有政治極端分子②（西門）。

例如，耶穌到葉魯的家中（五37）、登山變像（九2），對耶路撒冷的預言（十三3～4），並且在客西馬尼園中，他們都與耶穌在一起（十四33）。

被選上作領袖的，其素質不一定較落選者超卓，只是因為他們有願意委身的心和承擔的機會；若我們沒有被選上，也可能是反映出你我委身承擔的意願不夠堅決！

上帝揀選一個人，可能是因為當上帝呼召他／她之時，他／她願意即時回應，願意承擔，而不是因為這人的過去，甚至不是因為這人將來會如何——倘若上帝要先從祂永恆的眼光察看我們，然後才呼召我們，世上有誰能配得上上帝的呼召呢？上帝所看重的是我們現在與祂的關係，即使是有一天會出賣耶穌的**猶大**，耶穌依然給他事奉的機會，還要成為「十二使徒」之一。

在3卷福音書裏的使徒名單中，每次提及這名猶大時，作者都預先告訴讀者，這是「後來出賣耶穌的加略人猶大」。這只是一個不經意的標籤？還是聖經作者的心結（約十二6）？讀者可自行揣摩。

4.2. 眾人的誤解（三20～35）

這些問題也提醒我們：即使是「親歷其境」的羣眾，甚至是他的親人，也無法更清楚知道耶穌的真實身分。

耶穌已經變成一個重要人物。他醫好各種奇難雜症，以權柄教訓人，人羣如潮水般湧向耶穌。耶穌這種能力從何而來？莫非此人是另一位會名震一時，但很快被人遺忘的宗教狂熱分子？耶穌身上必定有一些超乎常人之處，但這是甚麼呢？人們眼中的耶穌又是怎樣的一位人物？

傳道工作是艱辛的，身邊的人往往不理解自己，並會加以攔阻；三章20至35節便記載了兩件發生在某所「屋子」（《和合本》）③裏的事。在馬可活潑的記述中，他把耶穌與經學教師的爭論加插在耶穌與其親人的糾紛中。我們不妨嘗試重構當時的情況。

耶穌在拿撒勒的家人聽見耶穌廢寢忘餐地工作，並且聽見「**有人說：『他發瘋了！』**」（21節），他們便前往（迦百農）阻止他；就在這時候，耶穌與經學教師起了神學爭論：究竟耶穌的能力是出於上帝還是來自鬼王別西卜？在這爭論正值高潮（即耶穌判他們要擔當「**永遠的罪**」〔29節〕）之際，耶穌的母親和弟兄（或兄弟姊妹）來到了，要勸止他。就在此刻，無論是家人還是外人，都不了解耶穌的工作；由此就引發誰是局外人、誰是上帝家裏的人的問題，從耶穌的話可見關鍵並不在於血緣關係，最重要的是遵行上帝的旨意，並聽從耶穌所宣講的天國道理（四1～35）。

4.2.1. 耶穌的真正親屬（20～21、31～35節）

我們先來探討耶穌的親人與他之間的張力。耶穌的家人因知道耶穌的工作甚為忙碌（可說是「工作狂」），別人又傳來消息說：「**他發瘋**

了！」(21節)，意思是，耶穌完全不能自制地工作，於是企圖插手干預耶穌的事工④。這干預可能是出於對耶穌身心靈狀況的焦慮，又或本家族良好聲譽的注重——特別是因為耶穌所作的都是當時主流猶太教所排斥的。

這句話也可以指耶穌被鬼附身(參約七20，八48～52，十20)。

耶穌的家屬終於來到，大概因為人太多，只能「**站在外面**」(31節)。他們甚至沒有進到屋內與耶穌交談，只能透過別人傳話給耶穌。耶穌與經學教師的對話必定很激烈，以至當他聽到他的「**母親和兄弟⑤在外面**」(32節)要找他時，他就借題發揮，既指責那些經學教師不認識也不接受耶穌，亦指出真正的親屬關係是基於屬靈關係，而不是在血緣關係上。耶穌在這裏所說的，當然不是針對其家人，而是針對那些經學教師。但耶穌所用的例子卻是革命性的，他要藉著打破血統、家族的界限，而重新建立一種新體系，「**新的家庭秩序**」，其中的成員因遵行上帝的旨意，而被重新組合在一起。

你有沒有耶穌這種經歷，因積極事奉而被自己的家人誤會為瘋？你當時有何感受？

從基督信仰的整體性來看，我們成為「新的家庭秩序」的成員當然是因為耶穌代贖的死。

我們不能借用耶穌這種「事奉狂」作為自己的藉口，而不照顧家人；馬可的用心不是要抬舉耶穌的工作態度，或是貶低家庭關係，而是顯出這種「新的家庭秩序」的重要性；這種新秩序較世界的秩序更能體貼上帝的心意，亦能體諒上帝僕人的勞苦。所以，我們在應用這段經文時，可以這樣想：當我們被那些與我們關係最密切的人反對或排斥的時候，我們可以從耶穌在33至35節裏所說的話中得到甚麼安慰呢？——不要企圖從不能體諒我們的人羣中尚得諒解，而應著眼屬靈的羣體；相對之下，屬靈肢體就應該作出大膽的承擔了。

此外，耶穌在這裏把「遵行上帝的旨意」說成是「新家庭」成員的必要條件，但倒轉過來，我們也許可以問：如果我們學會把自己看作上帝家裏的人，而不是祂的僕人或祂的子民，那麼我們對祂的命令的態度會有何變化呢？

4.2.2. 靠著鬼王趕鬼(22～30節)

來自耶路撒冷的經學老師無法否認耶穌所行的神蹟，便指責他是靠著鬼王別西卜的能力趕鬼，又說他被污靈所附。耶穌講了兩個簡單的比喻(或是謎語)作為回應。

別西卜

「別西卜」是撒但的別名。在耶穌時代，猶太人用不同的名字來稱呼撒但，除了別西卜，還有魔鬼(太二十五41)、無底深淵的天使亞巴頓或亞玻倫(啟九11)、彼列(《和合本》林後六15)、大戻龍(啟十二9)、那邪惡者(弗六16)等。

按字義來說，別西卜(*Beelzebul*或*Baal～zebul*)的意思是「巴力王子」。這名字的來源未能確定，但一般學者認為，這字與列王紀下一章1至6節提及的「巴力．西卜」(*Baal～zebub*)有關(留意兩個字的寫法很是相似的)，而「巴力．西卜」的意思是「蒼蠅王子」或「蒼蠅的巴力」。據說這神祇可藉蒼蠅在人耳邊說話，向人諭示天上的事，又或曾保護非利士人逃過蠅災。到了新約時代，聖經作者(或當時部分的以色列人)可能故意把原來的「巴力．西卜」改成「別西卜」，意即「糞堆王子」，以嘲笑外邦人所拜的那神祇，甚至以此名直指撒但這鬼王，表示他們對它的憎厭。

巴力宗教為當時近東地區最普及的宗教體系之一，而不同地區可能會把這神明本色化(情況有如佛教在不同國家也有不同的形貌)。以色列(北國)敬拜巴力是由亞哈謝的父親亞哈(王上十六31)開始引入的，並且相當普及，敗壞不少以色列人。既然巴力是上帝的敵人，從「巴力．西卜」(或「蒼蠅王子」)變成「鬼王」這統稱也是自然不過的。

首先，耶穌訴諸一般常識(23～26節)：耶穌以**「撒但怎能驅逐撒但呢？」**(23節)來一個反問。反問的內容一般都是眾所周知的常識，是不需要回答的；耶穌這個反問是要說明事情的不可能性。一個王國或一個家庭的成員若彼此驅趕，必定站立不住，同樣，**「假如撒但的國度自相紛爭，它就站立不住，終必滅亡」**(26節)。這常識的推論並不就此停住，還有的是：既然撒但的勢力依然存在，那麼，撒但顯然並未有自相紛爭，而耶穌趕鬼的能力也不是來自撒但了。

留意這段經文的結構：三章23節和26節成一組，三章24至25節成另一組。

第二，耶穌借用戰爭的策略來比喻(27節)：要奪取武士的財物，**「必須先把武士綁起來才能夠洗劫他的家」**。這個比喻所指意思不太清楚，但倘若這比喻承接之前的比喻(23～26節)，耶穌的意思可能是：既然武士(即撒但)的國度和家(即撒但的勢力)依然存在，那麼，怎樣才能把他擊敗呢？就是進到他家裏，把他綁起來。耶穌趕鬼的事迹就好比他已進到撒但的勢力範圍之內把他綁起來。耶穌的措辭雖令人畏縮，但卻提醒我們，上帝對於人類生活與生命的統治原本就是一場爭戰。而任何淡化此概念的企圖，都誤解了這種由耶穌言行所引起之衝突的重要本質。

在馬可的筆下，耶穌的回答顯得異常冷靜，之後，耶穌就轉到針對經學教師指控他的事情上(28～30節)。將「聖」視之為「俗」、為「邪」就是**褻瀆**。我們每一個人在信主前都可能在若干程度上褻瀆過上帝，但這只是我們還在罪中的時候犯的。按著上帝無盡的恩典，人類所有的罪與褻瀆的話均可被赦免，但褻瀆聖靈卻會使人擔當**「永遠的罪」**，這話有何含意？

褻瀆是指藉著言語或行動直接冒犯上帝的本性，羞辱祂；實質上，褻瀆者就是犯了舊約十誡中第三條誡命「不可濫用我的名」(出二十7)的罪。

30節明確指出，耶穌此言是要反駁那些雖親眼目睹他本人或上帝工作但卻視而不見的人，他們將上帝的靈判斷為邪靈，將上帝的工作看為邪靈的工作。他們寧可侮辱耶穌，看他為被污靈附身，為鬼王工作，也不願承擔信仰上的責任，這些人比一切不信的人更可憐。這些經學教師的態度並非出於人的軟弱，亦非尋求真理。他們既然向上帝完全關閉心門，也就不可能知道自己的判斷有誤；所以，這些經學教師與那些在信與不信間掙扎，無法將整個生命完全寄託於基督信仰的慕道者截然不同。他們之所以永遠不得赦免(29節)，不是因為上帝不願赦免他們，乃是因為他們的行為已反映出，他們已將自己永遠地陷入罪中，永遠也不會歸向上帝。

以聖靈為悔改、赦罪的中介者，這觀念在舊約聖經並不明顯(詩五十一11)，而在新約聖經，較為明顯的是見於保羅書信(羅八9、26～27)或後期作品(約壹三24)。因此，馬可在這裏所用的字眼可能是以他當時教會的神學洞見，套入耶穌的教訓裏。

在你事奉的日子中，有否被親人、同道誤解你事奉的動機是為著個人(甚至是受魔鬼支配的)？你有沒有因此而遭受排斥呢？你有何感覺呢？

作為上帝的僕人，首要的心理準備是：你將會因為要遵從真理的教導而受到別人的誤會，那怕是你的親人、你的同道！這段經文將耶穌家人與宗教學者這兩個不同羣體對耶穌的戲劇性反應呈現於我們面前⑥。上述兩個羣體理當是信仰的核心團體，但最終卻都成為局外人。前者或許因出於好意，在錯誤觀念的驅使下想設法管住耶穌，後者則盛氣凌人地指責耶穌。但兩者均未察覺到，上帝的統治正體現在耶穌的身上。

4.3. 有關天國的比喻和比喻的目的(四1～34)

既然門徒的主要職分是把福音傳開，他們所受的教導就來得非常

重要。接下來的一章，耶穌用比喻來教導眾人，更特別向十二門徒解釋用比喻的原因。對於那些願意接受真理的人，比喻迫使聽眾思考真理，但對於頑梗的人，比喻卻隱藏了真理。

比　喻

對耶穌的比喻的整體性討論，可參本叢書中由孫寶玲和黃錫木合著的《耶穌生平與福音書要領》7.1.「比喻的總覽」。這裏只作簡單介紹。

「比喻」的英文parable，源出於希臘語，意思是「把事物放在一起比較」。比喻是借用一些本來不相干的事情或事物來表達較深層的意義。「比喻」顯然不是耶穌獨創的教導方法，無論在舊約聖經（賽五1～7），或聖經以外文獻（收錄在古希臘著名的《伊索寓言》，例如「龜兔賽跑」）都有使用比喻來教導的例子。在福音書研究中，「比喻」這術語也包括一些很精簡，介乎謎語、寓言或箴言之間的格言式故事，前面記載耶穌與經學教師對他行神蹟的權力的討論（三27）就已經是比喻了。

耶穌的比喻往往取材自當時巴勒斯坦地區的日常生活，從生活中的場景、物件、事件和人物，突出耶穌信息的要義，例如描述上帝，以及說明上帝期望世人在祂的國度裏如何生活。

正是因為比喻的取材來自日常生活，比喻往往給人一種親切感，激起很多聯想或想像，與解經者的人生經歷彼此結合。這種結合使比喻故事能夠包容不同的解釋。即使昔日耶穌在講某一比喻時，該比喻有其特定的意義，但由於在這些故事的流傳過程中，比喻已經脫離了原來的處境，同一個比喻可有不同的意思⑦。因此，解釋比喻不宜過分武斷，應嘗試從不同角度、觀點來思想比喻的含意。揣摩、思想、檢視是欣賞耶穌比喻很重要的原則。

四章一開始便敘述耶穌來到湖邊（大概是指加利利湖），由於羣眾不斷擠擁過來，他只好在船上教導。耶穌不時在船上教導人，我們在三章7至12節亦見過類似的情況。耶穌坐著，向岸上的羣眾講道。

這是古代的猶太拉比在學堂教導的姿勢：教授人坐著講，受教者站著⑧聽；馬可這樣的描述，為要指出耶穌不是在閒談，而是進行正式的教導。

馬可在2節指出，耶穌當時用比喻講了很多教訓，而這裏只記載了4個，其中3個都與耕種有關：耶穌那些默默無聞、看似毫無影響力的信息就好像這些種子：儘管有人拒絕，有人中途離棄，但這信息必定會逐漸成長，結出果實。在這裏，耶穌不單用比喻，還解釋為何要用比喻：面對羣眾，耶穌凡事都用比喻，惟向被選上的門徒才作解釋，叫他們明白（11、33～34節），因為他們將要成為耶穌職事的繼承者，所以必須清楚明白比喻的意思，這樣才能把福音清楚解釋給別人聽。

4.3.1. 撒種的比喻（1～9、14～20節）

雖然耶穌其實也解釋過其他比喻（四34，七17）及其他教導（參九28，十10，十三3），但這次是最完整的。

撒種的比喻是在耶穌的比喻中，最為人所熟悉的一個，亦是**最完整**的一個，因為耶穌不單止講了這個比喻，還詳細解釋⑨和清楚説明比喻的目的。簡單來説，馬可記載這個比喻是要以它作為一個對比喻解釋的典範，就是耶穌的比喻都是與上帝國、上帝的信息有關。

就如其他比喻一樣，這個比喻的內容和情節是很簡單的。農夫撒種、耕田之前，通常會先把地犁好、把雜草清除。之後農夫會開始撒種，用手一把一把的將種子撒在田上。撒種之後，農夫會把種子犁進土裏去，並且整齊地排列過來。在這個時候，他才發現先前所撒的種子的不同命運。

有些種子還沒有埋進土裏就給鳥兒吃掉，根本連發芽生長的機會都沒有（3節）。有些種子是發了芽，但長不出來，例如那些落在「淺土的石

地上」(5節)的種子，因為根不夠深，太陽一出來就給曬焦；又或那些落在野草叢中(例如布滿荊棘的地方)的種子，野草的生命力比種子的更強，把幼苗擠住，結不出果實來(7節)。故事的最後，亦是故事的重點，畢竟有些種子的遭遇是令人鼓舞的，**「種子落在好的土壤裏，長大成熟，結實纍纍」**(8節)。能夠出產**「三十倍」**於種子的收成是不錯的，如果是**「六十倍」**就很好了，如果是**「一百倍」**是令人震驚的(參創二十六12)。

耶穌最後的一句話**「有耳朵的，都聽吧！」**(9節，《和合本》譯作「有耳可聽的，就應當聽」)，表達對聽眾或讀者的邀請和呼召；文中的「耳朵」不是指器官，而是能力、機會：在場當中能夠聽的、有機會聽的，都應該聽。這番話暗示，不是凡有「耳朵」的人都願意聽，因為在人羣中，不同人都抱著不同的動機而來。

類似的話經常出現在福音書裏(四23；太十一15，十三43；路十四35；另參啟二7、11)。

比喻的內容雖然顯淺易明，但耶穌還是很詳細地解釋**「有些……」**(4、5、7、8節)是指甚麼，但奇怪的是，他卻沒有交代**撒種的是誰**。耶穌不言明這人物是誰，是符合舊約先知傳統的；先知是上帝的代言者，他不需要交代自己的背景，只需要忠心地傳講上帝的信息。耶穌講解這比喻的重點，是上帝的信息被傳開去後不同人對它有何反應。

早期教會的解經家對這人物有不同的揣測，有說是耶穌，有說是上帝，有說是耶穌的門徒(或使徒)。

福音無論在哪一個時代、哪一個地方傳出去，都會遇上這些反應。任何有佈道、牧會經驗的傳道人都知道撒的多，收的少；怠惰的、觀望的永遠多過積極的、說「我願意」的。完全沒有機會聽或接受的固然多；即使「信」了的人，亦可因為紮根不深，**「一旦為了信息遭遇患難或迫害」**(17節)，又或**「生活的憂慮、財富的誘惑」**(19節)等等，就會放棄信仰。離開教會的人並不罕見。

你是哪一種土壤呢？你認為怎樣做才可以改進自己的現況，好使你成為耶穌所期盼的那種土壤呢？

整體來說，耶穌的信息給掙扎中的信仰團體帶來安慰。雖然真正能結出果實的仍是少數⑩，但耶穌保證，這真道在好土裏就可以結出百倍的果實；這「百倍」是指個人生命素質上難以估計的豐滿，而不是指得救的人數。是的！一個信徒若行在上帝的道裏，縱然幾經滄桑，他的生命仍是豐盛的，而且還可影響身邊的人，這結果是遠超過他所失去的。無論在哪一個時代、哪一個地方，這個比喻是上帝子民——祂的教會——極大的安慰。

按4卷福音書的記載，在耶穌3年多的傳道日子裏，跟隨他的人沒有經歷過任何稱得上是「患難」或「迫害」(四17)的事情；因此，耶穌在這比喻中所講的，可能只是他預計會發生的事。然而，更可能的是，作者馬可是以他當時教會受逼迫的處境來說這話。公元65年，羅馬政局非常動盪，猶太教中的滋事分子蠢蠢欲動，希望能推翻羅馬政權；不少基督徒在這情況之下亦受到牽連，「患難」或「迫害」是實在的。這情況在後期的新約作品中亦相當普遍(參羅八35；林後四8～9；帖後一4)。至於對「生活的憂慮、財富的誘惑」(19節)，相信耶穌當時的跟隨者也有面對相同問題的，但在教會成立後，這種誘惑對於那些中產人士的威脅就更大了；同樣，後期的新約作品對這方面的警戒是較明顯的(參提前六10、17；提後三2；來十三5；雅五3)。

即使作者馬可是自行增補耶穌的話，但此舉是合理的，亦是自然不過的。馬可不會覺得自己在竄改耶穌的話，他只是把它豐富過來，更適切教會(或當時的教會)的處境。今天的講道者不時也會這樣做，會眾聽起來並不覺得有甚麼突兀，倘若把這些添加也當作耶穌說話的一部分時，現代人便會覺得不應該。

4.3.2. 用比喻的因由(10～13節)

10節：《和合本》是「這比喻」，而《現修》是「這些比喻」。原文其實是複數的。

耶穌可能接連講了好**幾個比喻**卻並沒有逐一解釋。一般而言，比喻或故事的作用就是藉著種種具體的生活題材，以形像化的方式來解說屬靈的道理，使人易於掌握。然而，始終仍有人不明白。當耶穌獨自一人的時候，不明白的人(包括門徒)，就來問耶穌這些比喻的意思。從耶穌的反應，我們可知這些人確實出於追求的心，不是想試探耶穌。

耶穌的回答(11節)分成兩部分：

❶「上帝國的**奧祕**已經給了你們」⑪：這是一個應許，是給所有真理追求者的應許，不單止給使徒，更給所有門徒。由於耶穌表明要了解這個比喻才可以明白其他所有的比喻(13節)，文中「上帝國的奧祕」實指耶穌對撒種比喻的解釋(13～20節)。在芸芸聽見這比喻的人中，只有那尋問的人才能得著上帝國的奧祕。

❷「至於外界的人，他們所聽到的一切都是藉着比喻」：與前者相對的，是那些聽是聽了，卻不求甚解的人，他們對比喻內容的理解只停留在比喻本身罷了。

「奧祕」一詞在聖經(但二18～19、27～30、47；羅十一25；林前二1、7，四1)甚至一些猶太人文獻(如死海古卷)中，往往指上帝對受造界的旨意，但只啟示給一些蒙特別揀選的人知曉。

還記得耶穌問「誰是我的母親？誰是我的兄弟？」，然後指出那就是「凡實行上帝旨意的人」嗎(三33～35)？耶穌在解釋比喻時，又再一次用類似的對比。

這裏說明，有些人透過比喻，明白了比喻背後的奧祕信息，但有些人卻依然不求甚解；比喻既顯明這奧祕，但亦隱藏了這奧祕，這在乎聽見的人是否委身於耶穌的教導。因此，比喻的另一個目的是要顯出人們的不明白(甚至是無知；引自賽六9～10)：

> 他們看了又看，卻看不見，
> 聽了又聽，卻不明白；
> 不然，他們回心轉意，
> 上帝就饒恕他們。(12節)

這是怎麼一回事呢？難道上帝不想我們明白、悔改嗎⑫？作者（或先知以賽亞）用傳統先知的表達方式，把永恆的上帝所看到（或預知）的某事的結果，表達成上帝的目的。

我們有時也會採用這種表達方式，舉個例子：一家三口去遠足，走到一個分叉路口時，父母認為應該向左邊行，因為他們走過這條路，知道這邊比較平坦易走，但他們那反叛、才10多歲的孩子卻硬要走右邊的路。雙親在勸告失敗後，母親就對父親說：「由他吧，『好叫』他跌一跤，甚至迷路，他才會回頭。」

基督徒的職責是傳福音（evangelize），而不是使人成為基督徒（christianize）；前者是我們的責任，後者是上帝的主權。我們傳福音時，不應因對方的拒絕而灰心，要效法先知以賽亞，作個忠心的門徒。

由此可見，耶穌（或馬可）早已知道，縱使有許多人聽道，但仍有不接受的，二章1節至三章35節所記載的種種衝突中，已經印證了有一撮抗拒「**聞所未聞的道理**」（一27；《和合本》譯作「新道理」）的人。抗拒的人固然要承受自己基於無知、無心而來的後果，但重要的是耶穌絕不會因此而放棄。按以賽亞書六章9節至10節記載，上帝早已知道有人抗拒祂，但祂仍差派先知以賽亞到猶太宣講悔改的信息。這段經文在新約聖經曾被多次引用（約十二40；徒二十八26～27；參羅十一8），用以指出傳道者遭拒的現實和不放棄的態度；這亦反映早期教會的基督徒向猶太人傳福音的際遇和心志。

4.3.3. 斗底下的燈的比喻（21～25節）

在聽耶穌講道的人當中，至終總有一些人接受，正如10節提及的那些尋道者。因此，馬可在解釋撒種的比喻之後，即接上這個比喻。

在這比喻中，**燈**⑬的光代表耶穌所解釋的道；既是「光」，就不應隱藏，他實在盼望真理之光照亮所有人，他之所以只向門徒解釋比喻，只因為其他的人仍未能接受此「光」。耶穌的反問：**「有誰點了燈，拿來放在斗底或牀下？他豈不是要把它放在燈臺上嗎？」**(21節)是要強調：耶穌所講的比喻並不是斗底下的燈，不是要隱藏真理，而是要將它顯露出來。因此，天國終會完全得勝，並在世人眼前展現出來(20、29、32節)，這過程是所有門徒必須明白的。

在舊約聖經中，上帝的話曾經被比擬為「導引我的燈，是我人生路上的光」(詩一一九105)。

別人能否從你的生命得到指示，去到上帝那裏？你如何為祂而活呢？甚麼是把你的光遮蓋著的「斗」呢？是脾氣、是頑梗？

馬可之所以如此強調耶穌用比喻的方式講道(特別參34節)，某程度上，亦與前幾章中，耶穌企圖隱藏自己身分的主題相應，天國的道理起初以不顯露的方式向部分人開啟，惟有那些真正願意接受天國道理的人，才能體會箇中的真相。

聽到耶穌解釋的人既有這樣的特權，也就有責任：**「要留心你們所聽的」**(24節)。因此，接下來的話既是警告，亦是安慰。人們得到的是他們應該得到的：他們付出的，上帝會回報，並且比他們付出的更多；信耶穌的，對福音已有了一些認識，往後就能認識更多。但不信耶穌的，對福音沒有認識，就要陷入更深的無知。因此，最後的一句格言**「那有的，要給他更多；沒有的，連他所有的一點點也要奪走」**(25節)要提醒耶穌身邊的人；既有機會聽，但不去理解，也不去尋問，有一天，就連這機會也會失去。

類似的話也見於舊約次經《以斯拉四書》7.25：「把『虛空』留給空洞的人，『充滿』留給充實的人」。

人擁有多少並不重要，重要的是好好地運用所擁有的一切就是了！

4.3.4. 種子長大的比喻(26～29節)⑭

既然上帝的話至終是要人明白，那麼人亦必定會經歷到上帝話語的能力，因此，接下來的兩個比喻都是令人對上帝國的發展前景非常樂觀的。

在「種子長大的比喻」(26～29節)中，農夫雖然播下了種子，但對其成長卻並未作出任何的貢獻。留意作者非常細緻的描述：**「土壤自然而然地使植物生長，結實，先發芽，然後吐穗，最後穗上結滿子粒」**(28節)，都與這位農夫無關，農夫的勞動並不能加速或延緩豐收時候的到來，他亦不明白種子是如何成長的。為強化種子自行生長的情景，故事描述了農夫的安然。

植物的成長是非常緩慢的，要相隔一段日子才能察覺得到它的成長，屬靈生命的成長也是一樣。不要因為你的靈命似乎總是停滯不前而沮喪，應經常回望，數算上帝的恩典。

說農夫消極怠工並不正確，因為撒種與收割工作畢竟都是由他完成的。但這則比喻中並未言及其耕作、除草或灌溉等工作，而僅說**「他晚上睡覺，白天起來，那種子發芽生長，怎樣會這樣，他不知道」**(27節)。農夫只是等待著收割的時刻，等待著豐收果實的日子。樂觀的原因就在這裏：豐收的那天必定會到來。

比喻中的農夫態度猶如一則有益的提醒，令我們牢記：上帝國的擴展並非依賴我們所付出的努力，無論那是社關事工、教會牧養，又或福音性活動。我們既無權決定豐收的日子，也不知道收成的是100倍、60倍，還是30倍。信徒不必認為自身的成敗，會使上帝的計劃有所提前或延滯。對未來的樂觀展望，其根本是這位叫萬物生長的上帝，惟一能決定豐收與否、時刻的早或遲的上帝，而不是你或我。

4.3.5. 芥菜種的比喻和總結(30～32、33～34節)

之前的比喻說明上帝國的神祕力量，而這個比喻則說明上帝國的潛在力量。

芥菜種其實並非是世上最小的種子，但在耶穌時代，人們的確常會拿又黑又小的「芥菜種子」來比擬最細微的東西。**「是世上最小的種子」**(31節)的芥菜種長成之後卻**「比各種蔬菜都大；它長出大枝，飛鳥也在它的蔭下搭窩」**(32節)，前後相比，反差極其懸殊。上帝國的能力就是如此叫人驚奇、不可預測，在微不足道的人和事物中發揮出來。

你是微不足道的，但上帝所賜的信心卻不然；只需要定睛於上帝，並與其他人分享你的心志，你也必能為上帝成就大事。

故事開始是耶穌的設問；這種帶出課題主旨的方法，經常見於拉比文獻裏。

芥菜種子可以用來調味，將食物保鮮，而且含有油分，可作藥用。芥菜樹不一定會長得像樹木一樣高，但它卻也可能長得比一個中等身量的人還高。有些芥菜樹的幹更可以像人的手臂一樣粗。由此可見，耶穌說芥菜種子會長出大枝、葉子成蔭，**「飛鳥也在它的蔭下搭窩」**，並不是誇張之言；舊約聖經作者也曾形容其他的樹大可成蔭(參結十七23，三十一6；但四14、21)。

基督教信仰雖有著不受人關注的開始，但卻會引出一個極為壯觀的結局；上帝的統治確實勢不可擋。然而，重要的是：上帝所應許的並非一定是指教會在人數或資產上的增長，乃是指在細小的生命中卻能夠見證天國的那種力量，亦要表明其統治得以成功實現。上帝的統治總是隱藏的，然而，統治的權柄必然彰顯，這權柄是不可預料的，因為上帝往往在最不可能的地方中彰顯祂的能力。

33至34節是四章1至34節的總結，指出除了這段落所談及的4個比喻外，耶穌還講了很多比喻，是**「照他們所能明白的教導他們」**(33節)。這話可以指人們的領受能力各有不同，但同樣也可指人們願意受教的程度也各有不同，若他們願意聽便能比他人明白得更多⑮。後者的理解更能配合先前的討論(參10～13節)：上帝的奧祕其實已經藉著比喻宣講出來，比喻是顯明抑或隱藏，就要看聽眾的屬靈光景。無論怎樣，為了他所特別揀選的人，亦為了後人能真正明白耶穌的教導，他必定向這些人解釋一切。

溫習問題(4.1.～4.3.) 在頁120。

4.4. 神蹟故事(四35～五43)

馬可從耶穌的言論轉移至耶穌的行為上。緊接著4個比喻式的講道就是4個神蹟故事。除了首個神蹟之外，其餘的都與猶太人潔淨之禮有關，墳地、污靈、豬、患血崩的女子和葉魯那剛死了的12歲女兒，全都是被猶太人視為不潔的，但耶穌卻突破了這些當時社羣傳統的忌諱，親身與人相遇。

馬可對這些故事的情節作了十分仔細的描述，每每突顯耶穌就如常人一樣，且樂意跟世上的人在一起，並不分彼此。此外，這4個神蹟也代表著上帝4方面的大能：

1. 「平靜風和海」表示上帝有勝過大自然威力的大能；
2. 「在格拉森醫治被鬼附的人」則顯示了上帝能粉碎一切陰間勢力的權柄；
3. 「醫治患血崩的女人」和「叫葉魯的女兒復活」又分別強調頑疾和死亡全都在上帝的主權之下。

透過這連串的神蹟，耶穌表明了他是真正的領袖，是那位大能的主。在耶穌平靜風浪之後，門徒已不禁要問：**「這個人究竟是誰，連風浪也聽**

從他！」(四41)⑯在格拉森醫治被鬼附的人後，耶穌的吩咐似乎與之前有些不同，他並沒有囑咐那痊癒過來的人不要將事情傳開，相反，他吩咐那人回到十邑地區(或稱低加坡里《和合本》)的城鎮，在這外邦人的地方將所經歷的神蹟見證出來(五1～20)。在另外兩個有關治病的神蹟事件中，我們又再次見證馬可那活潑的「三明治式」記述：他刻意把「醫治患血崩的女人」(五25～34)加插在「叫葉魯的女兒復活」(五21～24、35～43)的事件中，顯明不管某人是早有計劃或是不知不覺、明言邀約或暗地跟從，耶穌總會按自己的時間行事，而且結果往往超出人所想望的。

4.4.1. 平靜風和海(四35～41)

「湖的對岸」指的是**加利利湖**的東岸。從馬可福音開首直至現在，耶穌的活動一直都在加利利湖的西岸進行的，因此，這是馬可福音中的耶穌首次離開加利利湖的西岸。夜間渡湖並非門徒想出來的一種消閒建議，藉遠離人羣去紓緩來自他們的種種壓力。這是耶穌的主意，而門徒亦順服耶穌的指示(35～36節)；所以，當他們差點兒死在風暴之中時，埋怨耶穌也是合情合理的，畢竟這條路線是由耶穌所定的。

加利利湖本身是低過水平線的，周圍(特別是東北面)多有高山圍繞著。

在舊約聖經中，大海一直被視為魔鬼的居所。舊約作者常讚美上帝是一位「用大能把海水分開」並「打破了海怪的頭」的至高者(詩七十四13；參伯二十六12，二十八8～11)。詩篇在提及以色列民出埃及這段歷史時亦表明，上帝有斥責大海與管理河海的能力(詩一〇四7，一〇六9，一一四篇；鴻一4)。由此可見，耶穌平靜風暴時，並非單純為展示自己具有令人恐懼的超自然能力，而是顯明一種使(海中)邪惡勢力，如魔鬼，受到「責備」的救贖行為(四39)。耶穌行此神蹟的目的是要除去門徒們內心的膽怯與蒙昧。

試想想在生命的風暴中，你是否以為耶穌不再關心你，並容讓自己繼續憂慮？抑或信靠耶穌，不再恐懼？

馬可細緻地描寫風暴，目的是要讀者知道這是一場驚心動魄的暴風雨；因著加利利湖的地理形勢，這湖經常有突如其來的風浪。從37節的記述中，我們可以具體地看到一葉在暴風雨中岌岌可危的小舟，馬可說：**「船幾乎灌滿了水」**。船頭的危難情境和門徒的手足無措，與船尾似乎是風平浪靜和耶穌的安然熟睡成一強烈的對比。門徒當時的恐懼並非無緣無故的。而他們以這一瘋狂喊叫：**「老師，我們快死啦，你不在乎嗎？」**(38節)甚至話中帶責備和埋怨，來喚醒耶穌的行為，亦不算過分。最後，在耶穌的一聲號令之下，風浪就止住了。

今天的讀者閱讀這故事或許會為門徒抱不平，質疑為甚麼他們要受耶穌的責備呢？倘若我們把四章41節和40節倒轉過來，就會較容易明白耶穌斥責門徒的原因。門徒因遇上風暴，精神上受創傷，恐慌是合理的；門徒因見到這人口斥⑰風浪，而風浪又平定下來，心存敬畏的恐懼亦是可以體會；但門徒問：**「這個人究竟是誰，連風浪也聽從他！」**就反映了儘管耶穌曾給他們很多特別教導(34節)，在他們眼前行了不少神蹟，但他們依然不明白上帝國的能力，**信心**的根基依然淺薄。

文中的「信心」可指門徒對耶穌能力的信心，又或對耶穌身分的認識。

每一個時代的教會生活都會受到各種混亂勢力的威脅，無論是1世紀還是21世紀，然而這些勢力終究無法與以耶穌為代表的上帝的統治相比。這故事不僅表明耶穌與我們同在，伴我們共渡人生中的坎坷與艱辛，而更顯示出這位能斥責暴風雨的耶穌的能力。這個故事帶給我們的並非盡都是應對人生風浪的策略，也有上帝救恩的應許。耶穌給門徒的責備要提醒我們，不要忘記在過往屬靈生命中所聽過的教訓和發生在我們生活中每一件「神蹟」。

4.4.2. 在格拉森醫治被鬼附的人（五1～20）

在福音書記載的所有趕鬼故事中，這是篇幅最長的一個。作者生動地講述了耶穌與魔鬼間的角力、被鬼附者的改變，以及耶穌遭到人們的拒絕。

格拉森⑱是**十邑地區內**之一個地方（20節），位於約旦河東岸、加利利湖以南地區，當地的人口主要是外邦人，他們的建築、生活方式也都比較希臘化。這裏大概沒有多少猶太人居民，因為耶穌去的地方附近有一大羣豬，而巴勒斯坦地的猶太人是**絕對不會養豬的**。

十邑（或可音譯作「低加坡里」）是由十個外邦人城市組成的，位於撒馬利亞和加利利以東。

按五經的潔淨規矩（利十一7），豬是不潔淨的；儘管住在外邦人地方的猶太人可能對這些潔淨規矩稍有鬆懈，但斷不會公然養豬的。

貫徹作者一向緊急的節奏，「耶穌一下船就遇見一個從墓穴出來的人」（2節）。這人被污靈附著，先前沒有人能夠制服他。作者花了不少筆墨描述這人恐怖和可憐的情況（3～5節）：

> 一向住在墳地裏，沒有人能夠控制他，用鐵鍊也鎖不住他。多少次人用腳鐐手銬鎖住他，他卻打碎腳鐐，扭斷手銬。沒有人有夠大的力氣制伏他。他日夜在墳地和山野間大喊大叫，又拿石頭擊打自己。

留意馬可的記敘方式。當這人看見耶穌，就跑過來，跪在耶穌面前（6節；參三11）。耶穌可能早聽過這人的事，又或如今親眼看見他的光景，大概就在這個時候，他就吩咐污靈離開（8節）。鬼魔是與上帝敵對的；污靈十分正確地知道耶穌是一位能用具毀滅性的能力與自己交戰，並會令自己滅亡的危險人物。耶穌權柄的本質，威脅到那些執掌著殘忍和壓迫勢力的惡魔，這種威脅有時是直接的，有時則只造成破壞。污靈稱呼耶穌為**「至高上帝的兒子耶穌」**(7節),這稱呼其實沒有甚麼特別,我們在之前所發生的趕鬼故事中亦曾見過(一24、34),但對於讀者來說,讀畢耶穌平靜風和海(四35～41)的故事,特別作者在故事的最後記載門徒問:**「這個人究竟是誰,連風和海也聽從他!」**(四41)污靈清楚呼喊出耶穌的身分與門徒的懵然不知便形成了強烈對比。

在舊約聖經,這詞語一般是外邦人對上帝的稱呼(參創十四18～20;民二十四16;賽十四14;但三26,四2)。

在短短的對話中,耶穌亦發現他對付的不是一個鬼,而是一羣名叫「**大羣**」的鬼,而污靈的苦苦哀求(7節**「不要折磨我」**)亦反映它們知道自己即將面臨的命運,於是求耶穌准許它們附在鄰近的一羣豬身上。耶穌批准了。殊不知這約有2000隻的豬羣卻即時衝下山崖,全都淹死了。經文完全沒有提示發生這事的原因,我們只能揣測:污靈進入豬羣令豬都瘋了,因此,這是污靈意料之外的事。無論如何,從豬羣所遭遇的,可表明羣鬼曾試圖怎樣對待那被它們所附的人。

「大羣」或譯「團」。根據羅馬兵的編制,一團共有6000名士兵。

因著耶穌,這位被污靈附身者的可怕境遇得到奇妙的改變,並恢復了健康。此人康復「前」「後」的對比令人驚歎:曾經赤身露體、被趕出城市、居於墓穴中,身體抽搐,無法被看管,完全失控的男子,現在不僅穿著得當,而且神智清醒,甚至成為耶穌的門徒。看見這個情景,應該人人都會感恩,但沒有接受主的人只會覺得神奇、驚恐,亦只會從利益方面看;倘若馬可的記載沒有誇大,2000隻豬的價值不少,看見這事的人或許不期然地問:一個人的生命值得這個價錢嗎?

這些人要豬不要耶穌,眼見奇妙的神蹟,但依然不歸榮耀予上帝。我們是否也曾為了一間屋、一段感情或一筆少許的金錢而離開上帝?

這位被鬼附者的改變使他成為耶穌的門徒。耶穌即將離開時,這名男子祈求能和其他門徒一樣,與耶穌同在。但是他未能如願,耶穌反而差他返回家鄉，**「告訴親友，主⑲怎樣以慈愛待你和他為你所做的事」**(19節)。與之前所發生的醫病、趕鬼故事有別(例如醫治痲瘋病人，一39～45)，耶穌並沒有囑咐那痊癒過來的人不要將事情傳開，相反，他吩咐那人留在十邑地區內的城鎮，在這外邦人的地方將所經歷的神蹟見證出來。為何有這樣的分別？可能是因為這裏是外邦人居住的地方，即使他把這消息傳出去，也不會吸引很多人；又或耶穌想藉著差遣這人宣講好消息，把工作擴展到外邦人的地方去。我們不知道為何耶穌對相類的事情會有如此不同的回應，但我們應該明白，各人的際遇不同，所以，耶穌的回應不都是千篇一律的。

路加還記述這名得到醫治的男子是「坐在耶穌腳前」的(路八35)。

4.4.3. 叫葉魯的女兒復活(五21～24、35～43)和醫治患血崩的女人(五25～34)

馬可福音中馬不停蹄的耶穌又再出動了。耶穌從加利利湖的東岸返回西岸去(參1節)，船還未到岸已經有一大羣人聚集在岸邊，其中一個是一位會堂主管⑳。他俯伏在耶穌腳前，懇切地求他(23節)㉑，這反映他對耶穌極大的尊重以及他哀悼的心情。就在耶穌前往葉魯家途中，另一件事情發生了。一名患了血崩病12年的婦人靜靜地來到耶穌背後，要求醫但又**不敢讓人知道**。她的病在好些束手無策的醫生手上耽擱了許久，變得更嚴重了；嚴格來說，耶穌未有主動醫治她，她只是用手一摸耶穌的衣服，病就好了㉓(27～28節)。

根據摩西律法，患血崩病的婦人是不潔淨的，所以她只好偷偷摸摸地行動㉒。

耶穌未忘他其實有另一個待診的病人在先，但當時有人報訊，說葉魯的女兒已經去世，可免勞煩耶穌。耶穌叫葉魯應該繼續相信他：

這個翻譯會較貼近希臘原文的時態。

「不要怕，只要**繼續信**！」(36節)，要效法那血崩婦人的信心。於是耶穌留下其他門徒，只帶同彼得、雅各和約翰㉔到葉魯家，看見家人已經在準備喪禮，就對那些請來為死人哀悼的人㉕說：「孩子並沒有死，只是睡着了。」(39節)這難免惹來人家的嗤笑。耶穌不管怎的，把所有人推出屋外，只留下孩子的父母和3位門徒，然後拉著女孩的手㉖，用地道的亞蘭語對她㉗說：「小女孩，我吩咐你，起來！」(41節)就是這樣，女孩復活了，四處走動，她已經是12歲的了㉘。按照馬可的慣例，耶穌又囑咐所有人不要叫別人知道這件事，並吩咐給她東西吃㉙。

你若是葉魯，知道女兒已經去世，你當時的心情會怎樣？你還會繼續相信耶穌可醫治她嗎？

在敍述一個故事的過程中，插入另一個故事，待這個插入的故事記述完畢後，再行恢復先前被中斷的記述。參本書1.2.1.的討論。

這是繼三章20至35節(耶穌遭親屬的反對和被指靠別西卜趕鬼)後，另一個**三明治式的敍述結構**。作者交織記述耶穌使葉魯女兒復活和醫好患血崩婦女這兩個故事；這種敍事風格具有顯著的戲劇性效果，使氣氛更為緊湊，能引導讀者從若干不同角度觀察故事中兩個人物的相同與不同之處。

*兩位人物均主動來尋找耶穌，亦都因此而得醫治。*葉魯猛然撲倒在耶穌腳前，央求耶穌醫治其生命垂危的女兒。為人父母者均可體會葉魯內心因預見自己即將失去孩子的悲痛與恐慌之情。那位婦女也有同樣的處境，顯然無法治癒的疾病不僅令其身體極度虛弱，而且亦使她被視為不潔淨。她的主動其實是對耶穌的一種冒犯，然而，她求醫心切，不得不作這舉動。

在舊約次經中有兩段經文似乎都是諷刺醫生的：《多比傳》2.10：「……我去找醫生治病，但愈是敷葯，我愈是看不見，……」和《德訓篇》38.15：「凡是在他的造物主面前的罪人，都會落在醫生的手裏。」

*所作的努力盡都徒勞無功，就好像宣判了葉魯的女兒和患血崩的婦人回魂乏術。*這名婦女在**醫生**處用盡錢財卻未得醫治(五26「看過許多醫生，受盡許多痛苦，耗盡所有的家

產」)的細節令人頗為感興趣，該記述不僅表明此婦女病情嚴重，而且亦點出(當時)醫生的無能。這婦女僅觸摸耶穌的外衣便得到醫治，從耶穌身上釋放出來的能力便與醫生的無能成極大對比，亦足以令庸醫們自慚形穢、無地自容。葉魯所面臨的情形亦相彷。當女兒已經死了的消息傳到葉魯耳中(35節)，我們可以想像一下當時在旁圍觀的羣眾會有何評論與反應，他們既會因葉魯難以接受自己女兒病逝之事實而悲傷，亦會「譏笑」耶穌這一重燃希望的診斷(36、39節)。倘若這位婦人認為過去12年的診治已證明了自己無可救藥，葉魯也接受其女兒已死的「事實」，那麼神蹟便不可能出現了。

12年無望地等待實在很是痛苦，但她仍然對耶穌有信心；我們縱使長期活在困境中，也應該對耶穌有信心。

二人均是憑信心就近耶穌。貴為猶太會堂的領袖，又是一位受人敬重的宗教官員，葉魯竟在眾目睽睽之下公然接近耶穌，提出請求，他並非說，**「你若能，就請幫助我」**，而是相信耶穌按手㉚便會使女兒病得痊癒：**「我的小女兒病重垂危，請你來為她按手……」**(23節)，這不僅表現他對耶穌身分的認可，更表現他對耶穌的信心。之後，當他聽到傳來的死訊時，他並沒有放棄——儘管他心裏是這樣想；葉魯對耶穌所抱有的確實不只是簡單的信心。葉魯故事的重心並不是他女兒死而復活，而是葉魯那種頑強的信心，他因相信耶穌的能力，而未接受旁人的勸阻。這個神蹟故事將一種不畏人言的信心展示在我們面前。

這是令人震驚的一幕，葉魯是一位受人敬重的猶太會堂宗教領袖，但卻對一位非主流猶太教的宗教領袖表現出如此巨大的信心，況且此人正是自己的猶太同胞處心積慮欲除之而後快的敵人(三6)。

婦人所患的是難言之疾，猶太人亦視她為不潔淨的人，無論是個人心理或社會因素，婦人都因患血崩而變得害羞和困窘，她只能在暗中行事。和葉魯一樣一廂情願，她認為只要觸摸耶穌，自己的病便可得著痊癒(27～28節)。她並不

真正的信心是需要行動來證明的，葉魯和那婦人都證明了他們對耶穌的信心，你又如何？在你日常生活中，你又如何證明你對上帝的信心呢？

她害怕，不是因為被發現了，而是因為她發現她的病果然好了，因「那女人知道發生在自己身上的事，就戰戰兢兢……」(33節)。路加的記載則較為清楚(八47)。

滿足於醫生們對此病所下的那令人絕望的結論。當被耶穌發現時㉛，這位婦女挺身而出，帶著**害怕的心情**承認自己就是觸摸耶穌之人，其信心也得到了耶穌的讚許㉜。34節並非僅指肉體上的醫治(實際上是「你的信心救了你」)。疾病曾使這婦女在宗教與社會生活上都遭到隔離，但她現在得到了平安，重獲健康，並能重新回到社會與宗教團體之中。

馬可把這位患血崩的婦女得醫治的神蹟「插入」醫治葉魯女兒的故事之中是十分有意思的。形勢緊急，耶穌要刻不容緩地趕往葉魯的家，但他卻仍在中途停下，依然堅持要找出這位不潔淨的婦女，並與之交談，表達對她的慰問。對耶穌而言，這位無名婦女與那位受人關注的宗教領袖之孩子是同等重要的。經文中的婦女也將不斷提醒我們，那些處於宗教與社會邊緣的人士，在即將實現之上帝的統治中同樣具有顯著的地位。

4.5. 拿撒勒人厭棄耶穌(六1～6)

連串神蹟事件之後，耶穌返回自己長大的地方(1～6節)。就如在迦百農耶穌曾受到親屬的攔阻一樣，在故鄉拿撒勒，他的鄉親朋友輕視他，甚至厭棄他，企圖否定他的教導和所行的神蹟，他們並不明白耶穌的使命與身分。

馬可福音的前數章以戲劇化手法敍述了上帝在人類生活與生命中的主權，以及耶穌的若干事工。馬可福音一章14至15節中，耶穌在加利利所作的宣告(「時機成熟了，上帝的國快實現了！你們要悔改，信從福音」)，預告了下文所述，耶穌工作過程中發生的一些事件。自三章13節開始，馬可的焦點是門徒訓練，其重點記載是4個天國的比喻

(四1～34)和彰顯天國能力的4個神蹟(四35～五43)，而以下我們要探討的六章1至6節是這段落的結尾，與三章20至35節呼應，記載耶穌眾鄉親對他所行的事件的回應㉝。

耶穌和門徒一同回到自己的家鄉**拿撒勒**。當時的會堂有例行的教導時間，並時常邀請訪客進行演講。耶穌既然聲譽日隆，邀請他講道是自然不過的(另參一21)。馬可的焦點並不在講道的內容，而是聽眾的反應。他們「驚訝」，大概是因為耶穌講得非常好(六2「誰給他這種智慧呢？他居然還能夠行神蹟！」)，但他們又因一個出生背景如此平庸的人有如此成就而感到困惑。

雖然經文並沒有清楚說明這是拿撒勒，但其他經文卻提供了這資料(一9、24)。拿撒勒是一個名不經傳的小鄉村(約一46)。

當時的木匠並不單指製造木器的人，亦可指一般從事建築行業的人。

他們之所以「厭棄」㉞耶穌，是因為他們以為很熟悉他：「他豈不是一個**木匠**？他不就是馬利亞的兒子㉟，雅各、約瑟【《和合本》譯作『約西』】、猶大，和西門的哥哥嗎？他的妹妹們不是都住在我們這裏嗎？」(3節)拿撒勒百姓熟知耶穌的背景，這使他們無法正確看待耶穌，而僅將他看成一個裝腔作勢的鄉里孩子。先入為主的觀念阻礙了他們接受真理，使他們拒絕相信上帝所應許的統治會體現在耶穌身上。耶穌的家人拒絕耶穌(三20～21、31～35)大概也是基於同一個原因。

我們不時會被一些先入為主的觀念蒙蔽，以至看不到、聽不到真理，甚至誤解其意。我們更不應太過計較人的背景，而帶著有色眼鏡去看那些解說真理的人。

所有拒絕耶穌的理由，本質上都一樣俗套的。按世人設立的標準，即他們對一位宗教領袖的期望來看，耶穌實在相差太遠了。他既沒有家底，也沒受過高深教育，既不算得成就顯赫，也缺乏足夠的影響力或是威望，沒有值得人們去全心地追隨的條件。在耶穌介入人類歷史之前，先知已有詳細預示了耶穌的到來，但這些推定卻又使人們無法接納耶穌。

耶穌沒有跟他們爭辯，亦毫不在乎，只瀟洒地說：**「先知在本鄉、本族、本家外都受人尊重」**(4節)。這句話大概可能是一句流行的俗語；在不同語言文化當中，相信亦可找到類似的話，就好像中文的俗語：「本地薑不辣」。但作者馬可的評語就帶來另一個問題(5～6節)：**「因此，他在自己的家鄉沒有行甚麼神蹟，只是給一些病人按手，治好他們。……」**

這則故事是否表明人的信心是耶穌施行神蹟的先決條件呢？上帝是否只是在我們祈禱並期待某一事件發生時才會動工？這似乎也是六章5至6節所帶出的問題。有不少神蹟故事似乎可以證明，這些故事在記述耶穌施行神蹟之前，都會先提到那些求助者的信心，例如前面經文中提到的大痲瘋病患者(一40～41)、癱瘓病人(二5)、患血崩病的婦女(五28、34)，以及葉魯(五22～23)。然而，我們也不要忽略有明顯的例外，如所有耶穌趕鬼的故事，受害人都是無法表達自己的信心的！

按照馬可所選用的動詞，有人認為這句應譯作「不能行」(參《和合本》譯作「耶穌就在那裏不得行甚麼異能」)，這樣解釋顯然過於執著字面意義。

我們不要以為**「他在自己的家鄉沒有行甚麼神蹟……」**(5節)這句話意味著耶穌施行神蹟與否是受制於別人的信心；馬可所使用的動詞也可表達一種原則性的制約，中文也可以有這樣的用法，例如，有人企圖賄賂你，你會說：「我『不能』這樣做」。作者記述耶穌在拿撒勒遭拒絕一事的本意，並非要處理信心與神蹟之間本質上的關係，而是強調神蹟只是「配角」。一直以來，神蹟奇事只能強化耶穌的教訓，神蹟奇事不是福音的核心，重要的是人的信心。既然這些鄉里大多**「不信」**，神蹟只會成為一種魔術，這是沒有意義的。因此，馬可似乎更願意用這段記述作一比照，將其他神蹟故事中那些需要耶穌、單純相信耶穌的能力，並接受他幫助的人，與耶穌的鄉親作一對比。

4.6. 耶穌差遣十二門徒(六7～13)

耶穌賦予十二使徒到周圍的村莊宣教的使命。耶穌不僅賜給他們權柄與能力，亦給予指導，而使徒顯然也獲得一次成效卓著的事工經驗，他們不僅向百姓佈道，而且亦施行神蹟，治病、趕鬼。

雖然上帝才是我們力量的來源，但祂往往透過我們身邊的同工來滿足我們的需要，在困難中經歷互相的鼓勵與支持。獨斷獨行是不正確的事奉態度，只會導致沮喪與孤單。

「耶穌繼續在附近各村莊教導人」(6節下)㊱這句話暗示，耶穌可能已經離開了拿撒勒。在這段日子，耶穌差遣十二門徒，**「兩個兩個地出去」**傳道(7～13、30節)。這次差派在意義上是要延續耶穌在過去日子的工作，包括傳道、趕鬼和治病。耶穌在十二使徒出發前所給的指示，有3點值得注意：

1. 耶穌授權給門徒(7節)：使徒傳道的本質是耶穌所授權的；耶穌呼召他們，要他們像他一樣從事傳福音這項冒險事業。這意味著耶穌不僅要將自己所知的道理指示他們，而且也要賜能力給他們，使他們能行他所行的神蹟。眾門徒所行的都是憑藉耶穌所賜的能力和權柄而成的，不是靠他們自己的決斷能力。我們需要不時提醒自己：在未成為一個架構性組織之先，教會基本上是一羣按照耶穌呼召和授命聚集一起的信徒。只有這樣，教會才能完成它奉耶穌之名宣教與醫治的使命。

2. 耶穌要門徒依靠他，而不要被其他事情所擾亂(8～9節)。耶穌這則有關處理多餘食物、衣服與錢財的命令，應被看為要求門徒過簡單生活(並非禁欲生活)的訓示。輕裝旅行好處多多，一個旅行者帶著輕便行裝，可使他減少負累，專一於旅程探險本身。再者，對日漸喪失社會地位與勢力、竭力想知道自身在未來定位的現代教會而言，這一點也頗值得玩味。

虔誠的猶太人離開外邦地方時，都會跺掉草鞋上的灰塵，表示不被外邦人影響。

❸眾門徒必須認真對待自己遭到拒絕的現實（10～11節）。**跺掉草鞋上灰塵**之舉動或許是一種直接的「見證」，這不僅說明這種拒絕行為的嚴重程度，也表明傳道者仍希望拒絕福音者的內心或可發生轉變。無論怎樣，眾門徒出去傳道時，耶穌並未給他們「每一位聽道者都會悔改」的應許。他們應該不會因為被粗魯地拒於門外而感到驚訝或沮喪。畢竟，耶穌也一直受到此類對待，有些甚至是來自宗教領袖、鄉親和他的家人。

傳道的果效並非人所能預計，傳道者必須仰賴差他們的主；這一點我們都明白。然而，從耶穌的指示中可看到，耶穌希望他們趕快出去，不要作太多準備工夫。這固然配合馬可福音中常常出現的緊湊氣氛，另一方面亦可能反映這時門徒仍在受訓，耶穌要他們趕快出去，汲取經驗；既然耶穌還在他們身邊，其他事情，就由他安排吧。值得留意，馬可福音只記載了1次差遣，但路加福音則記載了2次；第一次（路九1～6）與馬可的相同，另一次（路十1～12）則是在耶穌預言自己受難之後不久，差派72人出去；與本段記載不同的，是耶穌差派72人出去時，較強調門徒要小心作各種準備工夫，因為耶穌快要離去了。

4.7. 施洗者約翰的死（六14～29）

門徒的傳道已在當時的社羣中產生一定的影響力，但正在此備受矚目之際，馬可插敘了施洗者約翰的枉死事件，正是要暗示耶穌的收場也會跟施洗者約翰的相類（參一14；另參九31，十33）；今日的擁戴掩不住終被撇棄的命運。這是主的道路，這道路也同樣擺在門徒面

前，主耶穌要他們作好踏上這路的心理準備，即使目睹他的被害也不退縮，甚至希望門徒也同樣不惜性命，繼續肩負起宣教的使命。

馬可縷述耶穌的故事，在此本應要總結耶穌所作的事情，但殊不知卻與**希律**扯上關係。留意作者所採用的插敘法。

指希律．安提帕，大希律的兒子。

約翰已經死了一段日子了。耶穌所作的一切，再加上門徒傳道的果效，令「**耶穌的名聲傳遍各地方**」(14節)，這使人想起曾經顯赫一時、在約旦河邊施洗的施洗者約翰；因為兩人所傳的都很相似，所以人們對耶穌身分的臆測就如昔日對施洗者約翰的一樣：「**他是以利亞。……他是個先知，像古時的先知之一**」(15節；參約一21；另參太十一14)。亦有人索性把這兩位人物加以比較，甚至等同起來，說：「**他是施洗者約翰復活了，所以具有行神蹟的能力**」(14節)——那位親手殺了施洗者約翰的希律亦聽信了這些謠傳。作者馬可就在這裏交代約翰的死。

一些後期的先知深信，上帝會再次差派以利亞到地上來，警告世人要為上帝的審判作好準備(瑪三1～4，四5～6)，並且為基督準備道路(參一2～3)。

希羅底是大希律的孫女兒，她原先下嫁大希律的三子腓力；後來，腓力的二哥希律．安提帕說服希羅底離開腓力，改嫁自己。根據摩西律法，如果兄弟在生的話，誰都不可娶兄弟的妻子(參利十八15～16)。於是他的行為惹來施洗者約翰的批評，希羅底一怒之下，慫恿安提帕將他收監。安提帕雖然不喜歡約翰，但仍然尊重他的為人：「**知道他是一個正直聖潔的人，要保護他。希律每次聽了約翰的講論，非常不安，不過他仍然喜歡聽他談論。**」(六20)㊲至於希羅底，她就一直想找機會要除去約翰(六19)。最後，馬可說，她「**所等待的機會終於到了**」(六21)。

猶太史學家約瑟夫也有記載這事，並稱這希律的女兒為「撒羅米」。

在一次慶祝希律．安提帕生日的宴會中，請來了很多嘉賓㊳。希羅底的女兒跳舞助興，使希律高興不已，並且發誓答允小女兒所求的一切㊴。希羅底指使她女兒作了一個世上最惡毒的請求：**「求王立刻把施洗者約翰的頭放在盤子裏，給我！」**(25節)希律聽了這話非常震驚，但身為統治者，眾人都期望他能夠言出必行；因此，他便吩咐侍衛照著行。

馬可最後既詳細又血腥的描述，顯然是要反映希羅底的殘暴。熟悉以色列歷史的人讀到希羅底的事迹時，便會想起以色列王亞哈的妻子耶洗別(王上十九1～3)，她也是一位借助丈夫的權勢殘殺先知的女子。耶洗別曾立下重誓要殺死偉大的先知以利亞，然而以利亞能夠逃脱那敗壞的婦人的毒手，但這位以利亞卻難逃一劫。

馬可的插敘法

一章14節至六章29節採用了插敘法；若按時序重新排列，大概是：腓力與希羅底結婚，後來希律．安提帕搶奪兄弟的妻子，把希羅底娶過來(六17)，施洗者約翰因斥責希律而觸怒希羅底，結果被收監(一14，六17～18)。在這時候，耶穌開始他的公開傳道，並且發展得很快，又有很多人跟隨他(一15～三12)；不久，耶穌揀選了12位門徒，給他們各種訓練(三13～六5)。雖然馬可沒有清楚交代，但大概在這個時段，希羅底終於找到一個機會把施洗者約翰剷除(六21～29)。最後，耶穌派遣他的門徒出去傳道，「耶穌的名聲傳遍各地方」，結果產生了很多關於耶穌和施洗者約翰的謠言(六14～16)。

然而，馬可並非按時序表達，而是按主題，例如：「施洗者約翰下監」(一14)象徵施洗者約翰傳道工作的結束，並由此展開耶穌的傳道工作，而約翰的受難則對照著耶穌的受難。

這段長達16節的插曲的特別之處是其主角似乎不是耶穌，而是施洗者約翰。但對於福音書作者而言，這插曲向讀者預告了耶穌的結局將會與施洗者約翰的一樣(參太十四1～12；路九7～9)。

最明顯的，就是它將施洗者約翰與希律間的交鋒，跟耶穌與彼拉多間的交鋒平行並對應起來。馬可福音開首介紹約翰時，說此人是耶穌的先鋒，一位為上帝的兒子預備道路並施洗的使者（一2～11）。作者亦以「**施洗者約翰下監**」作為耶穌公開傳道的開始（一14）。雖然路加藉著約翰與耶穌的受孕、出生、取名，以及童年成長（路一～二章）的平行記述將這兩人關聯起來，但馬可卻是借助於描寫約翰與耶穌的死，將他們結合在一起。

約翰與耶穌兩人均死於優柔寡斷的政治人物之手。希律與彼拉多不僅知道被帶到他們面前的受審的是良善之人，他們亦都曾經有免去約翰與耶穌死罪的機會。但軟弱使他們向外界環境低頭，並對約翰、耶穌處以極刑。在這兩個故事中，約翰與耶穌的門徒亦都取走他們的屍體，並安置於墳墓中（參29節，十五42～47）。

領袖都有自己軟弱的地方，但希律的掙扎，要提醒世上的領袖：不能夠堅持自己心中信念的人只會受身邊的人、羣眾的壓力所牽制。

這則故事還有另一個功用。它被加插在耶穌差遣眾使徒往附近村莊傳道（12～13節），以及眾使徒向耶穌報告事工成果（30節）這兩段經文之間，這是馬可「三明治式」寫作技巧的又一例證。作者在專注於記述眾使徒趕鬼、醫病、佈道等事工故事的過程中，竟插入這樣一段驚人的記述：一名「**正直聖潔的人**」（20節），因說真話而觸怒在位者，並慘遭殺害。這段記述也將約翰與耶穌及他們的門徒對應起來，因它預先向讀者指明，耶穌與眾使徒都即將遭受苦難。

眾使徒因趕鬼、醫病以及佈道工作成效卓著而感樂觀，但來自政治、宗教的威脅與攻擊離他們並不遙遠。當基督徒對世界宣告上帝的審判與憐憫，但卻因而遭到敵視時，其實也不必感到太過驚訝。

溫習問題（4.4.～4.7.）在頁121。

釋經短註

① 留意路加福音六章13至16節和使徒行傳一章13節所列舉的十二使徒，與馬可福音和馬太福音十章2至4節所列舉的略為不同；前者包括一位稱為「雅各的兒子(註：或作「兄弟」)猶大」；後者則以「達太」代之。

② 這裏所用的名稱「激進黨」，可能並非一個正規組織，只是一羣激進分子或律法的狂熱主義者而已，他們極力提倡要推翻羅馬政府的統治。雖然聖經並沒有交代當西門成為耶穌的門徒後，是否仍然屬於這組織，但一般認為這是西門以前的身分。

③ 在馬可福音，「屋子」往往是羣眾聚集到耶穌那裏接受教導或醫治的地方(一33，二1～2，三20、31～32)，有時亦用作耶穌私下指導門徒的地方(七17，九33，十10)。留意不同譯本的翻譯：《現修》譯作「家裏」，但《和合本》譯作「一個屋子」；按原文的希臘文詞句，兩者皆可(參本書第三章釋經短註2)。當時耶穌還在加利利省，這是明顯的，承接二章1節至三章12節所記之事都是在迦百農發生，耶穌理應還在迦百農。從拿撒勒到迦百農最少有30公里路，因此，耶穌的家人大概要花一整天時間才趕到。

④ 原文並沒有清楚寫明是誰說「耶穌發瘋了」，這多少反映馬可的文筆並非十分嚴謹。按《和合本》的翻譯，「耶穌的親屬聽見，就出來要拉住他，因為他們說他癲狂了」中的「他們」是指耶穌的親屬(亦暗示耶穌的親屬那時都在迦百農)。《現修》的翻譯較可取，以「因為有人說」交代事情之緣由，指有人把「他發瘋了」之言傳到耶穌親屬的耳中。

⑤ 留意經文只提及「母親」和兄弟，而沒有「父親」，這是非比尋常的；按一些新約聖經以外的福音書(所謂「次經福音書」)，約瑟娶馬利亞時，年紀老邁，因此，在這個時候，約瑟可能已經去世了。馬可福音六章3節提到耶穌4個兄弟的名字，又提到他另有姊妹。很多人都認為，這些耶穌的兄弟姊妹都是弟妹，是耶穌出生後，約瑟和馬利亞所生的兒女，但按一些相當可靠的次經福音書，這是約瑟跟已故前妻所生的兒女。

⑥ 有認為，作者在記載耶穌與家人衝突一事中，加插了耶穌與經學教師的衝突，是為要淡化因耶穌親屬反對他而引起的尷尬場面，藉此將責任推到由耶路撒冷下來的經學教師身上(三22)。

⑦ 留意其中的「撒種的比喻」、「斗底下的燈的比喻」和「芥菜種的比喻」也見於馬太福音(五15～16，十三1～9、18～23、31～32)和路加福音(八4～8、11～18，十三18～19)，但其出現的語境卻有所不同；種子長大的比喻(四26～29)則只見於馬可福音。

⑧ 雖然原文並沒有「站著」一詞，但內文的對比暗示了這意思：人羣在岸上與耶穌在(船上)海中相對，一望海而立與一朝岸而坐。

⑨ 留意10節記載有些人與十二門徒來見耶穌，要求耶穌解釋「這些比喻」的意思；此外，當耶穌解釋這比喻，耶穌說：「你們不明白這比喻嗎？那麼，你們怎能明白其他的

比喻呢？」（四13）當然，這句話亦可理解作耶穌對門徒的揶揄，而這情況在馬可福音裏亦頗為普遍（參六52，八17、21）。

⑩ 按耶穌的解釋，只有少數種子能結出果子，這解釋與比喻的內容是有點不協調的。我們很難想像，一個農夫在撒種時，竟然大多數種子都落在不能讓種子生長的土壤裏。

⑪《和合本》的翻譯：「上帝國的奧祕只叫你們知道」有點莫名其妙；雖然原文的確突出「你們」這詞，但並沒有「『只』叫你們知道」的含意。留意《現修》的譯文似乎暗示耶穌「已經」解釋了，但所用的動詞其實預示了，因著他們的尋問，他們必會得到答案。

⑫ 大概是為避免這誤解，馬太福音（十三13～17）和路加福音（八10）把這句話修改得較為柔和。

⑬ 在耶穌時代，一般人會用黏土造小燈台，以橄欖油為燃料。燈芯從燈座引油、燃燒，像蠟燭一樣發出亮光。燈放在斗底，燈火就會熄滅；就是沒有熄滅，人也看不見燈光了。

⑭ 這比喻只見於馬可福音，並未見於馬太和路加福音。

⑮ 34節上「他總是用比喻對他們講論」（《和合本》譯作「若不用比喻，就不對他們講」），這句顯然不能按字面解釋，因為耶穌的確曾經不用比喻教導人。這裏只強調耶穌最常用的教導方法是用比喻。

⑯ 馬可福音的作者多次使用在船上發生的事來顯示耶穌獨特的身分，同時亦表達門徒對他的身分心存疑惑（甚至誤解），處處反映出他們的遲鈍和小信（四35～41，六45～52，八14～21）。

⑰ 這裏所用的動詞與耶穌趕鬼所用的詞相似（參一25，三12）。

⑱ 雖然多數聖經版本都指這地方是「格拉森」（英文：Gergasenes），而這亦有很多早期抄本作為支持，但問題是：格拉森離最近的海岸線有30里遠（但經文卻指出這是沿岸城市）。此外，有些抄本指這城應該是離海岸5里遠的「加大拉」（英文：Gadara），也有說是「加格沙」（英文：Gergasa），這城就在岸邊，而且附近有陡峭的山崖。

⑲「主」這詞在聖經裏可指上主（相當於耶和華），但亦可指主耶穌自己；作者用這詞稱呼耶穌，是要強調耶穌的權柄和大能。

⑳ 會堂主管的職責是安排聚會和敬拜的事宜，亦負責會堂的維修。很多會堂主管其實是住在會堂裏的。

㉑《和合本》的翻譯：「再三地求他」（23節）似乎暗示耶穌曾經拒絕過葉魯，但經文並未有這個意思。

㉒ 這個婦人不能進聖殿，不能參加猶太人的宗教活動，她也不能觸到別人。利未記十五章甚至清楚記明，患血崩的婦人要與丈夫暫時分居（另參利十二1～8）。

㉓ 大概可能是出於某種流行的信念，人們認為一些宗教聖者擁有類似的神奇能力（參路六19；徒五15，十九11～12）。

㉔ 在馬可福音中，這3名門徒都屬於十二使徒中與耶穌最親密的圈子，參本書4.1.的討論。

㉕ 根據耶穌時代的猶太人風俗，猶太人會聘請一些「陪哭的人」在出殯的時候哀傷痛哭，而葬禮大多會在死者去世當天舉行。

㉖ 拉著已經死了的孩子的手本身已經犯了潔淨之例（民十九1～22）。

㉗「大利大，古米」（五41）是亞蘭語；馬可恐防其外邦讀者不明白這詞，所以翻譯成希臘文，在中文的意思是：「小女孩，我吩咐你，起來！」在耶穌時代，巴勒斯坦地的人是說亞蘭語的。亞蘭語是波斯帝國內通用的外交語言；由於波斯帝國在6個世紀以前曾一度管治這一帶，所以這語言在近東地區一直非常普遍。

㉘ 很難解釋作者為何在這裏特別提及這女孩的年歲。有認為那血崩婦人患病12年，與葉魯的女兒是12歲，有象徵性的意義，代表以色列十二支派，強調神蹟性的轉變要發生在以色列家。另參六章37至44節門徒將餵飽5000人的餅和魚的零碎收起來，裝滿了12個籃子。

㉙ 馬可特別記載耶穌吩咐孩子的父母為她預備食物，這一點可能沒有甚麼特別。但亦可能是想藉此分散其他人的注意力，想從屋外的人羣中脫身（五24、31）；如果他們聽說他剛使這女孩起死回生，他們很可能會狂熱地擁擠他。

㉚「按手」並非典型的猶太人醫治方式，但卻不時出現在馬可福音裏（參六5，七32，八22、25）。作者可能是用了他當時教會處境慣用的禮儀字眼（徒二十八8）。

㉛ 留意這裏的描述，上帝（或聖靈）在耶穌身上的能力發生效用，但耶穌全不知情，這表明耶穌乃是順服上帝的旨意和帶領而行事；就如昔日在曠野接受試探時，他是順服聖靈的催促進入曠野的。耶穌行神蹟當然是藉著上帝的能力，但福音書不常直接描述這種能力（參路五17～18，六19）。

㉜ 相反，門徒對耶穌提問的反應（五31）令人想起在風浪中門徒對耶穌有同樣的不耐煩的表現（四38）。這些反應均反映門徒並不能體貼耶穌的心意。

㉝ 同一個故事亦見於路加福音四章14至43節，但卻發生在耶穌公開傳道之始。

㉞ 除了六章3節外，這詞亦見於馬可福音三段經文中，形容那些起初接受，但不久便離開真道之人（四17）；那些起初行走在真道上，而後又被絆跌之人（九42～48）；以及那些叛道者（十四27～29）。

㉟ 留意這裏不是稱耶穌為「約瑟的兒子」，以母親的名字來介紹一個人是極不尋常的。參本章釋經短註5。

㊱《現修》的分段與《和合本》稍有不同，它將6節拆開，把下半節列入另一個段落中；這分段取自現時最通行的希臘文新約聖經。

㊲ 作者似乎刻意描述希律對施洗者約翰懷有一種既懼怕又沉迷的矛盾心理。儘管因與弟婦聯姻一事遭到約翰的譴責，但希律仍

保護約翰免遭其妻暴怒所害。難道是希律對約翰有所顧忌，抑或是他也被他充滿激情的佈道所吸引？這些問題都沒有答案。但和一切具有政治背景的案件一樣，個人的敬重必須絕對讓步予政治環境（「可是他已經在賓客面前發誓」六26）。儘管於心不忍，但希律仍下令處死約翰。

㊳ 大希律既然被羅馬政府封為猶太人的王，專職管理猶太人事務，他自然有自己的官員，甚至有一支小軍隊。大希律死後，希律家族的權力被削減，但依然有若干勢力。至於加利利民間的領袖，則可指區內的猶太或羅馬官員。

㊴「無論你求甚麼，就是我江山的一半，我也給你！」（六23）類此的話也見於以斯帖記（五3、6，七2）；這可能只是誇張性的慣用語。況且，希律・安提帕在羅馬政府的勢力已經不如大希律，根本無江山可言。

溫習問題(4.1.～4.3.)

1. 試比較耶穌對十二使徒的使命(三14～15)與他起初在加利利海邊對4個漁夫的呼召(一17)有何相似地方?
2. 在三章20至30節裏,經學教師如何誣告耶穌?耶穌如何駁斥他們?
3. 馬可指出,耶穌因為經學教師說他身上有污靈,就指責他們褻瀆了聖靈。他們的行徑如何顯出他們對真理的完全無知?為何耶穌說他們已到了不可饒恕的地步?
4. 耶穌在四章14至20節中解釋了撒種的比喻(四3～8)。試用你自己的說話把這個解釋重述一遍,並從你自己的經歷中找出與每一種土壤及落在其中的種子的關係相對應的例子。
5. 在四章11至12節,耶穌如何借用以賽亞書的信息來解釋他向門徒闡述比喻的因由?21至25節又如何幫助我們理解11至12節的信息呢?
6. 耶穌向誰解釋了撒種的比喻呢?(四10～12)他們做了甚麼別人沒有做的事,以致得知比喻的解釋?
7. 種子長大的比喻和芥菜種的比喻,使我們可以領悟上帝的國是如何擴展的呢?(四26～32)

溫習問題（4.4.～4.7.）

1. 在平靜風和海的事件中，耶穌為何責備門徒呢？（四35～41）
2. 耶穌在格拉森醫治被鬼附的人的事件中，為甚麼有些人會感到懼怕？（五1～20）試比較這種懼怕與門徒在耶穌平靜風和海的懼怕有何不同。
3. 在五章21至43節中，葉魯的故事和患血崩的女人的故事交織在一起，試指出葉魯與患血崩的女人的相同與相異之處。為何馬可會將這婦人的故事加插在葉魯的故事中間？
4. 為何耶穌會遭他本鄉的人厭棄？耶穌有何反應？（六1～6）
5. 從馬可福音六章6至13節耶穌對十二使徒的囑咐中，我們可以看出他們所要擔當的使命是甚麼？
6. 希律是怎樣的人呢？（六14～29）
7. 馬可打斷了耶穌差遣十二使徒出去傳福音、醫治病人的記錄，在其中加插了施洗者約翰被處死的事情。你認為馬可為甚麼要在這裏記載這件事呢？

第二篇

耶穌在加利利省和其他地方傳道（六30至十52）

進入馬可福音的第二個段落（六30～十52）後，耶穌的活動範圍已不單單限於加利利省，也及至其他地方，其中所涉及的傳道旅程約有3次之多，最後，耶穌經過比利亞省、耶利哥而到達耶路撒冷。在那愈來愈接近耶路撒冷的路途中，耶穌3次預言自己將要受難和復活。

雖說是「傳道旅程」，但斷不能與使徒行傳中，路加對保羅的一些傳道旅程的詳述記載相比。即使我們略讀耶穌的旅程，都會知道作者並沒有清晰地記載傳道的路線。然而，這3次旅程中經過的地區和方向是清楚的：耶穌離開加利利湖西面猶太人聚居的地方，到了湖東面（六45、53）的伯賽大，那裏有不少外邦人居住；然後耶穌到敍利亞的腓尼基的幾個地方，如泰爾、西頓，之後**「從十邑境界回到加利利湖」**（七31），這些主要是外邦人居住的地區；最後，他返回**「湖的對岸」**（八13），大概返回猶太人的地區。

雖然從地理上説，這些行程是很奇怪的（參6.2.「治好一個聾啞的人」的討論），但這些路線卻清楚顯明，早在耶穌傳道的日子，他已經涉足外邦人地區，並且在他們當中所行的與在猶太人中間的無異。

第五章

耶穌的第一次傳道旅程（六30至七23）

- 使5000人吃飽
- 在水上行走
- 馬可的撮錄
- 以古人的傳統廢棄上帝的誡命

經文

耶穌使五千人吃飽

6 30使徒們回來見耶穌，把他們所做所傳的一切都向他報告。31因為來來往往的人太多，耶穌和門徒連吃飯的時間也沒有，所以耶穌對他們說：「你們來，跟我私下到偏僻的地方去休息一會兒。」32於是他們坐船出發，悄悄地到偏僻的地方去。

33可是，好些人看見他們離開，立刻認出他們。羣眾就從各城鎮出來，爭先恐後地趕路，比耶穌和門徒先到了那地方。34耶穌一登岸，看見這一大羣人，動了惻隱的心，因為他們好像沒有牧人的羊羣。他開始教導他們許多事。35傍晚的時候，門徒來見他，對他說：「天晚了，這裏又是偏僻的地方，36請叫大家散開，讓他們自己到附近村莊買食物吃。」

37耶穌說：「你們給他們吃吧。」

他們問：「你要我們去買兩百塊銀子的餅來給他們吃嗎？」

38耶穌對他們說：「去看看你們一共有多少個餅？」

他們查過後說：「五個餅和兩條魚。」

39耶穌吩咐門徒叫羣眾一組一組地坐在青草地上。40大家坐下來，有一百個人一組的，有五十個人一組的。41耶穌拿起五個餅和兩條魚，舉目望天，感謝上帝，然後擘開餅，遞給門徒，門徒就分給大家。同樣，他把兩條魚也分了。42大家都吃，而且都吃飽了。43門徒把剩下的餅和魚裝滿了十二個籃子。44吃飽的人數，男人就有五千。

耶穌在水上行走

45這事以後，耶穌立刻催他的門徒上船，先到對岸的伯賽大去，等他遣散羣眾。46他送走了他們就上山禱告。47傍晚時分，船已經開到湖中，耶穌還自己一個人留在岸上。48他看見門徒搖船非常辛苦，因為船逆着風走。天快亮的時候，耶穌在湖上朝着他們走來，想要從他們旁邊走過去①。[49]他們看見他在水上走，以為是鬼魂，就都驚喊起來；[50]因為他們看見他，都非常驚慌。

耶穌立刻對他們說：「放心吧，是我，不要怕！」[51]於是他上了船，和他們在一起，風就停了。他們又驚奇又困惑，[52]因為還沒有了解分餅這件事的意義；他們的思想遲鈍。

治好革尼撒勒病人

[53]他們渡過了湖，在革尼撒勒靠岸，把船拴好。[54]他們一從船上出來，羣眾立刻認出耶穌。[55]於是他們走遍那地方，聽到耶穌在哪裏，就把患病的人用褥子抬到他那裏。[56]耶穌無論到鄉下，到城裏，或是到村莊去，羣眾都把病人放在街市上，要求耶穌讓病人僅僅摸一摸他外袍的衣角；所有摸着的人都得醫治。

祖先的傳統

7 [1]法利賽人和從耶路撒冷來的一些經學教師一起來見耶穌。[2]他們看見耶穌的門徒當中有人用不潔淨的手吃飯——就是沒有像法利賽人那樣先洗手。

[3]原來法利賽人和一般猶太人都拘守祖先的傳統，若不照規定先洗手就不吃飯；[4]從街上買來的東西若不先洗過也不吃②。他們還拘守許多其他傳統的規例，好比怎樣洗杯子，洗鍋子，洗銅器和牀鋪③等等。

[5]因此法利賽人和經學教師們問耶穌：「為甚麼你的門徒不遵守祖先的傳統，竟用不潔淨的手吃飯呢？」

[6]耶穌說：「以賽亞指着你們這班假冒為善的人所說的預言是對

---

①「想要從他們旁邊走過去」或譯「想要加入他們」。

②「從街上買來的東西若不先洗過也不吃」或譯「他們從街上回來，若不先洗手，就不吃任何東西」。

③有些古卷沒有「牀鋪」。

的；他說：

上帝這樣說：

這人民用唇舌尊敬我，

他們的心卻遠離我。

7他們竟把人的規例當作我的命令；

他們敬拜我都是徒然！」

8耶穌說：「你們拘守人的傳統，而放棄了上帝的命令。」

9他又說：「你們技巧地拒絕上帝的命令，為的是要拘守傳統。
10摩西命令你們：『要孝敬父母』；又規定：『咒罵父母的，必須處死。』
11你們偏偏說，要是有人把奉養父母的東西當作『各耳板』(意思是獻
給上帝的供物)，12他就不必奉養父母。13你們這樣做，等於拿你們
傳授給別人的傳統來抵消上帝的話。你們還做了許多類似的事。」

使人不潔淨的東西

14耶穌再一次召集羣眾到他面前，對他們說：「你們大家都要聽
我的話，也要明白。15那從外面進到人裏面的不會使人不潔淨；相
反地，那從人裏面出來的才會使人不潔淨。④」

17耶穌離開羣眾進屋子裏的時候，門徒問他這個比喻的意思。
18耶穌對他們說：「你們也跟他們一樣不明白嗎？你們不曉得嗎？
那從外面進到人裏面去的不會使他不潔淨；19因為從外面進去的不
是到他心裏去，而是到他的肚子裏，然後排泄出來。」(耶穌是指
一切食物都是潔淨的。)

20他繼續說：「那使人不潔淨的是從人裏面出來的。21因為從裏
面，就是從人心裏出來的有種種惡念；這些惡念指使他去犯通姦、
偷盜、凶殺、22淫亂、貪心、邪惡、詭詐、放蕩、嫉妒、毀謗、驕
傲、狂妄等罪。23這一切的邪惡都是從人裏面出來而真正使人不潔
淨的。」

---

④有些古卷加16節「有耳朵的，都聽吧！」

耶穌説：**「你們來，跟我私下到偏僻的地方去休息一會兒」**（六31），於是耶穌便坐船離開原來的地方（可能是拿撒勒附近），到曠野去。然而，羣眾緊緊地跟隨，耶穌因而動了慈心，就對他們講道。講道後，耶穌吩咐十二門徒去為5000人預備食物。他們先搜尋僅有的食物，叫羣眾分批坐下，再將5個餅2條魚分給眾人（六38～42），這些都反映了耶穌要訓練門徒作羣眾的「牧人」（六34）。而耶穌就是上帝應許的那位「**王者牧人**」（shepherd-king），就像古時的大衛王一樣，亦如摩西。耶穌對世人充滿慈悲；他不單滿足人們屬靈的需要，還滿足他們身體的需要，給前來聽道的5000多人吃飽。

這是舊約聖經所預言的，參以西結書三十四章22至23節：「但是，我要搶救我的羊，不讓牠們再被虐待。我要把好的和壞的分開，個別審判我的羊。我要賜給他們一個像我僕人大衛那樣的君王作他們的牧人，牧養他們。」

作者這樣的描述，引導讀者回想耶和華曾在曠野以嗎哪餵飽**至少有60萬多以色列人**（民二32），而接著的「耶穌在水上行走」又會令人聯想到耶和華藉摩西帶領以色列人過紅海的事迹；在福音書的傳統中①，「耶穌使五千人吃飽」（六31～44）與「耶穌在水上行走」（六45～52）兩件事往往是連在一起處理的。

這是指能打仗的男人；以一家四口計算，當時出埃及的人數超過240多萬。

六章53節記載耶穌第二次渡過加利利湖（第一次渡湖是到格拉森釋放被鬼附的人；參五1～20）。耶穌這次到了伯賽大（參六45），從六章53至56節的敍述，可見此行的主要工作是醫病。若並列耶穌這兩次渡湖在外邦地區的工作，就會發現「先趕鬼後醫病」這次序似非偶然，當耶穌初次在迦百農工作時（一21～34）也是如此，他先在會堂中趕鬼，然後才醫好彼得的岳母；這似乎表示無論在猶太或外邦宣教，耶穌行事的原則都是一樣的。

儘管耶穌行了很多神蹟，證明他就如舊約的摩西一樣，但法利賽人最關注的依然是他們所遵行的律例傳統。在七章1至23節，馬可對比法利賽人的禮儀傳統與上帝的誡命，藉此突顯法利賽人因固執於傳統而造成的流弊：「等於拿你們傳授給別人的傳統來抵消上帝的話。」(七13)

A. 使5000人吃飽(六30～44)
B. 在水上行走(六45～52)
C. 馬可的撮錄(六53～56)
D. 以古人的傳統廢棄上帝的誡命(七1～23)
 a. 固守祖先的傳統，違背上帝的誡命(1～13節)
 b. 真正叫人污穢的物(14～23節)

5.1. 使5000人吃飽(六30～44)

相信每一個基督徒都聽過「五餅二魚」這個故事；這故事固然神奇，內裏亦蘊含非常豐富的神學意義，但同樣重要的是故事中還流露了耶穌的「牧養情」。

● 這是紀念五餅二魚的神蹟的鑲嵌圖案。6世紀以色列加利利湖以北一座稱為五餅二魚教堂的牆壁上。

馬可福音六章6至11節記載耶穌差遣十二門徒，兩個兩個地出去傳道，經過一段日子後，這些人回來了，匯報工作的情況。按原文聖經，整卷馬可福音的記載中只有兩次稱這12人為「使徒」，除三章14節(參第四章「耶穌呼召和訓練十二門徒」)外，六章30節是另一次②。

這段傳道的日子有多久，馬可沒有交代。使徒們都經歷了上帝賜給他們的教導和醫治的權柄，然而，他們都已因傳道的事工而身心疲倦。他們回來見耶穌，大概由於來來往往的人太多，耶穌和門徒應接不暇，所以他們「**連吃飯的時間也沒有**」(31節)，加上耶穌覺得門徒與自己都已筋疲力盡，便提議一同退到曠野休息；這真是個絕妙的主意！耶穌與眾門徒上船，沿岸前往一處「**偏僻的地方**」(31節)。他們理應得到一段休息、安靜的時間，恢復體力，使靈性得到更新與復興。

耶穌一行人「**悄悄地**」(32節)離開，但羣眾並不就此作罷，緊緊地追蹤著他們；留意馬可的描述，羣眾可謂是浩浩蕩蕩的「**從各城鎮出來，爭先恐後地趕路**」(33節)。他們密切注視這艘小船的行蹤，並匆匆趕往耶穌與門徒要前去之地，甚至比耶穌和門徒先到達。羣眾的出現，嚴重阻撓了耶穌與門徒的退修計劃。他們需要一個可遠離羣眾不住的請求的地方，但現在卻仍受到羣眾的攪擾。

耶穌與門徒完全有理由因此而不快，然而，耶穌是一位敏感於羊羣需要的牧者；聖經記述當時耶穌見到的，並不是一班人數太多、太煩的羣眾，而是他們的缺乏，耶穌「**動了惻隱的心，因為他們好像沒有牧人的羊羣**」(34節)。雖然這些羣眾確實妨礙耶穌(和門徒)的休息及他們原定的計劃，但耶穌依然能夠深切關心他們的需要。看到他們如漫無目的的流浪者，因沒有人生方向、寄託與歸宿而絕望，耶穌便教導他們，向他們闡明真理，並挑戰他們去認識、經歷更美好的人生。

耶穌的牧養情

突發事件總令人束手無策，現代人是十分清楚這一點。一整天精心設計的計劃，很快就會被接二連三的突發事件所攪亂。寶貴的學習時間也會浪費在那些一再發生、打斷我們思路，並分散我們注意力的突發事件上。繁忙的人對此皆有同感。

令人驚訝的是，耶穌對此打亂自己與門徒的生活之突發事件的處理方式，以及他對這些妨礙他的計劃進行的人的憐憫，這顯出他注重羣眾的需要過於他自己計劃的行事先後次序(或所謂「紀律」)。耶穌當然注重安靜的時間，當羣眾吃飽後，耶穌便叫眾人散開，他亦有獨自禱告上帝的時間(六45～46)；但在這之前，耶穌首要任務是牧養這些沒有牧人的羊羣。

無人能像耶穌那樣，以恩慈與憐憫之心處理此類事件。耶穌從不敷衍我們突如其來的請求，以及對他的憐憫與教導的不住需求。這段經文再次讓我們看到，耶穌是竭盡所能地滿足人的需求的。在耶穌的牧養哲學中，「效率」並不是最重要的，「關懷」才是。

今天的教會或團契中，行政與牧養之間的張力不時出現，可否分享一些你在這方面的經歷？

今天很多教會中都會出現的局面是，負責行政的人(例如執事)與牧養的人(例如傳道人)因為從不同的立場處理事情，所以造成彼此之間的衝突。處理行政工作的人講求程序和預算，但牧養的人則強調異象和心志。這種張力在2000年前已存在。大概在傍晚的時候，門徒建議眾人到附近的村莊買食物(36節**「請叫大家散開，讓他們自己到附近村莊買食物吃」**)是合情合理的，但耶穌呢？他看來未知悉其中的困難，竟不可思議地要求門徒給5000人(若連同小孩和女人，人數可能過萬)預備食物(37節**「你們給他們吃吧」**)。這兩個建議形成鮮明的對比，確實使耶穌用5個餅和2條魚令5000人吃飽的神蹟顯得更為精彩。

對於耶穌的建議，門徒顯得有點不耐煩，甚至鬧情緒說：**「你要我們去買兩百塊銀子③的餅來給他們吃嗎？」**(37節)為了解決這個實際的問題，並證明自己的確有能力解決這問題，耶穌叫門徒把所有可分配給各人的食物拿來，共有5個餅和2條魚。雖然資源極為有限，但耶穌卻讓他們看到，這些食物已經足夠了；它們在耶穌的手中，變為極為充裕的資源。

一般工人的平均收入是一日一塊銀子。

耶穌吩咐門徒叫羣眾分組坐下，**「有一百個人一組的，有五十個人一組的」**(40節)，意思可能是，眾人並排坐在一起形成一個長方形(縱向每列100人，橫向每排50人)，像一場公開**大筵席**。然後耶穌拿起手中的食物舉目望天，感謝上帝，再擘開，叫門徒分給眾人。各人都吃飽，並且剩餘的食物竟裝滿12個籃子。耶穌除了醫治人的疾病，滿足他們靈命的需要，還使他們得飽足。耶穌的事工是兼顧人肉身與精神上的需要的。

筵席的桌子都是長方形的。

即使起初這些負責行政工作的門徒與耶穌之間確實有分歧，但在整個神蹟的過程中，至少從馬可的字裏行間，我們可以理解到，門徒對耶穌的命令(安排羣眾坐下，把餅和魚分配給他們)的無聲回應，以及毫無異議的順服，都令他們成為我們學習信心的楷模。門徒的信服也表達了他們體會到耶穌對這些飢餓的羣眾的關切之情，因而參與了耶穌這出於**「惻隱之心」**的事奉。他們沒有事先詢問耶穌，又或與他討論這做法的可行性；他們在行動的過程中，感受到耶穌對羣眾的憐憫遠超他們的理性可理解的範圍。某程度上，在這件事中，配合整個神蹟發生的並不是那5000人(大概他們懵然不知整個神蹟已發生)，而是門徒的信心。

倘若你是其中的一個門徒，你會照著耶穌的吩咐去做嗎？若你依吩咐去做，那時你會想甚麼？

人的資源有限，當面對不可能解決的問題時，我們不是要逃避，而是要讓上帝工作。我們不是要看自己欠缺甚麼，只需要做能力範圍內可以做的事情，其餘的留待上帝完成。上帝能使我們所有的增多，叫別人得著祝福。

今天，「五餅二魚」可能只是一個救濟貧窮、飢餓人的口號，但這個神蹟其實更富有濃厚的神學色彩。在以色列人的歷史上，上帝最神奇、最偉大的一次餵養是藉著摩西完成的，照顧超過60多萬在曠野中的以色列人的飲食40年之久。因為這特殊的經歷，以色列人期望彌賽亞來臨時，也同樣會為他的子民行這樣的神蹟（賽二十五6～8；另參太二十二1～14；路十四15～24）。表面上，耶穌只餵飽5000人，不能與摩西相比，但這兩樁事件明顯反映相類的神學主題，就是上帝對祂子民神奇的供應（出十六13～35；民十一1～35；尼九15；詩七十八17～31）；而任何熟悉舊約背景的人，都自然會領會作者的信息：這次5000人的筵席是末世彌賽亞的預示。

配合這個末世筵席的進路，這個神蹟也預示了耶穌的最後晚餐。馬可在這裏所用的字眼：**「舉目望天，感謝上帝，然後擘開餅，遞給門徒……同樣，他把兩條魚也分了」**（41節），確實令人想起耶穌與門徒一起享用最後晚餐（十四22～26）。值得留意的是，在最後晚餐中，馬可只記載耶穌為餅（而非魚）祝謝，又按聖禮儀式將餅擘開，分給門徒。耶穌的祝謝本來可能只是很普通的猶太人謝飯禱告，但作者卻要藉此把這頓晚餐描寫成一次主的晚餐④。

5.2. 在水上行走（六45～52）

根據出埃及的傳統，耶和華自己經過紅海，藉著勝過海洋那深不可測的能力，帶領祂的子民過紅海得救（詩七十七20）。耶穌藉著在水上行走一事，表明他對搖櫓甚苦的門徒的憐憫，亦顯出他是那大能的拯救者。然而，門徒對分餅和耶穌在水上行走這兩件神蹟的意義仍是大惑不解（52節）。

先前計劃的安靜時間被羣眾打岔了，如今飢餓的人已吃飽，耶穌便急忙打發羣眾離開。馬可記載耶穌先**「催他的門徒上船」**(45節)，到湖另一邊的伯賽大去，然後親自遣散羣眾，最後到山上禱告(45～46節)。這些描述都表示了耶穌的決心；緊急的事情實在太多，但不都是最重要的，因此，耶穌下定決心，找尋時間、地方禱告上帝。

耶穌安靜禱告過後，已經是傍晚，他下山後，遠見船已經開到湖中。耶穌似乎一直觀察著他們整夜搖櫓。與耶穌使風浪平靜時的風暴不一樣(四35～41)，逆風並不危險，只表明旅程的艱難。到**天快亮的時候**(六48)，他們仍在辛苦地搖櫓。於是耶穌就朝著他們的方向走過去。在四周漆黑一片的當兒，突然有一個人在海中出現，誰看見都會慌張起來，以為是甚麼鬼怪。門徒雖然已可能認出那人是耶穌，但仍然很驚慌，並呼喊起來。耶穌安慰他們說：**「放心吧，是我，不要怕！」**(50節)耶穌上了船，風就平靜下來。

假若你是船上的其中一個門徒，看到耶穌在海面上行走，你會有何甚麼反應？

猶太人把整個晚上(若從晚上6時至清晨6時)分成4更，每更3個小時；《和合本》譯作「夜裏約有四更天」，意思是「約在夜裏的第四更」，即早上3時至6時。

馬太也有記載同一個事件(太十四22～33)，而故事重點是在彼得身上，因為他也想嘗試在水上行走；但馬可的重點又是甚麼呢？馬可在結尾特別把這個神蹟與之前發生的「耶穌使五千人吃飽」(六30～44)連結起來，指出門徒**「還沒有了解分餅這件事的意義」**(六52)。分餅的事與這個神蹟的關係何在呢？要了解其中的關係，我們就必須理解到，在字裏行間，兩個神蹟都包含了相似的「出埃及」色彩。

在「耶穌使五千人吃飽」的神蹟裏，馬可把耶穌描述為另一位摩西，而這5000人的筵席預示了末世的彌賽亞筵席。耶穌在水上行走當然展示了上帝的能力，亦使人聯想到以色列人過紅海的事。根據後期猶太人對古以色列人過紅海的理解，是耶和華自己經過了紅海，藉著勝過海洋那深不可測的能力，帶領祂的子民過紅海得救（詩七十七19，七十八52～53；參伯九8，三十八16）。

不單如此，在水上行走的神蹟還有更深一層的神學含義。作者特別描述當門徒還在船上辛苦搖櫓，耶穌**「想要從他們旁邊走過去」**（48節）。馬可所用的詞語沒有表達耶穌刻意要上他們的船，耶穌只是想在他們**「旁邊走過去」**；這有何意義呢？當摩西在西奈山上領受十誡和律例時，耶和華讓摩西特別地經歷祂的同在，耶和華在摩西面前經過（出三十三19～23）；那裏所用的字眼與馬可所用的很相似。因此，馬可可能想將耶穌的神蹟與摩西的經歷作比較：就如昔日耶和華在摩西面前披露自己的身分，同樣，耶穌在水上行走想在他的門徒旁邊走過，也是想在門徒面前展示自己的神性。

然而，據馬可的記載看來，耶穌一片苦心要表明自己身分的計劃並不成功。無論是使5000人吃飽的神蹟還是在水上行走的神蹟，作者在記載中都著意描述耶穌與門徒之間的不協調；留意這神蹟中門徒的反應：**「驚喊起來」**（49節）、**「都非常驚慌」**（50節），即使耶穌清楚表示了他的身分，並且風浪已經停了，門徒還是**「又驚奇又困惑」**（51節）。耶穌行這兩個神蹟，都是為了門徒。耶穌要表明，他是以末世彌賽亞的身分出現，既有能力滿足人靈命的需求，同時也供給他們食糧；他不單止是新時代的摩西，更是舊約的耶和華，能夠領導他的信眾經過風浪。

試比較馬太福音十四章13至33節的記載，「耶穌在水上行走」亦在「耶穌使五千人吃飽」之後，但馬可福音中點出的信息在馬太福音中並沒有清楚地表達出來。

這可解釋為何馬可在記述「耶穌使五千人吃飽」的神蹟後，並沒有加上結語或別人對這神蹟的反應的記載，因為在馬可的鋪排中，這神蹟必須與「耶穌在水上行走」的神蹟一併思想。馬可匠心獨運的**選材和佈局所帶出來的效果**，顯出當時的門徒明顯不知道神蹟的含義。那麼，作者以**「因為還沒有**

了解分餅這件事的意義；他們的思想遲鈍」(52節)這句毫不客氣的說話作結，豈有不公平嗎？馬可對門徒的揶揄確實是馬可福音中的一個特色(參四13，八16～21)，然而，我們不應該以為這是挖苦的話，它只說明「門徒」仍是不明白。昔日的門徒不明白神蹟的意義，今天的信徒也不能自以為比他們強。

5.3. 馬可的撮錄(六53～56)

*大概可能因為風浪的緣故，本來耶穌想門徒往加利利湖北面的伯賽大去，但結果卻到了西北岸的**革尼撒勒城**。*

這城鎮位於耶穌當時居住的迦百農城以南。革尼撒勒很可能位於一片狹窄的平原之上，而這片平原同樣叫做革尼撒勒。路加有時稱加利利湖為「革尼撒勒湖」(路五1)。

一如既往，**「他們一從船上出來，羣眾立刻認出耶穌」**(54節)，然後耶穌和門徒便忙得不可開交。這是馬可福音中的另一段經文撮錄，這種撮錄的手法在馬可福音中是常見的(參一32～33，三7～12)，目的是以之前段落所發生的事情為基礎，概括地帶出在這第一次傳道旅程(六30～七23)中發生的其他類似的事情。

這撮錄中並沒有著意要突出任何人的事迹，或詳細闡述某些特別的神蹟，僅表明人們積極地將患病的家屬、朋友帶到耶穌跟前，尋求醫治。這一方面顯出當時耶穌的聲望極高，另一方面亦清楚記述了耶穌一一滿足人羣對他提出的要求：

> 耶穌無論到鄉下，到城裏，或是村莊去，羣眾都把病人放在街市上，要求耶穌讓病人僅僅摸一摸他外袍的**衣角**；所有摸着的人都得醫治。(56節)

《和合本》譯作「繸子」。猶太男子所穿的袍子長至膝蓋，邊緣的四角都縫上了繸子。

巴勒斯坦的街市（或市集）與我們所熟悉的街市沒有甚麼分別，都是露天的。街市不單是買賣的地方，也是人們會面交談，甚或只是打發時間的地方，也是人們找工作的地方，因為雇主常常會到市場去找工人。這裏記載有人把病人放在街市上，聽起來有點奇怪，但其實在當時是非常普遍的。

這則撮錄與耶穌在拿撒勒時「**沒有行甚麼神蹟**」以及「**對於這些人的不信，他非常詫異**」的情形大相徑庭（1～6節）。在革尼撒勒，耶穌醫治病人的能力並未受到任何質疑。對耶穌身分與行為的不熟悉，亦未使人們拒絕他所行的事工。人羣的需要以及耶穌的觸摸才是最重要的。

這幾節經文倒是與「基督教信仰只為那些窮途末路者所青睞」的陳舊觀念相吻合。沒有甚麼能阻擋這些有病、貧窮，以及社會地位低微之人接受福音。就像那些被帶至筵席上的路人一樣，當被邀請赴宴的客人提出各種藉口推辭時，那些路人雖然微不足道，但卻能享受耶穌所賜予的由他親自體現出來的福音，而曾被邀請的人就錯失這福音了（參路十四15～24）。

5.4. 以古人的傳統廢棄上帝的誡命（七1～23）

福音書對耶穌與法利賽人之間敵對關係的記載，令今天不少讀者對法利賽人存有很深的偏見。「法利賽人」這名字就等於「假冒為善的法律主義者」、「以守律法博取上帝歡心的人」、「行為卑劣驕傲的人」，然而，對當時的猶太人來說，法利賽人卻是嚴守上帝律法的人。今天我們認為耶穌對法利賽人的指斥是理所當然的，但在當時，那卻是非常具震撼性的言論。

這段經文是自二章1節至三章6節之後，有關耶穌與法利賽人的衝突最長的記載；之前兩段經文都是涉及對律法的解釋的問題。本段經文可分成兩個小節，但基本的信息是相連的，因為兩節都是處理同一個問題。

5.4.1. 固守傳統，違背誡命(1～13節)

馬可記載，有「**法利賽人和從耶路撒冷來的一些經學教師一起來見耶穌**」(1節)，但卻沒有清楚說明他們到訪的目的。之前，馬可亦有記載法利賽人和經學教師與耶穌之間的衝突(參二13～17，三1～6)。但是，這一回他們專程到訪，大概反映出耶穌的名聲遠播，已經受到耶路撒冷城猶太領袖的注意甚或引起他們的不滿，於是他們特意北行數里來看個究竟，大概想挫耶穌的銳氣。

這次的情況與之前門徒「在安息日摘取麥穗」(二23～28)類同，這次門徒用不潔淨的手吃飯，他們是知道不應該這樣做的，但卻疏忽了；而耶穌作為他們的老師可能就要承擔管教不善的罪名了。看到這最不想看見的事情，這些宗教領袖便質問耶穌：「**為甚麼你的門徒不遵守祖先的傳統，竟用不潔淨的手吃飯呢？**」(七5)

作者馬可在這裏恐防有外邦的讀者不明白涉及的文化背景，於是用了相當的篇幅解釋：

> 原來法利賽人和一般猶太人都拘守祖先的傳統，若不按照規定先洗手就不吃飯；**從街上買來的東西若不先洗過也不吃**。他們還拘守許多其他傳統的規例，好比怎樣洗杯子，洗鍋子，洗銅器和牀舖等等。(七3～4)

這句亦可譯作：「他們從街上回來，若不先洗手，就不吃任何東西。」(參《和合本》)

然而，馬可沒有交代清楚這並非衛生上的問題，而是宗教文化的問題。換言之，對於猶太人來説，買回來的東西(食物或飲食用的器皿)即使已經很乾淨，但還是要洗，因為這些東西有機會接觸過不潔淨的東西；不潔的器皿若用來盛載食物的話，連器皿上的食物也會不潔淨。另外，猶太人甚至從外面回家時，雙手即使很乾淨，但他還是要洗手。這種洗手、洗東西的禮節所反映的意義其實就是對「聖」(即以色列民)與「俗」(即外邦人和其世界)的絕對分野。

潔淨禮與以色列人

舊約的五經(特別是利未記)對「潔淨」有很清晰的界定。有些事物(例如屍體或某種食物)或事情(例如患病、生育、女性的月事等)，其本質是不潔的，涉及或被這些事物或事情影響的人都會因而是不潔淨的，因此，以色列人要儘量避免成了不潔(特別參利十一～十八章)。人若成了不潔，可以在等候一段時間後，再獻上合適的祭，就可以重獲潔淨。

舊約聖經中其實並沒有如此的明文規定(七3～4)，只曾記載在曠野期間，「洗手洗腳」(出三十19～21，四十32)是摩西、亞倫和其兒子們(祭司)進入聖幕前必須先作的。大概在兩約之間前後，這本來可能只是祭司遵守的禮儀，被一些敬虔的以色列人(如法利賽人)所採納，最後延伸到一般以色列人身上，並且廣泛地應用到生活的每一個細節上(例如洗杯子，洗鍋子，洗銅器和牀鋪等等)。

在耶穌時代，法利賽人強調，這禮儀是人民生活在一個充斥異教信仰的世界中，為要表明自己猶太人的身分所作的一種努力；這亦是法利賽人對所有試圖回應上帝的呼召，成為聖潔民族之以色列百姓的要求，他們將原來只須祭司遵守的潔淨之禮，加諸在一般百姓的身上。如此，這種洗手的潔淨禮經過歷代的詮釋、引申應用，成為了猶太人的不明文規定、祖先的傳統；對於法利賽人而言，這些傳統很大程度上也屬於上帝律法的一部分。另可參3.5.專欄「法利賽人面對的威脅」。

早期的基督徒認為，耶穌基督的死就是使人成為純淨和潔淨的祭。耶穌的血是為赦免人的罪而流出，洗淨屬他的人民的所有罪（約壹一7）。他們確認，耶穌的死能使跟隨他的人與上帝同在，並使他們的心思、意念都得到潔淨（來十19～22）。

令法利賽人大惑不解的是，耶穌既是位宗教教師，他的門徒為何不認真執行祖先的傳統？況且這傳統已被一般猶太人視為一道**圍住律法四周的籬笆**。耶穌與其門徒為何對猶太民族的聖潔特質視若無睹呢？

意思是：這些對五經裏律法規條的解釋和引申應用，成了保護原來律法規條的外加規條（後來的猶太人稱這些外加規條為「籬笆」）。很大程度上，這會使人將焦點從上帝的原來教訓，轉移至人的解釋上。

耶穌引用以賽亞書二十九章13節⑤，回應「上帝的律法需要祖先的傳統保護」的觀念，指責法利賽人拘守人的傳統而放棄上帝的命令：

> 這人民用唇舌尊敬我，
> 他們的心卻遠離我。
> 他們竟把人的規例當作我的命令；
> 他們敬拜我都是徒然！（七6～7）

很多基督教羣體都會訂下規條，為要加強該羣體的凝聚力，而作為領袖的，定必會特別看重這些規條；但我們要小心，不要使這些規條取代了上帝。

舊約先知關注人民敬拜生活的空洞、虛假（賽一10～20，五十八1～14；摩五21～24）；人民確實是敬拜上帝，但只有敬拜的外表，卻沒有心裏的真誠。這是如何得知呢？就是因為他們把人的規例當作上帝的命令（七7）。要留意，耶穌從未否定這些規條的用處，只是指責他們把規條看得較上帝重要。

「各耳板」（qorban）這字是希伯來文的希臘文音譯（參利一2），指獻給上帝的禮物；既獻上了，這些禮物就屬於上帝。

耶穌以「**各耳板**」為例作說明。根據當時的猶太教領袖的解釋，如果某人說他已把一件物品獻給上帝為「各耳板」，這物就是屬於上帝的，他就不能收回己用或轉送給其他人（包括給父母)。據此，法利賽人認為，因為遵守這條與「各耳板」有關的傳統律例較重要，所以可以逃避承擔上帝第五條誡命所規定的(「當孝敬父母」)的義務。

類似的情況在今天也可見：如有些人忙碌於教會中的所謂「屬靈事務」而逃避了對家庭、學業等的責任。

這裏出現兩個問題：首先，法利賽人自欺欺人，他們以為如此行就表示自己很尊敬上帝，所以嚴守有關「各耳板」的律例，但其實他們是藉著對這條律例的傳統解釋逃避遵行他們所不願守的律例。他們把律例分等級，企圖要幫助別人恪守律法，把這種口傳律法(或：祖先的傳統)提升至與妥拉(*Torah*；即五經的教導)同等，最終只會削弱妥拉的整體權威性。另一個問題是，這解釋容讓人理直氣壯地滿足自己的私欲：既省了供養父母的錢，又可作各耳板！這種一舉兩得的心態所帶來的危機，會使人經常計算對上帝的奉獻，而對上帝的奉獻愈來愈變得有所保留。

5.4.2. 真正叫人污穢的物(14～23節)

耶穌之前明顯是在法利賽人在場時回答他們的提問，但在這段落裏，耶穌可能是在另一個場合説話。馬可把這段落放在這裏，是要接續之前談論的問題。

相對而言，耶穌在這第二輪的回答更徹底地處理「潔淨」這個問題。「……那從外面進到人裏面的不會使人不潔淨；相反地，那從人裏面出來的才會使人不潔淨」(14～15節)。這句內含深層意思的話，使所有基於飲食律例，並有關潔淨或聖潔禮儀的觀念都顯得不再重要。真正重要的是人的內心有否為他人著想。根據後期拉比的教導，一個容器的裏面，比一個容器的外面，更容易沾染不潔；耶穌應用在人身上的原則，可能正是反映類似的傳統教導：內心的狀態，即內心潔淨與否，比食物的清潔或餐前是否洗手這些事情更為要緊。對於馬可福音的外邦人讀者來說，耶穌的這一番話確實為他們帶來安慰，他們亦不再需要為種種潔淨的禮節而煩惱了。

我們會在哪方面過於強調外在的條件，而忽略實質的內涵呢？

如此清楚的話，為何當時的門徒不明白呢？門徒的不明白(可能應該說，是不能接受)也許反映了猶太教中「聖」與「俗」分野的觀念對當時一般猶太人已根深柢固；另一方面，門徒的不明白也提醒我們要小心，不可誤解以為耶穌不注重外在的行為。

耶穌**在屋子裏**向門徒解明他的意思(17節)。他並非說，信仰只關乎人內心的虔誠，與外在的行為、禮節並無關係，亦非說靈命要比人的肉身生命更有價值。相反，耶穌在此警告說，罪發自人的內心，並使人做出各種敗壞的行為，如姦淫、偷盜、兇殺等等(21～22節)。使人不聖潔和做出種種敗壞行為的原因，並非是他們不履行外在的禮拜儀式，而是人內心的邪惡。

在馬可福音裏，耶穌常「在屋子裏」向門徒解釋真理(九33，十10)。

邪惡的行動從一念之差開始。若我們容讓自己的思想浸淫在欲望、妒忌、憎惡和仇恨裏，最後便會犯罪。

耶穌在這裏的教導，並非只是解釋律法裏某種模棱兩可的表述，亦非抨擊某種腐敗的宗教派別，而是針對法利賽人(亦是當時主流猶太領袖)的信仰架構：如何為聖潔與罪下定義，以及上帝之道如何規範上帝子民的生活。

馬可把這段有關潔淨的議論放在整卷福音書裏的這個位置，是非常有意思的：當時一般猶太人都視外邦人為不潔，而馬可在之後的七章24節正要記載耶穌進入外邦人的地域(泰爾和西頓)，與外邦人接觸；就在耶穌展開外邦地區的工作之先，作者插入這段的議論(七1～23)，為要表明潔淨與否並不在乎有沒有遵守摩西的潔淨規條，乃是在乎人

耶穌在各處與人接觸，醫治他們的病，使他們得潔淨；但法利賽人卻以為耶穌如此行，就成為不潔淨了。當我們與世界接觸時情況又是怎樣呢？究竟是我們改變了世界，還是我們被世界改變了呢？

的內心。

接著發生的是耶穌醫治敍利腓尼基族婦女的女兒，以及為十邑地區（即低加坡里）一名男子恢復聽覺與語言能力的故事（24～37節）。這兩個故事均顯示了上帝的恩惠如何臨到外邦人中間，使他們恢復健康，亦藉此批判當時的猶太人對外邦人的看法（七19「**一切食物都是潔淨的**」）。

釋經短註

① （參太十四13～21、22～33；約六1～13、16～21；另參路九10～17）。

② 按《現修》，六章7節亦有「使徒」一詞出現，但這只是為了使譯文的意思更加清晰而加上的，在原文裏是沒有的。

③ 《和合本》譯作「二十兩銀子」，只是把「十塊銀子」兌換成「一兩銀子」。

④ 配合這種預示的信息，馬可把這個神蹟故事置在「施洗者約翰的死」（六14～29）之後。按上文的討論（4.7.「施洗者約翰的死」），耶穌承接施洗者約翰的事奉，約翰的死其實亦預示耶穌的死；從這個角度看，把「耶穌使五千人吃飽」視為對最後晚餐的預示是自然不過的。此外，耶穌因憐憫而招待羣眾，他的憐憫和希羅底在生日宴會上所表現出的復仇欲望成了強烈的反差。

⑤ 若將馬可在這裏所用的經文與一般的舊約聖經的以賽亞書二十九章13節比較，會發現顯著的分別。這是因為馬可所引用的並非是希伯來文聖經，而是希臘文聖經《七十士譯本》，其中以賽亞書部分的翻譯約於公元前2世紀初才完成。至於為何希伯來文聖經與這譯本的同一節經文會有這樣的分別，這問題相當複雜，但這情況卻又是相當普遍的；簡單來說，這是因為在聖經抄本流傳的過程中，不同時期的希伯來文版本是有出入的。

溫習問題

1. 在「耶穌使五千人吃飽」(六30～44)的故事中，耶穌和他的門徒對羣眾的態度有何不同呢？試描述門徒和耶穌之間的分歧。
2. 「耶穌使五千人吃飽」這個神蹟有何神學含義？
3. 耶穌為何要在水上行走？門徒的反應如何？(六45～52)
4. 在「耶穌使五千人吃飽」和「耶穌在水上行走」這兩個神蹟的記載中，馬可如何表達耶穌關注人的需要，同時亦重視自己與上帝的關係？
5. 「耶穌使五千人吃飽」和「耶穌在水上行走」這兩個神蹟有何相似之處？為甚麼作者説門徒的思想遲鈍？(六52)這兩個神蹟的最終得益者是哪個羣體？為甚麼？
6. 馬可在六章53至56節為耶穌在加利利湖的事工作了撮要。這與六章1至6節的記載有何大分別？與「基督教信仰只為那些窮途末路者所青睞」的陳舊觀念如何吻合？
7. 試比較馬可福音六章56節和七章1至5節的情景。在六章的末尾，耶穌在街市內醫病。相比之下，法利賽人逛街市的時候，會留意些甚麼事情呢？
8. 為何潔淨之禮對於猶太人而言，有著如此重要的地位？(參5.4.專欄「潔淨禮與以色列人」)猶太人如何死守這「吃飯前要洗手」之禮？
9. 對於法利賽人的固守傳統，耶穌如何具體地譴責他們？(七6～13)
10. 在「吃飯前要洗手」這潔淨之禮上，耶穌與法利賽人對「潔淨」的觀點有何不同？耶穌如何以比喻再解釋他的看法？他指出真正的污穢是從哪裏來的？(七14～23)

第六章

耶穌的第二次傳道旅程（七24至八12）

- 一個女人的信心
- 治好一個聾啞的人
- 使4000人吃飽
- 法利賽人求見神蹟

經文

一個女人的信心

7 24耶穌離開那地方，到泰爾地區去。他住進一家人家，不願意
有人知道，卻隱藏不住。25立刻有一個女人，她的女兒被污靈
附着，聽見耶穌的事就來見他，跪在他腳前。26這女人是一個外國人，
生在敍利亞的腓尼基。她求耶穌把她女兒身上的鬼趕出去。27耶穌對
她說：「先讓兒女吃飽吧。拿兒女的食物扔給小狗吃是不對的。」

28那女人回答：「是的，主啊，可是桌底下的小狗也吃孩子剩下
的碎屑呀！」

29耶穌對她說：「憑着這句話，你可以回家去了；鬼已經從你女
兒身上出去了！」

30於是那女人回家，看見女兒躺在牀上；鬼已經離開了她。

耶穌治好一個聾啞的人

31耶穌離開泰爾附近地區，經過西頓，從十邑境界回到加利利湖。
32有人把一個耳聾舌結的人帶到耶穌面前，請耶穌為他按手。33耶穌
把他從人羣中領出來，帶到一邊，用自己的手指頭探進他的耳朵，
又用口水擦在他的舌頭上。34耶穌抬頭望天，深深地歎了一口氣，
對那個人說：「以法大！」意思就是「張開」！

35那個人的耳朵立刻開了，舌頭也鬆了，他就開口說話，毫無困
難。36耶穌吩咐大家千萬不要向人提起這件事；可是他越是叮嚀，
他們越熱心傳揚。37所有聽見的人都非常驚奇；他們說：「他所做的
事都好極了！他甚至叫聾子聽見，叫啞巴說話！」

耶穌使四千人吃飽

8 1過了不久，另外一大羣人聚集在一起。他們沒有甚麼可吃的了；
耶穌叫門徒來，對他們說：2「我很替這一羣人擔心；因為他們
跟我在一起已經三天，現在沒有甚麼可吃的了。3如果我叫他們餓

着肚子回家，他們會在路上暈倒，因為他們有的是從遠方來的。」

4他的門徒就問他：「在這偏僻的地方，我們哪裏去找足夠的食
物給這許多人吃飽呢？」

5耶穌問他們：「你們有多少個餅？」

他們回答：「七個。」

6耶穌吩咐羣眾坐在地上，然後拿起那七個餅，感謝上帝，擘開，
遞給門徒，門徒就分給大家。7他們還有幾條小魚；耶穌獻上感謝，
吩咐門徒也分給大家。8-9大家都吃，而且吃飽了；吃的人數約有四
千。門徒收拾吃剩的碎屑，一共裝滿了七個籃子。耶穌遣散羣眾，
10立刻和門徒上船往大瑪努他地區去。

法利賽人求神蹟

11有些法利賽人來見耶穌，跟他辯論。他們想陷害他，要求他顯
個神蹟，證明他所行的是出於上帝。12耶穌深深地歎息，說：「這時
代的人為甚麼要求神蹟呢？我實在告訴你們，這時代的人是不配看
神蹟的！」

「耶**穌離開那地方，到泰爾地區去」**(七24)；文中的**「那地方」**大概不單單指「革尼撒勒」一帶，而是指整個加利利省。雖然馬可福音並沒有詳細記載這次旅程的路線，但從所經過的地區看來，耶穌的傳道事工明顯是向外邦人地區邁進一步。

繼耶穌和法利賽人各自表達對禮儀潔淨及食物潔淨條例的不同觀點後(七1～23)，作者記載兩個耶穌醫治外邦人的故事，藉以宣告上帝能力的彰顯不僅僅局限在猶太民族內。第一個故事發生在泰爾和西頓境內，耶穌為一個外邦婦人的兒女趕鬼。這外邦婦人對耶穌的苦苦哀求，正好突出了以色列人的心硬和外邦人對上帝的渴求之間的對比。

「以古人的傳統廢棄上帝的誡命」(七1～23)和「一個女人的信心」(七24～30)這兩件事之間的對比是值得留意的：前者記載一羣猶太教領袖(當然是男性！)前來與耶穌討論有關律法的問題，對他們來說，在律法以外是不可能有救恩的；後者記載一個外邦婦人前來求耶穌施憐憫，她雖然被看為一個沒有律法的人，但她在耶穌身上得著在猶太教中找不到的救恩！

另一個故事是在耶穌返回加利利的途中發生的，耶穌醫治了一個耳聾舌結的人。這一回，耶穌並非只藉說話醫治，而是與患病者有很親密的接觸：**「用自己的手指頭探進他的耳朵，又用口水擦在他的舌頭上」**(七33)。此外，耶穌又給4000人吃飽，情況仿如六章30至44節中使5000人吃飽的神蹟一樣，但前一次的羣眾是猶太人，而這次的羣眾是外邦人，因此兩個神蹟在神學上各有不同的含義。

頗具諷刺意味的是，在耶穌行了那麼多神蹟後，法利賽人依然要求耶穌顯個神蹟(八11)。這反映法利賽人並不承認耶穌的權柄和事奉，耶穌為他們「**深深地歎息**」(八12),他們就好像昔日頑梗的以色列人一般。

A. 一個女人的信心(七24~30)
B. 治好一個聾啞的人(七31~37)
C. 使4000人吃飽(八1~10)
D. 法利賽人求神蹟(八11~12)

6.1. 一個女人的信心(七24~30)

耶穌試圖躲避向他提出各種要求的羣眾,在某偏遠的地方找一間可供他歇息的房屋,但卻遇到了一個求醫心切的母親,祈求耶穌醫治她的女兒,這個婦女的出現打岔了耶穌安排的獨處時間,但他並沒有拒絕這婦人的要求。這神蹟當然可證明耶穌驅走鬼魔的能力是超越任何空間上的限制,但這神蹟同時亦有更深層的含意。

根據故事的發展,這戶「人家」明顯是外邦人。作者故意不講清楚,是要讀者自己領會出來。

泰爾和西頓(相距20里路)都是地中海重要的港口城市,居民以外邦人為主。兩個城市位於巴勒斯坦北部,即今日的黎巴嫩。舊約聖經中記載,猶太人相當鄙視這地區的居民(結二十六1~28;珥三4~8)。

即使並非在猶太境內,耶穌也因為他的聲望失去了私人的空間①;因此,他雖然在一戶**人家**裏躲藏起來,但依然被人找著了。在他途經**泰爾**(又稱推羅)的時候,一個外邦婦人求他趕出她女兒裏面的鬼。耶穌的確把鬼從婦人的女兒身上趕出去,並且展示了自己趕走鬼魔的能力是超越任何空間上的限制。然而,這段記述的核心並非事件的本身,而是這位婦人的處境,以及她與耶穌對話的內容。

這裏我們又可以留意馬可的倒序記敘手法。他先記載這婦人來到耶穌跟前，然後才介紹這女人的背景：**「這女人是一個外國人②，生在敘利亞的腓尼基」**(26節)。這一細節的描寫幾乎是多餘的，因為故事既然發生在泰爾境內，又遠離加利利邊境，這女人當然是外邦人；然而，這細節的含義是：耶穌到了外邦人居住的地方，住在外邦人的家裏，又與一個外邦的陌生女人見面；這些都是猶太人避諱的事情。

「狗」在原文裏所含有的貶意與中文裏的「狗」字的貶意相若。

故事中令人費解的是，耶穌的回答是不近人情的：**「先讓兒女吃飽吧。拿兒女的食物扔給小狗吃是不對的。」**(27節)當時的猶太人經常把「外邦人」叫做「**狗**」③，為要強調以色列人在上帝眼中的優越地位。然而，在這裏要留意的是，一般猶太人都稱外邦人做「狗」；耶穌卻用「小狗」，可能是要配合婦人女兒的年紀幼小。

福音的門向外邦人打開，並不意味上帝拒絕了猶太人；關於這一點，保羅在羅馬書十一章講解得很清楚。

無論怎樣解釋，都不能減去耶穌的答覆帶來的突兀感覺。耶穌在這裏毫不掩飾地認同和表達，猶太人在上帝面前有優先權的這種觀念，並以此來為難這位婦人。不過，即使耶穌確認這種**優先權**，我們也沒有理由認為他歧視外邦人，因為若然如此，他根本不會到外邦人地區，並醫治一個耳聾舌結的外邦人(31～37節)。作者(或耶穌)大概是想借用典型猶太人慣用的字眼，糾正他們對其他種族的偏見。

我們祈禱的時候，可能會因為自己過去的經歷和現在的遭遇，帶著怨憤向上帝祈求，但這正為女兒擔憂的婦人卻是全心謙卑地祈求的；我們應學習相信過去的事情我們或許已不能改變，但上帝可改變我們的現在和將來。

這婦人當然留意到耶穌所用的字眼，於是自喻為施捨一點餅碎給在桌下找吃的「小狗」的人，期望主耶穌也會將她女兒從困境中解救出來。她對耶穌的懇切要求與明顯的信心，使她並不因耶穌的說話而氣餒；這使她成為持堅定信心的外邦人的典範。她並沒有跟耶穌爭辯猶太人在上帝面前的優先權的問題，而是提醒耶穌(其實是提醒初代教會中的猶太基督徒）不要將外邦人驅逐於上帝的恩門之外，並懇切祈求耶穌願意賜下她極為渴慕的恩惠。

許多猶太人因為拒絕耶穌，以致辜負了上帝的救恩；相反地，有很多被猶太人拒絕的外邦人，卻往往因為接受耶穌而得到救恩。這個外邦婦人承認自己是非猶太人的謙卑心態，與法利賽人強迫他人恪守猶太教信條的態度（1～23節），成了強烈的對比。作為一名慕道者，她僅僅把自己所祈求的帶到上帝跟前，讓施恩者按其本意行事。對於馬可福音的原來讀者，這名婦人的迫切心情也必定能激發初代教會關顧外邦人的需要，以及實踐向外邦宣教的責任。

外邦人與初代教會

今天的基督教教會以非猶太人為主，因此，我們未能體會在初代教會中，猶太人與非猶太人之間的衝突。雖然當時的猶太人在政治上沒有任何主導地位，但他們毫無疑問能在自己的宗教身分上有種強烈的優越感。及至初代教會成立，其中的成員主要是猶太基督徒，這種典型的猶太人宗教文化觀念同樣籠罩著教會，以致有些猶太基督徒認為，單單成為基督徒是不足夠的，必須同時成為猶太教徒，遵守一切的律例（特別是割禮）。

最能讓我們看到初代教會如何面對這方面的掙扎的，當然是使徒行傳（詳細討論可參張達民、黃錫木合著的《風起雲湧的初代教會——使徒行傳析讀》，特別是第八章「第一次宣教旅程」和第九章「危機與契機」）。本福音書的作者馬可也曾經在保羅的傳道旅程中當助手。雖然他曾經抗拒向外邦人傳福音，但從馬可福音的寫作對象（即外邦信徒）來看，馬可最後都醒悟到向外邦人傳福音的重要性。要把福音傳到外邦，並不只是轉換了傳福音的對象，更是對福音本身的實踐：放下自我的主權，放下自己的國籍、文化、社會地位等背景，讓上帝的國度成為我們生命的目標。

當我們嘗試與不同背景或階層的信徒相處，並經歷種種會導致人與人之間的關係破裂的障礙，我們就能真正體會到在主內合一的艱難之處。

6.2. 治好一個聾啞的人（七31～37）

承接之前的故事，這個故事同樣發生在外邦人身上，也見證上帝的國同樣要臨到外邦人中間。

31節所提及的地方都是外邦人聚居的地區，但作者所記述的路線卻相當奇怪④。這一節明顯是要表明，耶穌到過很多地方，而作者只是選擇性地記載以下的事迹。

耶穌醫治聾啞的人的故事發生於一個完全屬於外邦的地區，而耶穌醫治這人的方法亦可見於其他神蹟中：

1. **「用自己的手指頭探進他的耳朵」**（33節）：與耶穌觸摸痲瘋病人一樣（一41）；
2. **「用口水擦」**（33節）：見於耶穌醫治盲人的記載（八22～25；另參約九6）；
3. **「深深地歎了一口氣」**（34節）：耶穌醫治手枯萎的病人時也曾表達同樣的歎息（三5）；
4. **「以法大」**（34節）：耶穌使葉魯的女兒從死裏復活時也曾說自己的母語亞蘭話（五41）。

仔細查考這名男子得到醫治前、後的不同處境，以及耶穌恢復其聽覺與語言能力的具體步驟，我們便可發現，與諸多神蹟故事一樣，這故事的主題同樣是表現上帝的能力在人的軟弱上得到彰顯。上帝大能的統治透過耶穌得到真實的體現。

不單止是耶穌醫治的方法與先前的相似，就連羣眾的反應也是與先前的一樣。那羣無名的旁觀者（**「他們」**）首先將這個聾啞的人帶到耶穌面前，而在病人得到醫治後，他們拒絕遵守耶穌的囑咐——

「**千萬不要向人提起這件事**」，並且耶穌「**越是叮嚀，他們越熱心傳揚**」(36節)。

外邦人對耶穌的囑咐不加理會，固然反映馬可福音中羣眾對耶穌的一貫反應，但我們應該留意作者在這裏特別記載「**所有聽見的人**」對耶穌的反應：「**他所做的事都好極了！**」(37節)這亦是作者對耶穌在外邦人中間所行的神蹟的小結；雖然在猶太人中間，耶穌的事工不時遇到很多猶太人阻撓，但在外邦人中間，耶穌所做的事都得到外邦人的肯定。

6.3. 使4000人吃飽(八1～10)

這個故事看來確實沒有甚麼新鮮感；五章30至44節不是已經記載了類似的事蹟嗎？然而，這故事在這一大段的描述(六30～十52)中出現，有著深遠的意義：耶穌餵飽5000人所預示的彌賽亞筵席不單單應驗在猶太人中間，亦應驗在外邦人中間。

「**過了不久，另外一大羣人聚集在一起。**」(1節)我們無從得知這事件在何處發生；然而，這開首句似乎暗示，這故事是承接七章31至37節所發生的事的，所以發生的地點應該仍是外邦人聚居的地方(可能是在加利利湖以東)。

雖然這個故事與「耶穌使五千人吃飽」(六30～44)很相似：耶穌在荒僻的地方餵飽一大羣人，主動提出供給羣眾的需要，門徒感到為難，作者同樣描述一個筵席的情景(八6「**耶穌吩咐羣眾坐在地上，……感謝上帝，擘開，遞給門徒**」)，人人吃飽又有剩餘；然而，我們亦不應忽略兩者之間的不同：

❶ 在「耶穌使五千人吃飽」的故事中，被餵飽的應該是猶太人，因為作者有意用這事件對應耶和華藉摩西在曠野給以色列人吃飽的事；

而這段經文中被餵飽的顯然是外邦人，馬可清楚表明，當時不少前來聽道的人是從遠處來的（3節）。

你是否認為上帝看不到你的需要，又或以為你的一些掛慮是祂不會關心的呢？看耶穌在這裏如何感受到羣眾的飢餓。對祂有多一點信心吧！

❷對照「耶穌使五千人吃飽」的故事，馬可在這裏特別詳細描述耶穌對羣眾的憐憫：**「我很替這一羣人擔心；因為他們跟我在一起已經三天，現在沒有甚麼可吃的了。如果我叫他們餓着肚子回家，他們會在路上暈倒，因為他們有的是從遠方來的。」**（2～3節）

❸留意這故事裏的數字，其象徵性意義較「耶穌使五千人吃飽」中的明顯：

- **「三天」**（2節）：在新約聖經裏，這數字經常象徵耶穌受死後3天從死裏復活，代表著基督信仰（十四58；太十二40）；
- **「七個」**（5、8～9節）：在聖經裏，「7」是一個神聖的數目，代表完全或完美；這故事兩次提及的**「七」**，分別是**「七個餅」**和**「七個籃子」**；**「七個餅」**象徵上帝能夠完全滿足人的需要，**「七個籃子」**可能象徵所有人，即「萬國」；
- **「四千」**（8～9節）：在聖經裏，「**4**」亦包含了「完全」的意思（常指上帝的創造物）。

留意故事中其實還記載了有「幾條小魚」，但作者似乎故意不提其數量，刻意要突出「七個餅」。⑤

聖經曾出現過有關「4」的詞語：「四條河」（創二10～14）；「四活物」（結一章）；「四角」（徒十11；啟七1《和合本》），「四方」（啟二十8）。

如果我們認為給5000和4000人吃飽的神蹟預表了彌賽亞的筵席的話，這兩個神蹟所惠及的羣眾正好表示，彌賽亞的筵席不獨為猶太人而設，也同樣是為外邦人預備的。

鑒於這故事與「耶穌使五千人吃飽」(六30～44)非常相似，所以有些學者認為，「耶穌使四千人吃飽」的故事其實就是「耶穌使五千人吃飽」的故事，只是作者編修這卷福音書後，加插在書中，為要突出外邦人也能與耶穌同享天國的筵席。按此，「耶穌使四千人吃飽」的故事就不是事實，只是「耶穌使五千人吃飽」的另一個版本而已。雖然沒有完全足夠的客觀證據支持這看法，但也不能絕對否定這解釋的可能性。正如在本篇開首已經略為交代了，從六章30節至十章52節所涉及的3個傳道旅程來看，作者是選擇性地取材的，為要交代耶穌在外邦人中間的傳道工作。那麼，倘若作者為了達到這個寫作目的，而把之前發生的事件改寫，並賦予象徵性意義，這也是可能的。

6.4. 法利賽人求見神蹟(八11～12)

耶穌行了那麼多神蹟後，法利賽人依然要求耶穌顯個神蹟，以證明耶穌自己的身分(11節)；這是多麼的諷刺！這反映神蹟本身證明不了甚麼，重要的是人要用心靈去察驗。沒有用心靈去察驗，上帝的任何作為都看不見。

4000人浩浩蕩蕩地離去後，耶穌**「立刻和門徒上船往大瑪努他地區去」**(10節)；儘管我們不能確定大瑪努他的位置⑥，但耶穌等人大概已返回加利利湖西岸(即加利利省)，那裏有較多猶太人居住。

不管大瑪努他的具體地點是在哪裏，耶穌在那裏再次面對法利賽人的挑戰。他們要耶穌顯一個神蹟(《和合本》譯作「從天上顯一個神蹟」)給他們看。明顯地，他們要看的神蹟不是耶穌在地上所行的，或行在人身上的(參出四28、30；民十四11；申十三1～5；賽七10～17)，因為他們認為耶穌在地上行神蹟的能力是出於撒但(三22～30)，而天

留意經文中所用的「神蹟」，原文實指「徵兆」（十三4譯作「預兆」的，是同一個詞）；因此這裏並非只是要求神蹟那樣簡單，而是要求能確認耶穌的權柄和身分的徵兆。

上的神蹟來自上帝。他們是要求能夠確認耶穌的權柄和身分的**徵兆**。

頗具諷刺意味的是，在耶穌行了那麼多神蹟後，法利賽人依然向耶穌要求明證（11節）。這反映法利賽人並不承認耶穌的權柄和事奉，耶穌為他們「深深地歎息」（12節），他們就好像昔日頑梗的以色列人一般。古時的以色列人雖然看到耶和華藉祂的僕人摩西所行的眾多神蹟，但卻仍然拒絕上帝和祂的僕人（申三十二5～20；詩九十五8～11）；同樣，「這時代的人」（12節）就好像那不信的世代的人一樣，頑梗不化。對這樣的人，任何神蹟／徵兆也不能證明甚麼，他們所需要的並不是另一個神蹟，而是願意相信耶穌是上帝所差來的那位的心。於是，耶穌「就離開他們，又上船渡過湖的對岸」（13節）。

作者以這衝突來為耶穌在外邦人中間傳道的日子作結，是何等用心良苦。作者的目的是要指出在外邦人地區，無論耶穌往哪裏去，總會有很多人追隨著他（七24，八1），可見人渴望上帝的心是明顯的，但當耶穌返回猶太人聚居的地方，卻立即要面對衝突、不信。值得留意的是，在馬可的鋪排之下，第一次和第二次的傳道旅程均以耶穌與法利賽人（和經學教師）的衝突作結（參七1～23），這反映在作者的心目中，猶太教領袖是耶穌傳道工作的最大攔阻。這亦再次披露「舊」體制對「新」國度的抗拒（二18～22，參3.3.「耶穌的門徒沒有禁食」的討論）。

釋經短註

① 這確實是馬可福音的特色，作者經常記載耶穌企圖躲藏起來，但最終卻又被人發現（參一44～45，二1～2，三20，六31～33，七36）。這並非反映耶穌是無可奈何地施行神蹟（倘若他真的要匿藏，相信人們是找不到他的），作者是要藉著

這種表達方式，表明人們對耶穌（天國）的渴望。

②《和合本》譯作「希臘人」，原文其實泛指任何「非猶太人」，並不是指來自希臘（即亞該亞省分）的人。留意馬太稱這婦人為「迦南人」（太十五21～28），可能因為從馬太的讀者（猶太基督徒）的角度來說，這婦人正是在舊約時期，以色列人要驅趕的那些迦南人。

③（參撒上十七43，二十四14；箴二十六11；啟二十二15）；保羅也用這字眼指某些猶太基督徒（腓三2）。

④ 泰爾和西頓是腓尼基省的城市，位於加利利湖的西北面，但十邑地區卻位於加利利湖以東和東南面。要完成這段路程需要一段頗長的時間。作者可能不甚講究地理上的細節，類似的問題亦可見於五章1節（參4.4.2.「在格拉森醫治被鬼附的人」釋經短註18）。

⑤ 相比之下，在「耶穌使五千人吃飽」的故事裏，雖然「五餅」和「二魚」加起來的數量亦是「7」，但卻缺乏這種象徵性意義。

⑥ 學者一直未能確定這個地方的位置，有云是歐洲的馬其頓省分附近的一個地方；但若與馬太福音對觀，作者馬太記載耶穌去了馬加丹（Magdala，參太十五39），因此，大瑪努他極有可能與馬加丹十分接近，甚或是同一個地方，只是名稱不同而已。馬加丹是加利利湖以西其中一個要塞的希臘文名稱。

溫習問題

1. 耶穌用一個關於兒女、餅和小狗的比喻回答了一位敍利亞腓尼基族婦人的請求（七24～27）。這比喻要帶出甚麼意思？
2. 有甚麼證據顯示這名婦人明白耶穌的意思？（七28～30）
3. 「一個女人的信心」這故事對馬可福音的讀者有何意義？
4. 在「耶穌治好一個聾啞的人」（七31～37）的故事中，耶穌用指頭探進他的耳朵，用口水擦他的舌頭，又向他說「以法大」，你認為他的做法與他在其他神蹟中的做法有何相似之處？這故事是要帶出甚麼主題？
5. 在經文中，馬可如何表達出當耶穌治好聾啞的人之後，受到外邦人熱烈的歡迎？（七35～37）
6. 「耶穌使四千人吃飽」（八1～10）的記載中所出現的數字，有何象徵性意義？與這神蹟有何關連？
7. 「耶穌使四千人吃飽」的神蹟與「耶穌使五千人吃飽」（六30～44）的神蹟有何不同的地方？作者記載此事的最大目的是甚麼？
8. 為甚麼法利賽人要求耶穌行神蹟？法利賽人的要求如何反映出他們根本不信耶穌的權柄？耶穌對此有何反應？
9. 馬可以法利賽人與耶穌的衝突事件結束這段落的記載，他的用意何在？（八11～13）

第七章

耶穌的第三次傳道旅程（八13至九50）

- 法利賽人和希律的酵母
- 治好伯賽大的盲人
- 第一個循環單元：耶穌第一次預言、彼得的勸阻、作門徒的意義
- 改變形像
- 治好被鬼附身的兒童
- 第二個循環單元：耶穌第二次預言、爭論誰最偉大、作門徒的品格

經文

8 [13]他就離開他們，又上船渡過湖的對岸。

法利賽人和希律的酵母

[14]門徒忘了多帶餅，船上只有一個餅，沒有別的食物。[15]耶穌警告他們：「要謹慎，要提防法利賽人的酵母和希律的酵母。」

[16]他們紛紛議論說：「他說這話是因為我們沒有餅吧。」

[17]耶穌知道他們在想些甚麼，就問他們：「你們為甚麼討論沒有餅這件事呢？難道你們還不領悟、還不明白嗎？你們的頭腦是那麼遲鈍嗎？[18]你們有眼睛卻看不見嗎？有耳朵卻聽不到嗎？你們不記得[19]我擘開五個餅給五千人吃這件事嗎？你們把吃剩的碎屑裝滿多少籃呢？」

他們回答：「十二籃。」

[20]耶穌又問：「當我擘開七個餅給四千人吃，你們又裝滿了多少籃的碎屑呢？」

他們回答：「七籃。」

[21]於是耶穌問他們：「那麼，你們還不明白嗎？」

治好伯賽大的盲人

[22]他們來到伯賽大，有人領一個盲人到耶穌跟前，要求耶穌摸他。
[23]耶穌牽着盲人的手，帶他到村子外面去，先吐口水在他的眼睛上，然後按手在他身上，問他說：「你看得見東西嗎？」

[24]他抬起頭來看，說：「我看見人，他們好像一棵棵的樹，走來走去。」

[25]耶穌又把手放在他的眼上。這回盲人定睛一看，視覺恢復了，每一樣東西都看得清清楚楚。[26]耶穌叫他回家，又吩咐他說：「不要再進村子去。」

彼得認耶穌為基督

[27]耶穌和門徒往凱撒利亞·腓立比附近的村莊去。在路上，他問他們：「一般人説我是誰？」

[28]他們回答：「有的説是施洗者約翰；有的説是以利亞；也有的説是先知中的一位。」

[29]耶穌又問他們：「你們呢？你們説我是誰？」

彼得回答：「你是基督。」

[30]於是，耶穌吩咐他們千萬不要把他的身份告訴任何人。

耶穌預言自己的受難和死

[31]耶穌開始教導門徒説：「人子必須遭受許多苦難，被長老、祭司長，和經學教師棄絕，被殺害，三天後將復活。」[32]他把這些事説得清清楚楚。彼得就把耶穌拉到一邊，要勸阻他。[33]耶穌轉過身來，看看門徒，責備彼得説：「撒但，走開！你所想的不是上帝的想法，而是人的想法。」

[34]於是，耶穌叫羣眾和門徒都到他跟前來，告訴他們：「如果有人要跟從我，就得捨棄自己，背起他的十字架來跟從我。[35]因為那想救自己生命的，反要喪失生命；那為我和福音喪失生命的，反要得到生命。[36]一個人就是贏得了全世界，卻賠上了自己的生命，有甚麼益處呢？沒有！[37]他能夠拿甚麼來換回自己的生命呢？[38]在這淫亂和邪惡的時代裏，如果有人以我和我的教訓為恥，人子在他父親的榮耀中、和他的聖天使一起來臨的時候，也要以他為恥。」

9 [1]耶穌又對他們說：「我鄭重地告訴你們，站在這裏的人，有的會在他死以前看見上帝的主權帶着能力實現。」

改變形像

[2]六天後，耶穌帶着彼得、雅各，和約翰，悄悄地上了一座高山。就在他們面前，耶穌的形像變了，[3]他的衣服變成潔白光亮；世上沒有人能夠把布漂得那麼潔白。[4]三個門徒忽然看見以利亞和摩西

在跟耶穌講話。[5]彼得對耶穌說：「老師，我們在這裏真好！讓我們搭三座帳棚，一座給你，一座給摩西，一座給以利亞。」[6]彼得和其他的人都很害怕，不知道該說甚麼才好。

[7]有一朵雲彩籠罩了他們。忽然，從雲裏有聲音傳出來，說：「這是我親愛的兒子，你們要聽從他！」[8]他們連忙向四周張望，卻看不見有別的人，只有耶穌和他們在一起。

[9]他們下山的時候，耶穌吩咐他們：「人子沒有從死裏復活以前，千萬不要把所看見的告訴任何人。」

[10]他們遵照耶穌的吩咐，只是彼此討論說：「從死裏復活是甚麼意思呢？」[11]他們又問耶穌：「為甚麼經學教師說以利亞必須先來呢？」

[12]耶穌回答：「以利亞的確要先來重整一切；然而，聖經上為甚麼又說人子必須受苦難和被棄絕呢？[13]我告訴你們，以利亞已經來了，他們卻任意對待他，正如聖經所說有關他的話。」

治好被鬼附身的兒童

[14]他們回到其他門徒那裏的時候，看見一大羣人圍着他們，有些經學教師正在跟他們辯論。[15]羣眾一看見耶穌都非常詫異；大家跑上去迎接他。[16]耶穌問門徒：「你們在跟他們辯論些甚麼？」

[17]人羣中有一個人說：「老師，我帶了我的兒子來看你；因為他有啞巴鬼附身，不能說話。[18]每當鬼襲擊他，就把他摔倒在地上，使他口吐白沫，咬緊牙關，渾身僵硬。我請求你的門徒趕走這鬼，可是他們無能為力。」

[19]耶穌對他們說：「你們這時代的人是多麼沒有信心哪！我還得在你們這裏多久呢？還得容忍你們多久呢？把孩子帶到我這裏來！」[20]他們就把他帶來。

那鬼一看見耶穌，立刻使孩子劇烈地抽瘋，倒在地上打滾，口吐白沫。[21]耶穌問他的父親：「他害這病有多久了？」

他回答：「從小就有了。[22]鬼多次想殺滅他，把他扔進火裏，推下水裏。但是你若能做甚麼，求你憐憫我們，幫助我們！」

23耶穌說：「是的，你若能！有信心的人，甚麼事都能。」

24孩子的父親立刻大聲喊：「我信，但是我的信心不夠，求你幫助我！」

25耶穌看見羣眾圍攏上來，就嚴厲地命令那污靈：「你這聾啞鬼，
我命令你從這孩子身上出來，不准你再進去！」

26那鬼大叫一聲，使孩子猛烈地抽了一陣瘋，就出來了。孩子好
像死人一樣，大家都說：「他已經死了！」27但是耶穌拉着他的手，
幫他起來，他就站起來。

28耶穌一進到屋子裏，門徒們就暗地問他：「為甚麼我們不能把
那鬼趕走呢？」

29耶穌說：「只有靠禱告才能夠趕走這種鬼，此外沒有別的方法。」

耶穌再預言自己的死

30他們離開了那地方，經過加利利。耶穌不願意任何人知道他的
行蹤，31因為他正在教導門徒。他說：「人子將被交在人手裏；他們
要殺害他，死後第三天，他將復活。」

32可是他們不明白這話的意思，卻又不敢問他。

誰最偉大

33他們來到迦百農，進屋子後耶穌問他的門徒：「你們在路上爭
論些甚麼？」

34他們都不作聲，因為一路上他們在爭論誰最偉大。35耶穌坐下，
叫十二使徒到他面前，對他們說：「誰要居首，誰就得居後，作大
眾的僕人。」36於是他找一個小孩子來，叫他站在他們中間，又抱起
他，對他們說：37「為了我而接待這樣一個小孩子的，就是接待我。
接待我的，不僅僅是接待我，也是接待差我來的那一位。」

反對或贊同

38約翰對耶穌說：「老師，我們看見有人藉着你的名趕鬼，我們
就禁止他，因為他不跟我們同夥。」

[39]耶穌說：「不要禁止他；因為沒有人會藉着我的名行神蹟，又
馬上轉過來說壞話攻擊我。[40]因為不反對我們就是贊同我們。[41]我實
在告訴你們，無論誰，只因你們是屬於基督而給你們一杯水，一定
會得到獎賞。」

引人犯罪

[42]耶穌說：「無論誰使信徒中任何一個微不足道的人離棄我，倒
不如用大磨石拴在他的脖子上，把他沉到海底去。[43]如果你的一隻
手使你犯罪，把它砍掉！缺了一隻手而得永恆的生命，比雙手齊全
下地獄、落在永不熄滅的烈火裏好多了。①[45]如果你的一隻腳使你
犯罪，把它砍掉！缺了一隻腳而得永恆的生命，比雙腳齊全被扔進
地獄裏好多了。②[47]如果你的一隻眼睛使你犯罪，把它挖出來！缺
了一隻眼睛而進入上帝國，比雙眼齊全被扔進地獄裏好多了。[48]在
那裏，蟲子不死，烈火永不熄滅。

[49]「每一個人都要被火鍛鍊，像用鹽醃一樣。[50]鹽本是好的，可
是它若失掉鹹味，怎能使它再鹹呢？你們要有鹽的作用，彼此和睦
相處。」

---

①有些古卷加44節「在那裏，蟲子不死，烈火永不熄滅。」

②有些古卷加46節「在那裏，蟲子不死，烈火永不熄滅。」

耶穌的行程非常緊密，與法利賽人討論有關神蹟的事之後，**「他就離開他們，又上船渡過湖的對岸」**(八13)。這話開展了馬可對耶穌的第三次傳道旅程的敘述。

在船上，耶穌勸勉門徒要防備法利賽人的「酵母」，這原本指法利賽人的教導而言，但門徒卻以為耶穌所關注的是食物(八13～21)。門徒對耶穌的這種誤解，與伯賽大一名盲人得醫治(八22～26)的過程呼應，都是強調門徒不認識耶穌。

這個仿似比喻的神蹟故事可謂相當特別，耶穌初次遇到有神蹟是未能一次過成功地完成的，要再多試一次方能使病人的視力完全恢復過來(八25**「耶穌又把手放在他的眼上」**)。在某程度上，這兩次的醫治正反映了門徒對耶穌認識的漸進性：門徒在期間同樣經過對耶穌的認識不清晰的階段，最終經歷了耶穌的受難和復活後，才完全明白過來。

這樣的神蹟有時稱為「比喻性神蹟」(parabolic miracle)。為要配合內文某方面的信息，作者在記載(耶穌的)某神蹟時，會突出(甚至誇大)神蹟的某些情節，以表達其象徵性意義。

在餘下的篇幅裏，作者的焦點是耶穌預言他自己在耶路撒冷的遭遇和耶穌所教導的作門徒的意義。按我們的分析，作者有意把相關的事情歸納在一起，**組成3個循環**(參7.2.專欄「八章22節至十章52節的結構」的討論)。

八章22節至九章50節涉及其中兩個循環，另一個循環見於十章。

第一個循環是由八章27節至九章1節。在記載耶穌前往凱撒利亞．腓立比的旅途上的經文中，第一次記載耶穌清楚説明他自己來到世上的目的：**「人子必須遭受許多苦難，被長老、祭司長，和經學教師棄絕，被殺害，三天後將復活。」**(八31)其重要性在於儘管門徒(以彼得為代表)似乎能確認耶穌的身分(八29**「你是基督」**)，但卻完全不明白，也不接受耶穌作為「受苦的基督、受苦的人子」的身分，這也反映他們不明白作門徒的代價(八34～九1)。不少學者認為耶穌這次的預言是全書的

留意馬可在這裏的計算法是包括頭一日的，即包括星期五，而復活那天就是星期日；但按我們現時的計算法，「三天後將復活」應指星期一。

高潮，自此耶穌就走向耶路撒冷，並且更清楚地表明自己的身分及透露自己將來的遭遇。在此之前，「人子」這自稱只在二章出現了2次，但在此之後則出現了10次之多。並且在這事件之後，根據馬可的記載，耶穌事奉的焦點從羣眾轉移到門徒身上。

隨後的「改變形像」(九2～13)，我們可以理解為門徒預見耶穌在榮耀裏的身分；然而，門徒——再次以彼得為代表——卻又不加思索地說出一些令人摸不著頭腦的話來(九6)，反映了他們對耶穌的認識並不清晰。門徒的怯懦無能在醫治那被鬼附的孩子(九14～29)一事上再次顯露出來。馬可記載門徒未能把鬼趕走，並非只是要一挫他們那種自以為是或自恃的銳氣，而是要讓我們知道，耶穌不與他們同在時，他們必須藉著禱告靠賴從上而來的能力。當他們愈來愈接近耶路撒冷之時，耶穌說了一番話：**「你們這時代的人是多麼沒有信心哪！我還得在你們這裏多久呢？還得容忍你們多久呢？」**(九19)從而反映出耶穌那種焦灼的心情。

九章30至50節是第二個循環。耶穌在往迦百農的途中第二次預言他的受難(九30～32)；這次的預言非常精簡，門徒也不敢作任何發問，只是聆聽，但這並不代表他們明白耶穌的意思，從他們爭論彼此之間誰最偉大(九33～34)就可見一斑。耶穌並沒有放棄藉此教導他們的機會，他教導他們作門徒的品格：如門徒應有的榜樣(九35～37)，警戒門徒不要自我中心(九38～41)，並提出一連串嚴厲的警告，勸勉門徒要彼此相顧、彼此和睦相處(九42～50)。

A. 法利賽人和希律的酵母(八13～21)

B. 治好伯賽大的盲人(八22～26)

C. 第一個循環單元：耶穌第一次預言、彼得的勸阻、作門徒的意義(八27～九1)

a. 彼得認耶穌為基督，耶穌首次預言自己受難和復活（八27～32上）
b. 彼得的勸阻（八32下～33）
c. 作門徒的代價（八34～九1）
D. 改變形像（九2～13）
E. 治好被鬼附身的兒童（九14～29）
F. 第二個循環單元：耶穌第二次預言、爭論誰最偉大、作門徒的品格（九30～50）
a. 耶穌第二次預言（30～32節）
b. 爭論誰最偉大（33～34節）
c. 作門徒的品格（35～50節）

7.1. 法利賽人和希律的酵母（八13～21）

法利賽人不明白耶穌，這是意料之內的事，但那些與耶穌經歷種種神蹟奇事的門徒也是不明白他，就確實令人失望。

耶穌雖然坐船離開那些法利賽人，往加利利湖的對岸（13節），即湖的東面去，但他的心情依然未能平復，為著法利賽人等的心硬感到扎心，亦意識到他們仍會不斷地攔阻自己的傳道工作，於是便警告門徒說：「要謹慎，要提防法利賽人的酵母和希律的酵母」（15節）。

酵母的宗教含義

麵包（或餅）一直是以色列人的一種重要和主要的食物。一般麵包都含有酵母（或麵酵），這是一種微黃色的細小真菌。酵母跟水和麵粉混和之後，會使生麵團發脹，烤出來的餅就會鬆厚，不致於太過扁平乾硬。而所謂的無酵餅，就是不含酵母而烤出來的餅；無酵餅通常是扁平的，像餅乾一樣。

猶太人過逾越節和除酵節時，必須在7天之內吃薄薄的無酵餅（利二十三5～6；民二十八16～17），以紀念以色列人離開埃及時是那樣的匆忙，以致他們沒有時間等待麵團發酵，所以只造了無酵的餅。

有酵母與否其實沒有甚麼特別，但由於在舊約聖經裏，很多節期（如逾越節和除酵節）和獻給上帝的祭（如素祭，利二11）都指定不能有酵母，因此，在猶太人中間，「酵母」可能帶有一種宗教文化上的貶意。保羅在加拉太書所引述的一句俗語：「一點點酵母可以使全團的麵發起來。」（加五9；另參林前五6）亦可能帶有類似的貶意。

所謂「法利賽人和希律的酵母」①，耶穌明顯是指法利賽人的教導（二16）和希律·安提帕的所為（六14～28）會為害上帝的所有子民，就像酵母可以使整團生麵粉發脹一樣。

耶穌明顯是借題發揮；按馬可的記述，耶穌的確是因為缺乏食物，藉此向門徒提出警告。那麼，耶穌豈不是無理取鬧？他為何還要痛罵門徒一頓呢？很可惜，馬可沒有交代清楚，我們只能嘗試從字裏行間找理由為耶穌的反應辯護。經文說**「耶穌警告他們」**（15節），所以這即使是非常嚴肅的警告，可能也只是順便提醒他們而已，而**「他們紛紛議論說」**（16節）則較強調他們彼此之間的議論，其中可能包括彼此埋怨，看誰應該在行政上為此負上責任，而沒有想到，耶穌必定能夠再為他們預備所需要的食物。

留意馬可特別強調所剩餘的12籃和7籃食物；這可暗示，不像在曠野時上帝只供應一天的食物，耶穌所供應的是還有剩餘的。

從這角度看來，耶穌並非無理取鬧。耶穌餵飽5000人、4000人的這些事件歷歷在目，都證明耶穌大有能力，有如在西奈曠野中供應以色列人所需的耶和華一般。即使耶穌確實是借題發揮，門徒也不應該有如此強烈的反應，更何況我們應留意到，耶穌向他們一連發出的7個問題的目的，是要迫使門徒作出反省的。

耶穌對門徒的責罵確實是嚴厲的，但留意作者所用的字眼在之前的記述裏也有出現：例如文中的**「遲鈍」**②一詞也見於六章52節（耶穌在水上行走後斥責門徒）。最特別的是**「你們有眼睛卻看不見嗎？有耳

朵卻聽不到嗎？」(八18)的說話，類似的話也見於四章12節；作者(或耶穌)是要諷刺那些只想聽聽耶穌講道但不求甚解的「局外人」(參結十二2)。

今天教會強調要彼此包容，必定會有人覺得耶穌有點過分，對門徒苛刻，又或可能認為其實是馬可對門徒不公允，挖苦他們。這樣同情門徒，就是漠視了耶穌對門徒的憂慮。敵對天國福音的勢力，如法利賽人和希律黨人，將會愈來愈猖獗，但門徒還是這樣的**「遲鈍」**，好像局外人一樣，不明白耶穌所講所行背後的意思。在馬可的筆下，愈接近耶路撒冷，耶穌就愈顯得焦急。他焦急並非因缺乏安靜、親近上帝的時間，而是為身邊的門徒憂慮：「怎麼辦呢？他們還不明白嗎？」

有時，信主已久的基督徒同樣也會遲鈍，甚至閉上心門，不能接受上帝為我們所做的事，你有否這種經歷？

7.2. 治好伯賽大的盲人(八22～26)

馬可記載耶穌要分兩次才能把盲人醫好，這並非表示耶穌的能力有限，要分兩次才能把病人醫好，而是把這逐漸式的醫治當作一個比喻，反映門徒對耶穌的認識緩慢，期間經過認識不清楚的階段。

按馬可福音，這是耶穌第二次來到伯賽大(第一次記載在六章45至56節)。有人帶來一個盲人，**「要求耶穌摸他」**(22節)，意思是要耶穌醫治他。一如既往，耶穌不想讓眾人知道，於是把他帶到村子外面去，用自己的唾液當作一種藥膏來治療那個人(參七33)。

按馬可的記載，耶穌要分兩次才能開那個盲人的眼睛：

1. 經過第一次的醫治，那病人只能模模糊糊地看到東西；他看見遠處的人好像樹，不能分辨彼此間的枝葉，當那些人走來走去時，好像樹的枝葉在風中搖擺(24節)。

❷ 耶穌接著把手按在那人的眼睛上，這下他連遠處的東西也看得清清楚楚（25節）。從耶穌打發他回家去，吩咐他不要再進村子，我們可以看出那人的瞎眼已經醫好了，不再需要村民領他回家。

這個發生在伯賽大的神蹟，確實令基督徒有點尷尬，再加上馬可非常簡單的記載，甚至看似是有點草率的，我們可能寧願馬可不記載這事還好。我們不期然會問：難道耶穌不能夠一次過就醫好盲人的眼睛嗎？醫治盲人會比醫治痲瘋病人或聾啞病人困難嗎？不可能吧！更何況耶穌在十章46至52節確實曾經一次過把盲人巴底買醫好。因此，我們不能單憑作者的描述，就斷言這盲人的情況較為嚴重，又或假設這人的信心較小，又或耶穌的能力不濟，所以要進行兩次醫治。

我們需要把這個故事與餘下的整個段落並列起來，看作者如何藉著整個記述（八22～十52）的結構傳達故事的意義。

八章22節至十章52節的結構分析

自耶穌治好了伯賽大的盲人（22～26節）後，由八章27節開始，作者不斷使用「在路上」（八27，九33，十17、32）這短語表示他們正邁向耶路撒冷，而最後一次使用是在十章52節，當耶穌治好盲人巴底買後，巴底買「就在路上跟隨耶穌」（《和合本》）。在這段以「盲人開眼」的神蹟來貫串首尾的「路上」（八22～十52），耶穌與門徒正逐步邁向耶路撒冷，耶穌要在這「路上」逐步開啟門徒屬靈的眼睛，讓他們能清楚明白耶穌和作門徒的人的身分和使命。

這事件確實是一個神蹟故事，但在馬可的筆下，耶穌「治好伯賽大的盲人」（八22～26）這故事就好像一個比喻，作為八章22節至十章52節的開場白：指出門徒只能逐步、緩慢地認識耶穌的身分和他們作為門徒的身分；正如耶穌在「法利賽人和希律的酵母」(八13～21)的講論中指出，門徒的頭腦太「遲鈍」了，他們是「有眼睛卻看不見……有耳朵卻聽不到……」。然而，作者最後以耶穌「治好盲人巴底買」這個故事，表明門徒的屬靈眼睛最終能得醫治，並且他們的信心亦能剛強起來，這全在乎上帝的工作，並不在乎人的能力。門徒對耶穌的認識要經歷不同的階段，從不了解(八17～21)到誤解(八29～33)，到最後才能真正了解耶穌的身分(十五39)。

再進一步仔細閱讀八章27節至十章45節，可發現文中展示的結構有一個重複的模式：

- 耶穌不斷曉示門徒他自己的身分，曾3次在不同的地點(和時段)預言自己的受難、受死與復活(八27～33，九30～32，十32～34；另耶穌曾在山上改變形像，九2～13)，清楚告訴門徒(使徒)③他真正的身分和使命；
- 令人痛心的是，在每次高潮(耶穌的預言)之後，隨即會發生一個反高潮事件(如門徒表示不明白，或門徒之間產生爭拗)，以表明門徒其實終究難以領會耶穌話語的含義；
- 然而，耶穌亦藉著門徒的誤解，進一步闡述門徒身分的本質。

這個模式的出現並非偶然，而是經過作者刻意編排的。按這理解，我們可以根據這3次的預言，組織出3個循環的單元，其中第二和第三個單元是很相似的，突出服事的重要性：

三次預言	地點	隨即發生的事情	耶穌對門徒的教導
第一次預言(八27～33)	往凱撒利亞·腓立比的途中	彼得的勸阻(八32～33)	作門徒的代價：背起十架來跟從我(八34～九1)
第二次預言(九30～32)	經過加利利的途中	爭論誰最偉大(九33～34)	作門徒的品格：誰要居首的就要作僕人(九35～50)
第三次預言(十32～34)	上耶路撒冷的途中	雅各和約翰的要求(十35～40)	作門徒的條件：上帝的揀選和以服事去管治(十41～45)

在閱讀的過程中，我們會深深感受到，門徒只能漸進地認識耶穌和他們作門徒的身分，期間經過認識不清的階段，就像該名盲人曾經歷視覺模糊不清的一樣。雖然耶穌已預先告訴他們將要發生在耶路撒冷的事情，但他們卻要待事情應驗後才能明白。

7.3. 第一個循環單元：耶穌第一次預言、彼得的勸阻、作門徒的意義（八27～九1）

沿海有一個城市名叫「凱撒利亞」（參徒八40），不可與這「凱撒利亞．腓立比」混淆。

這是八章22節至十章52節的大段落中的第一個循環單元：耶穌首次揭露他身分的祕密，彼得以門徒之首的身分企圖勸阻耶穌不要去受死，然後耶穌藉此機會闡述作門徒的真正意義。

凱撒利亞．腓立比城位於加利利湖以北40公里（25英里）左右，是外邦人聚居的地方。耶穌（或馬可）選擇在這外邦人地方預言他的受害，確實是別有用心的。

7.3.1. 彼得認耶穌為基督、首次預言受難和復活（八27～32上）

參7.2.專欄「八章22節至十章52節的結構分析」中對「在路上」一詞的討論。

耶穌**在路上**向門徒問了兩個問題：「一般人說我是誰？」（27節）和「你們說我是誰？」（29節）。

要理解這兩個問題，我們必須了解對話的背景，就是之前所發生的事。在馬可筆下，形式各異的神蹟都證實了耶穌是滿有能力的，他的傳道工作是非常成功的。然而，當他的事工愈顯出他有能力，出現的問題就愈多：第一，宗教領袖們會更積極地反對耶穌；第二，跟隨耶穌的羣眾會有更多的誤解；第三，最遺憾的是，門徒對耶穌的印象會更模糊。

當耶穌問「一般人說我是誰？」，難道耶穌果真不知道外人說他是「**施洗者約翰……以利亞……先知中的一位**」(28節)嗎？耶穌只是要對比外人對他的理解與門徒對他的了解。耶穌隨即問門徒：「你們呢？你們說我是誰？」彼得回答說：「你是基督」(29節)，意思是：耶穌就是蒙上帝揀選的那一位(參本書2.1.「標題：『上帝的兒子，耶穌基督的福音是這樣開始的』」的解釋)。彼得以門徒(使徒)之首的身分回答這問題；某程度上，這可能亦反映一般門徒對耶穌的理解。雖然彼得已經認出耶穌是基督，耶穌卻不想門徒把這個消息告訴別人。這符合耶穌一貫的做法(參一44，三10～12，七34～36)，為要避免這消息會造成更大的混亂(很多人可能因此蜂擁而至)。但在這裏，主要原因可能是因為耶穌知道，他的「基督」觀與門徒和羣眾的「基督」觀還有差別。

這似乎已經是眾所周知的；就連希律也聽過(六14～15；另參九11～13)。

信仰是個人的事情，雖然我們要知道我們所屬的信仰羣體(教會、宗派)所信的是甚麼，但更重要的仍是我們個人所信的是甚麼。

7.3.2. 彼得的勸阻(八32下～33)

留意這詞語在這一連串的事件中出現多次(八38，九9、12、31)。參3.1.專欄「人子」。

一切似乎都很順利，但關鍵的問題是：確認耶穌為基督是一回事，要為這位「基督」的身分下定義又是另一回事。為清楚表明這位基督與猶太人所期望的基督的不同，耶穌便進一步解釋他作為基督將要面臨的遭遇：「**人子**必須遭受許多苦難，被**長老、祭司長，和經學教師**棄絕，被殺害，三天後將復活。」(31節)耶穌清楚指出，他——基督、人子——將要接受猶太人議會的審訊，並且死在十字架上，而上帝必使他復活。

文中雖用「長老、祭司長，和經學教師」描述那些人，但其實是以這三類人為代表，指整個猶太人議會(或稱猶太人公會)，即是猶太人社會中最高的權力機關。

耶穌「必須遭受許多苦難」，這是門徒可以接受和理解的，因為門徒實在感受到猶太教領袖的敵意，而他們相信，若耶穌真是這位基督的話，他必定會勝過這些反對的勢力。然而，當他們聽到「被殺害」的說話，彼得立即表示震驚，因為他期望這位基督（即耶穌）會在猶太人中間建立自己的國度，施行統治，他不能想像這位被上帝揀選的基督居然會死。之後將會發生的甚麼復活的說話，彼得都聽不進去了④！馬可大概恐妨讀者會以為彼得誤解了耶穌，所以加了一句，說明耶穌「把這些事說得清清楚楚」（32節）。

「走開」原文的意思是：「離開，到我後面去」。這節經文，《和合本》譯作：「撒但，退我後邊去吧！因為你不體貼上帝的意思，只體貼人的意思。」

與彼得所做的一樣，撒但也曾引誘耶穌逃避被釘十字架（太四1～11；路四1～13）。

馬可並未直接記錄彼得勸阻耶穌的說話和動機，但耶穌的回答卻為此作了解釋：**「撒但，走開！你所想的不是上帝的想法，而是人的想法。」**（33節）留意耶穌的身體語言：他本來被彼得拉著邊走邊講，突然「轉過身來，看看門徒」（33節），然後（可能是再面向彼得）斥責彼得。我們很難確定這一連串身體語言的意義，但至少有兩點可以肯定：第一，耶穌要與彼得劃清界線；第二，耶穌不想彼得影響其他門徒——即使其他門徒可能亦有相同的看法。無論彼得當時說了些甚麼，他一定是拒絕接受耶穌的預言，因此遭到可能是耶穌最嚴厲的一次責備，就是耶穌竟**將彼得與撒但聯繫在一起**⑤。

無論是今天抑或是原來的馬可福音讀者，都不會感受到彼得那種震驚，因為按照作者馬可的記述，即使耶穌還未清楚說明他的遭遇，從一至九章，馬可亦已多次暗示耶穌的受難。然而，彼得和所有門徒對耶穌的所講所行仍是一頭霧水！

彼得之所以感到震驚，不是因為他對「基督」的定義一無所知，反之，卻是因為他太過熟悉了。即使他有時可能會忽略一些潔淨禮儀的細節，但對於這位猶太宗教和文化的核心人物——「基督」，他與所有門徒一樣，都十分清楚：基督（或彌賽亞）來臨是要統治百姓，不是要受苦、遭唾棄、被殺的。彼得明白到有從猶太教領袖而來的迫害，這些統治階層反對羣眾喜歡耶穌的教導，而且一直圖謀如何除掉耶穌，但他相信耶穌能勝過他們。彼得所不能接受的是基督受難的必然性；這怎能是上帝計劃的一部分？

耶穌極為恰當地描述了彼得阻撓自己時的心態：「你所想的不是上帝的想法，而是人的想法。」（33節）耶穌在這裏所指的「人的想法」，就是指以（猶太）人的傳統來理解、期望上帝的作為，但人所理解和期望的並非上帝的心意。保羅在哥林多前書一章18至24節的説話或許可以幫助我們了解耶穌對彼得的評語：

> [18]基督死在十字架上的信息，在那些走向滅亡的人看來是愚拙的；對我們這些得救的人來説，卻是上帝的大能。……[21]上帝運用他的智慧，使世人不能夠藉着自己的智慧去認識他；相反地，上帝決定藉着我們所傳那「愚拙」的信息來拯救信他的人。[22]猶太人要求神蹟，希臘人尋求智慧，[23]我們卻宣揚被釘十字架的基督。這信息在猶太人看來是侮辱，在外邦人看來是荒唐。[24]可是在蒙上帝選召的人眼中，不管是猶太人或是希臘人【註：泛指外邦人】，這信息是基督；他是上帝的大能，上帝的智慧。

在猶太人的眼中，「一個被釘十架的基督」是一種侮辱基督的觀念，而在外邦人的眼中，這是荒唐；他們都不能夠接受這樣的一個君王。上帝要令世人震驚，祂的智慧就在這裏：基督是以一種那些自以為有智慧的人所不能接受、意想不到的方式出現的，為要證明世上的智慧和聰明最終只會絆倒他們自己。

按人的智慧(即「**人的想法**」)，被釘十字架的基督或許顯得愚昧，但按上帝的標準(即「**上帝的想法**」)，這卻是智慧的表現。彼得拒絕接受耶穌預言的內容，他完全按人的智慧標準行事，並不理解「耶穌是彌賽亞」這話的真正含意。

7.3.3. 作門徒的代價(八34～九1)

耶穌嚴厲地責備彼得，表明了這神聖旨意實現的必然性。與這必然性一致的，是耶穌召喚他們必然要背起十字架。承接耶穌對彼得的指責，耶穌藉此機會解釋他作為「受苦的基督」與門徒的身分的關係。短短幾節經文已闡述了門徒的身分，這是整卷馬可福音中非常重要的信息之一，我們要小心理解。

留意，耶穌每每談到得失、取捨時，都帶出與世界的價值觀相反的看法；之前，耶穌宣稱基督是要被釘十字架的是一例子，而這裏亦如此。

成為怎樣的跟隨者關乎所跟隨的是怎樣的主人，就如耶穌必須背起十字架，同樣，那些想要追隨耶穌的人也必須經歷耶穌所曾經歷的；**「捨棄自己，背起他的十字架來跟從我」**(八34)中的兩部分是有關連的：

這裏的「十字架」並不是指整個的十字架，而是指十字架的梁木，因為整個十字架太重了，不能背起來。

❶**「捨棄自己」**就是否定自己的價值觀念，放棄自我的意願；

❷**「背起他的十字架」**是被判要釘十字架的人額外要受的刑罰，那犯人必須自行背起自己的**十字架**到刑場去，讓圍觀的人辱罵他。所以背起自己的十字架跟從耶穌，意味著迎接因公開了自己的門徒身分而招來的辱罵。十字架的路是一條單程路，一條不歸路，因此踏上這路的人，要有萬二分的決心。承接前一段經文耶穌宣認自己是將要受難的基督，十字架代表了世人認為是好的，但卻攔阻他們去到上帝跟前、跟隨上帝的事情。

捨棄多少「自己」?

耶穌對門徒身分的本質的教導清楚表明，其跟隨者必須走耶穌自己所曾走過的道路。然而，在實踐上，我們必須小心處理。

祈求耶穌讓你看得更加清楚，你在哪些方面需要「捨棄」?

所謂「捨棄自己」，並非說門徒沒有了「自我」。按這裏的邏輯，沒有「自己」也就不能做到「捨棄自己」。因此，作門徒的，必須先誠實地自省，看看有哪些方面的「自己」需要捨棄；這些需捨棄的部分就是他的十字架了。不同的人需要捨棄的部分各有不同：有的是事業、金錢、成就，有的是電視、電腦（如ICQ）、遊戲機，有的是尊嚴、驕傲、野心。

那麼，這樣似乎選擇性地「捨棄自己」是否不足夠呢？不是！這樣的解釋是要強調捨棄和十字架的「個人層面」。當耶穌提及信徒的十字架，耶穌不是說「我的」（即耶穌的）十字架，而是「他的十字架」，是個人的十字架。有些人根本沒有甚麼財物，對他們來說，他們的十字架明顯不是財物；但對於很多富有的人，財富確實是他們的難阻（十17～22）。雖然今天有些人（例如天主教中有些修士）確實覺得需要在物質上作出捨棄，所以當他們立志跟隨主或奉獻作全職事奉主的人時，會變賣所有財物奉獻，但對於大多數信徒，甚至耶穌的門徒，他們的理解並非如此。

耶穌以「捨己」和「背十字架」為**作門徒**必須要付的代價，並且繼續對比「得救」與「喪失」的意思：

留意34節，耶穌是向眾人說的，不單止是向十二門徒（使徒）說的。

因為那想救自己生命的，
反要喪失生命；
那為我和福音喪失生命的，
反要得到生命。（八35）

這節經文的兩部分是平行的，作者從「正」、「反」兩方面來解釋同一個道理。留意經文中的「得到」，原文是「救」。

「捨己」和「背十字架」條件的必然性，扭轉了世人對「得到生命」和「喪失生命」的定義，亦使世人的努力變為枉然。

背十字架的人，似乎是喪失了生命，其實是得到了真正生命；不願意背十字架的人，似乎是得到生命，其實他們是喪失生命。這裏「得到生命」和「喪失生命」的吊詭性關係與保羅在哥林多前書一章18至25節詮釋的「智慧」和「愚拙」的關係很相似。

八章36至37節兩節經文是福音書中最為人熟悉的經文之一，但亦可能是最常被人誤用的經文之一：

> **一個人就是贏得了全世界，卻賠上了自己的生命，有甚麼益處呢？沒有！他能夠拿甚麼來換回自己的生命呢？**

你為要得到想要的東西而努力工作，你可能在生活中感到快樂，但在主再來的日子，你能否擁有因與主同在的快樂呢？

很多人引用這節經文來說明生命的可貴，不可任意糟蹋，鼓勵世人要珍惜生命；在這處境之下，「生命」無疑是指「肉體生命」。但這裏不是指「肉體生命」，就如剛剛討論的一節（八35），經文中的「**生命**」是指「屬靈生命」，是上帝與人建立關係後所賦予給人的生命。一個基督徒即使事事暢通，生活安逸，「**贏得了全世界**」，但卻沒有遵行作門徒的必須條件（就是「**背起他的十字架**」），這就等於他「**賠上了自己【屬靈】的生命**」，他所擁有的，對他來說又「**有甚麼益處呢？……他能夠拿甚麼來換回自己的生命呢**」？

雖然耶穌與當時的猶太人（包括耶穌的門徒）的基督觀截然不同，但耶穌依然相信（八38），當基督（被稱為人子的耶穌）來臨時，他會施行審判（但七13～14）。這裏是耶穌在馬可福音中第一次談到末世的事，而在這裏，耶穌警告在場那些聽他論及如何作門徒的人，特別是十二門徒，要知道拒絕基督可能可免去別人的嘲笑和羞辱，但卻必帶來永遠的責備。「**淫亂和邪惡的時代**」並非單指道德上的敗壞，更是扭曲價值觀念、不分善惡好歹的時代。「**以我和我的教訓為恥**」（八38）

可能是暗指彼得等人對耶穌宣告的「被釘十字架的基督」的抗拒，但其實亦是對每一個世代的信徒的警惕。

有人可能會認為，宗教理應幫助並保護人們遠離衝突，並提供一整套使人事事順利，是使人成功的準則，是完美的道德準則。然而，基督信仰中並沒有一種不經過受難而直接通往復活的觀念。這個關於背十字架與失喪生命的勸誡是要讓我們完全明瞭，被呼召的人所應有的委身程度。這段對話由一個似乎只是資訊性、無關痛癢的提問（八27「一般人說我是誰？」）開始，最終卻帶出一個對基督徒生活具有挑戰性的勸喻。

馬可在這輪教導結束之前，特別加插了一句話：「我鄭重地告訴你們，站在這裏的人，有的會在他死以前看見**上帝的主權**帶着能力實現。」（九1）耶穌不是作出一番科學性的宣言，指在場的人在「看見上帝的主權帶着能力實現」之前都不會死，而是說在不久的將來，他們就會經歷這事的發生。那麼，經文中的「上帝的主權帶着能力實現」是指甚麼事情呢？

「上帝的主權」就是指「上帝的國」（參《和合本》）。

在新約聖經的記載中，最能彰顯上帝主權的事情有：耶穌受難、復活、升天、聖靈在五旬節降臨和耶穌的再臨。由於緊接著這番話的事情是耶穌「改變形像」（九2～13），而這事清晰地彰顯了耶穌在榮耀裏的身分（參7.5.「治好被鬼附身的兒童」的討論），所以大多數學者認為，九章1節所指的事其實就是「六天後」所發生的事。

馬可以這預言結束耶穌與其他門徒的對話，確實令彼得先前只片面看到，甚至是忽略了的受苦的基督形像更清晰顯現出來。另一方面，這亦為門徒帶來安慰；就如在我們的教會節期裏，緊隨著受難節的就是復活節。在一個「淫亂和邪惡的時代」（八38），作耶穌的門徒並不容易，但基督徒的生命不會盡是陰暗的，榮耀的日子就在我們的前面。

溫習問題(7.1.～7.3.) 在頁199。

7.4. 改變形像(九2～13)

儘管耶穌已經預言了自己未來的榮耀(八38～九1)，而他的受害、受苦、與死亡亦近在咫尺，但在這裏作者要讀者著眼於基督的復活。這裏記載門徒在山上目睹耶穌的真榮耀，這暫時的榮耀不僅令馬可福音的讀者回想起耶穌受洗時的情景，亦令他們期盼這位上帝之子得到最後勝利。

「六天後」這時間標記是作者給讀者的提示：要把這事件與之前的事(八27～九1)連起來理解。耶穌帶同十二門徒中幾位核心人物「**彼得、雅各，和約翰**」(九2)，暗暗地上了一座高山，然後在他們面前，耶穌的形像改變了：「**他的衣服變成潔白光亮；世上沒有人能夠把布漂得那麼潔白。**」(九3)作者沒有提及耶穌的外貌改變成怎麼樣子，可能因為衣服光亮顯

在五章37節，耶穌亦只帶同這3位門徒到葉魯的家中(另參一29，十四33)；他們都是與耶穌較親密的門徒。

•《基督改容》(Transfiguration)油畫，405 x 278厘米。義大利文藝復興時期畫家拉斐爾(Raffaello Sanzio，1483～1520)繪畫，現收藏於羅馬梵蒂岡博物館。

得外貌似乎亦變了。忽然有兩個人出現，門徒大概不可能認出他們來，但作者告訴我們那兩人是摩西和以利亞。最後又有「雲彩」出現。

雖然只是短短兩節經文，但馬可已經把整個榮耀的情景描述得淋漓盡致，戲劇性地以上帝的榮耀來表明耶穌的身分，當中別具心思的描寫包括：

❶「一座高山」(2節)：地點本身是相當關鍵的重點，使人預料會有某種特別的啟示即將到來；「高山」令人回想起上帝當年在西奈山(又稱何烈山)向摩西顯現。馬可沒有指明這是哪座山，按早期教會傳統，這裏是指「他泊山」(Mount Tabor)，它靠近加利利省的中部。

❷「他的衣服變成**潔白光亮**……」(3節)：作者很詳細地描述耶穌衣服顏色的轉變，這種轉變是上帝或上帝代言者顯現的徵兆，並帶有濃厚的天啟意象味道(參但七9，十二3；啟三5，四4)。這裏所描述的情景與福音書描寫耶穌復活與升天時的情景非常相似(參十六5；太二十八3；路二十四4；約二十12；徒一10)。

這裏的「潔白光亮」一詞常用來形容某種人類無法接近的光芒。

❸「以利亞和摩西」(4節)：以利亞和摩西代表了(舊約)聖經中兩個最重要的部分：律法和先知書。這兩位領袖都是上帝所揀選的，負責囑咐上帝的子民過新的生活，就像耶穌一再呼籲門徒過新生活一樣。他們兩人亦是舊約中在山上與上帝親密接觸的人(出三十三19～22；王上十九11～13)，亦是未經死亡而**被接往天上去的人**(申三十四5～6；王下二9～12)。舊約聖經分別在申命記十八章14至22節和瑪拉基書四章5節中預言有一位像他們的將要來到，耶穌與他們的同在，明顯就是應驗了這兩段經文的預言。

雖然聖經未有清楚記載摩西被接往天上(申三十四5～6)，但摩西升天卻是猶太人傳統的說法。

❹「**雲彩籠罩**」(7節)：遮蓋他們的雲彩又使人聯想起上帝領以色列人出埃及時，雲彩遮蓋聖幕(出四十34～38；另參賽四5；結一4)，以及在西奈山上時，祂顯現於雲彩中的情形(出二十四15～18)。

以上的特色是任何一個猶太人，或略為認識以色列民族歷史的人都可以立時聯想起的；整個情景都充滿著榮耀的意象，作者甚至認為不需要記述耶穌與以利亞和摩西之間的交談。最後的記載：「**從雲裏有聲音傳出來，說：『這是我親愛的兒子，你們要聽從他！』**」(7節)是一句宣言，這不單止結束了整個山上變像的事件，亦把以上所彰顯的榮耀歸於拿撒勒人耶穌的身上。

對馬可福音的讀者而言，儘管改變形像的故事確實顯出耶穌光芒四射，但其中並沒有甚麼特別新鮮，或是令人震驚之處。從頭開始閱讀或聆聽馬可福音的人都已經知道，耶穌就是上帝的兒子，也記得耶穌受洗時聖靈的降臨，以及那從天而來的聲音(一11)，並且還讀過耶穌所行的神蹟和他的教導。對於我們這些已了解耶穌身分的人，這個改變形像的故事可能只是另一個顯出耶穌榮耀的事件而已。

這裏的「帳棚」不是指一般游牧民族的住所，而是要作為「神龕」或「神殿」用，供人敬拜的地方(出二十五1～9；徒七43；啟二十一3)。彼得此言是指希望這榮耀的時刻在山上可延續下去。

這多少反映彼得的性格。謹慎的人不知道該說甚麼，就乾脆不說，但性情率直、急燥的人就會語無倫次。

這個故事對於彼得、雅各、約翰等人卻絕非如此，因為最少，他們沒有目睹耶穌受洗的過程。與其他的情況一樣，彼得此次又代表其他門徒，向耶穌表達自己的意見：「**老師，我們在這裏真好！讓我們搭三座帳棚，一座給你，一座給摩西，一座給以利亞。**」(5節)馬可為了讓讀者不遺忘彼得這個提議的荒唐本質，在此加了一句解釋：彼得「**不知道該說甚麼才好**」(6節)⑥。儘管彼得要紀念這事件的願望十分良好，但這表示他僅認為這是一樁值得記念的事。彼得的這一舉動與他先前拒絕耶穌受難的預言的行為(八31～33),似乎有天壤之別。彼得雖然拒絕接受耶穌即將受苦的事實,但他卻極渴望擁有耶穌此刻的榮光!然而,實際上,他依然是以「人的想法」來看在周遭發生的事情。

就在這一刻,天上傳來有聲音說:「**這是我親愛的兒子,你們要聽從他!**」(九7)這個宣告直接向門徒表明上帝對耶穌的認同,並命令他們要聽從耶穌。與前面那段視覺效果豐富的場景相比,這個宣告發出時的場景截然不同,當時門徒只見耶穌單獨一人:「**他們連忙向四周張望,卻看不見有別的人,只有耶穌和他們在一起。**」(8節)眾門徒目睹了耶穌相貌的改變,他的衣服潔白,摩西、以利亞與耶穌一同顯現,又有雲彩遮蓋他們,但當天上的聲音傳出過後,他們只看見耶穌一人;聽從耶穌的重要意義也變得清晰了。眾門徒一直以來的所見所聞都是千真萬確的,只是他們還未領會耶穌之前對他們所說的話,因此也沒有準備好去面對眼前的這一幕情景。

與耶穌受洗時天上發出的宣告很相似,但各有不同的重點:「你是我親愛的兒子,我喜愛你」(一11)不僅表明耶穌的身分,也表達出上帝對耶穌的喜悅之情(參本書2.2.2.「耶穌受洗」的討論)。

耶穌改變形像使人期盼基督的勝利復臨,亦呼召門徒要聽從耶穌的吩咐,並觀看他的行為。聽從耶穌吩咐的必要性在本書4.3.1.「撒種的比喻」中早已出現;耶穌勸告說,「**有耳朵的,都聽吧!**」(四9、23)這些門徒(和馬可福音的讀者)必須認識到,耶穌既是一位代替上帝施行醫治大能,顯出上帝耀眼榮光的神子,亦是一位即將被賣、遭受逼迫與十架之苦的人子。

跟歷代教會中的許多基督徒一樣,這些門徒只想得到他們所見的榮耀,卻不願接受他們所必須聽的信息,但這兩者並不能分割開來。馬可不僅再三強調耶穌身分的雙重性(即受苦和榮耀),小無情地提醒讀者,勝利不只源自苦難,也不能沒有十字架作代價。馬可講述耶穌改變形像的故事時,添加了一些近乎幽默的元素,如彼得提出的豎立紀念性建築物的建議,但榮耀與苦難的結合依然是整卷馬可福音的中心主題。

這是馬可福音最後一次記載耶穌要求當場的人不可把看見的事情告訴別人；某程度上，這也暗示宣講的時候快到了。

耶穌明白到大部分人都在期待一個政治領袖，這領袖也許像君王一樣，可以管治國家，也許是一個懂得大行神蹟的人，可解決人生即時的需要。可是耶穌必須死去，好把罪惡擊潰；然後復活，好征服死亡。這樣，耶穌真正的使命才可以完成。因此，當時候未到，**耶穌的身分依然不能向羣眾揭露出來**。門徒大概明白耶穌的心意，但心裏還是不明白「從死裏復活是甚麼意思呢」（10節）？他們不明白的不是「復活」，而是人子為何要死，然後又要復活呢？！他們的爭論再次證明：即使耶穌不斷地向他們透露自己的身分，他們的思想依然是「遲鈍」的。

這「基督受苦、復活」的宣告給門徒帶來一個釋經難題，而馬可的記述並非十分清楚，我們只能透過字裏行間了解箇中的因由。按瑪拉基書（瑪三1，四5），先知以利亞會在末日再來，為耶和華預備道路，「他要使父親和兒女再度和好，免得我來毀滅這地」（瑪四6）。如今，在山上改變形像的情景以及耶穌宣稱自己為基督都指向末世時的情況；按此，以利亞理應已經來臨，預備基督的再來。因此，門徒問：「為甚麼經學教師說以利亞必須先來呢？」（11節）**他們可能是認為**：若然以利亞是要來復興以色列民族，基督為何又要來呢？而他為何需要受苦呢？耶穌的回答有兩點：

這問題亦可能暗示，有許多人都會懷疑假如耶穌是基督的話，他們怎麼看不見以利亞來到？

1. 「以利亞的確要先來重整一切」（12節），意思是他比基督「先」來，但他所做重整的工作並不完全；若然是完全，「聖經上為甚麼又說人子必須受苦難和被棄絕呢？」（12節；參詩二十二篇；賽五十三章）
2. 「以利亞已經來了」（13節），而耶穌隱約地表示，施洗者約翰其實就是（舊約）聖經所預言在末世要來的以利亞（一2～8）。就如昔日以色列王亞哈的妻子耶洗別迫害以利亞一樣（王上十九1～3），第二個以利亞同樣受到逼迫。

留意經文並非說，聖經預言這第二個以利亞要遭受迫害。

7.5. 治好被鬼附身的兒童（九14～29）⑦

與山上滿有榮光的景象相比，現實中充滿無奈、挫敗。雖然彼得3人先看見上帝主權彰顯時的榮耀，但其他門徒仍然失敗、無能和小信。因此，門徒未能醫好這個患癲癇病的孩子，亦成為剛剛過去的榮耀事件的反高潮。

不知耶穌和3個門徒在山上逗留了多少時間，但無論如何，他們當時「悄悄地」（2節）走了，如今門徒見他們突然回來，當然有點詫異⑧。耶穌見有一大羣人圍著門徒，其中又有經學教師在場，於是想問個究竟。「人羣中有一個人」（17節），其實就是被鬼附的孩子的父親，把事情和盤托出。

這是馬可福音記載的**4個趕鬼事件**中最後的一個，亦可以說是最難完成的一個。故事的重點並非那被鬼附身的小孩子，而是那鬼的厲害。留意作者的描述：

其餘的是：「一個污靈附身的人」（一21～28）；「耶穌（在格拉森）治好污靈附身的人」（五1～20）；「一個女人的信心」（七24～30）。

- 對被鬼附身的表現的全面描寫：馬可確實花了不少筆墨描述這啞巴鬼對孩子的折磨（17～18、20、22節），而這孩子的表現有如患癲癇病的（參太十七15）；
- 門徒的失敗：馬可沒有交代門徒為甚麼未能把鬼趕走，但根據那個沮喪和失望的父親的描述，他**帶孩子來見耶穌的門徒**，是相信他們能把鬼趕走，把孩子醫治好的，「可是他們無能為力」（18節）；

17節說，那人帶孩子來見「耶穌」，但其實是指耶穌的門徒。

- 被鬼附身的時間的長短和這孩子被鬼捉弄的頻率：這情況是孩子「從小就有了」（21節）。當父親把孩子帶來，鬼一見耶穌便作出強烈的反應；馬可又特別指出這孩子從小就被這鬼折磨，這鬼又「**多次想殺滅他，把他扔進火裏，推下水裏**」(22節)；

當你信心軟弱的時候，耶穌與這個人的對話可以給你怎樣的鼓勵？

- 耶穌趕鬼所用的時間：與馬可一貫「速戰速決」的描述不同，馬可不單止對每一個細節都作詳細的描述，他更著意耶穌的醫治過程緩慢。特別留意耶穌用了很多時間了解病情，而在命令鬼離開孩子身上時，命令的內容亦是較詳盡的：「**你這聾啞鬼，我命令你從這孩子身上出來，不准你再進去！**」(25節)這些都説明這類鬼的厲害，必須靠禱告才能趕走他(29節)。

這鬼之厲害，是他即使被趕出孩子的身上後，他還把孩子弄到好像死人一樣，以至這趕鬼的事件變成使死人復活(26～27節)⑨。

馬可既要指出「他們」沒有信心，亦要顯露耶穌的不耐煩：「我還得在你們這裏多久呢？還得容忍你們多久呢？」(19節)

相對於這類鬼的厲害表現，信心就顯得重要。在知道門徒未能趕走這鬼的一刻，耶穌大罵他們(籠統地指整個世代)一場：「你們這時代的人是多麼**沒有信心**哪！」(19節)這種信心是上帝所賜的；留意耶穌與父親之間的對話如何突顯信心的重要性：

這節經文的意思應該是：只要我們相信上帝，任何事情都有可能發生，因為沒有甚麼事情可以難倒祂。

- 因為門徒未能把孩子醫好，所以孩子的父親對耶穌也起了疑惑：「你若能做甚麼，求你憐憫我們，幫助我們！」(22節)
- 耶穌確實憐憫了他和這孩子；耶穌以孩子父親的説話中的「你若能做甚麼」，反問這父親：「是的，你若能！**有信心的人，甚麼事都能。**」(23節)
- 孩子的父親相信耶穌，但卻承認他的信心依然不夠堅定，時強時弱，需要耶穌的幫助。

馬可並沒有交代故事的結果，只說耶穌進到屋子裏，**私底下**向門徒解釋，並強調「**只有靠禱告才能夠趕走這類鬼，此外沒有別的方法**」(29節)。有趣的是，耶穌在趕鬼的時候，即使他似乎花了很多心思把鬼趕走，但他並沒有禱告。這是否已說明耶穌的能力非常大，可以破例呢？事實固然如此，但更重要的是，我們要理解耶穌這番話並非旨在說明趕這種鬼的祕訣，而是說明門徒在耶穌去世後事奉的要訣。

耶穌似乎習慣與門徒有私人教授或講道的時候(參四10，七17)。

不少早期的抄本在「禱告」後還加上「禁食」。

這個神蹟接續耶穌在山上改變形像的故事，我們若與之前發生的事件串連起來，再從這個層面來理解，就會發現耶穌的預言(特別按彼得的理解，或應說「誤解」)是強調他的受難(八31～九1)，而耶穌在山上改變形像則強調他得榮耀(九2～13)。但若要彰顯榮耀，耶穌必須先勝過鬼魔那種極度破壞性的勢力。耶穌當然可以勝過魔鬼的勢力，這是我們可以預料的，但更重要的是：門徒能否勝過這勢力呢？

這神蹟是馬可福音中最後一次記載趕鬼的神蹟；作者在此特別強調禱告的重要性，原因是他知道耶穌在世的時間無多。耶穌要讓門徒知道，當他在世上時，他就是門徒隨時可支取的力量；但若他不在他們中間，即使是離開片刻，到了山上去，他們就必須靠著禱告才可有能力趕鬼。先前十二門徒受差遣出去(六7～12)，能成功地趕鬼(六7「**他賜給他們驅逐污靈的權柄**」)，是因為他們是在接受訓練期間，耶穌的目的是要讓他們經歷他所作的；他們成功亦是因為耶穌與他們同在。但到了這刻，處境已不同了，耶穌快要離開，門徒必須有心理準備，接受成功並不是必然的，而是需要向上帝求助，也要承認自己的不足。無論對於昔日或今日的門徒，這神蹟帶出的最大意義是，要向耶穌呼喊：「**我的信心不夠，求你幫助我！**」(九24)

信心是一種交託和信靠，是上帝所賜的恩典；信心的增長是經過恆久操練的結果，你有這方面的經歷嗎？

7.6. 第二個循環單元：耶穌第二次預言、爭論誰最偉大、作門徒的品格（九30～50）

耶穌再次預言他的死和復活，門徒的無知反襯耶穌的先知先覺，他們的恐懼更進一步反映耶穌的威嚴。

耶穌離開位於加利利湖以北的凱撒利亞．腓立比城，進入加利利省，在抵達迦百農之前，耶穌第二次預言自己的受難和復活。

7.6.1. 耶穌第二次預言（30～32節）

留意這個循環單元裏所發生的事情的情節與第三個循環單元很相似（參8.4.1.「第三次預言受難和復活」）。

不論學習甚麼，都是需要時間的，靈性的成長亦不是一朝一夕的事；耶穌單獨與門徒相處，為要集中地訓練他們，這對你有何啟迪？

馬可在描述耶穌第一次預言時，已表明門徒對耶穌身分的誤解，和他們不明白作門徒的真正意義。但門徒即使失敗了，耶穌仍然繼續揀選他們，教導他們，「容忍」他們（19節）。

為此，在此後的旅程中，耶穌暗暗前行，以便與門徒有單獨相處的時間，繼續教導他們明白那些將要發生在自己和他們身上的事（30～31節）。門徒是軟弱的，但這並沒有削弱耶穌裝備他們的熱忱。正如馬可先前引用以賽亞先知的話（賽六9～10），即使聽的人不明白上帝的話，耶穌依然會繼續講；亦如昔日上帝差派先知以賽亞到猶大宣講悔改的信息，雖然早已預知他必定會失敗，但上帝仍然要差遣他去，並不因有人拒絕而放棄（參4.3.2.「用比喻的因由」的討論）。

耶穌在教導中第二次預言自己的遭遇：「人子將被交在人手裏；他們要殺害他，死後第三天，他將復活。」（31節）⑩門徒不明白第一次的預言，到這一次，情況似乎並沒有改善：「可是他們不明白這話的意思，卻又不敢問他。」(32節)恐怕是因為上次彼得被耶穌痛罵了一頓，大家記憶猶新，不想再被責罵吧！

馬可福音中的「門徒」

在整卷馬可福音中，門徒扮演的角色是最有意思的地方之一。他們被耶穌呼召，並被委以職分；更在很多方面都得到耶穌的特別教導，然而這些門徒總給人留下不佳的印象。他們常說些不合宜的話，甚至是語無倫次；他們不讓小孩子接近耶穌(十13～16)；他們在該睡覺的時候煩躁不安(四35～41)，該煩惱的時候卻又酣然熟睡(十四32～42)；正當耶穌預言自己即將受難，他們還要爭誰最偉大(九33～34，十35～41)；他們不斷誤解耶穌的教導與行為。

這些記述確實會令讀者感到惱怒與焦慮。我們相信，馬可不會故意嘲笑當時的門徒(和使徒)，要特別留意這福音書的資料都是來自彼得的。作者的用意是要讀者從門徒的寫照中發現自己。門徒的失敗以及對耶穌的不了解，都代表了後世歷代基督徒的信仰模式：不易發現事實的本質，執意體貼人的意思，而非上帝的意思(八33)。然而，我們大可不必因為這些門徒反映了我們自己的思想與行為而感到洩氣，因為他們在耶穌復活後都有很大的改變，並耶穌給予了他們一項新的使命。

7.6.2. 爭論誰最偉大(33～34節)

與第一次的預言一樣，在耶穌揭露自己的真正身分的高潮之際，門徒又再一次令讀者、令他們自己失望。

這好比當子女得知父親患上絕症，快要死時，連忙討論誰能夠得到父親的遺產最多。

我們每個人都會思索自己在羣體中的地位和身分的問題：我在這羣體中有甚麼地位呢？是舉足輕重抑或微不足道呢？提出這些問題並沒有錯，但馬可把門徒不斷「爭論誰最偉大」(34節)等問題放置在耶穌預言其受難之後，就突顯了這些**問題的荒唐**。

或許他們誤解了耶穌所說上帝的國大有能力地臨到的意思，當他們朝耶路撒冷進發時，門徒可能以為耶穌要在地上建立上帝的國度，因此在進城之前，他們大概也需要先分清高下，以便在上帝的國度建立之時，各人都知道自己的位置。

這是對事奉勤奮的人的提醒，若野心一旦叫我們貪圖一己的虛榮，事奉就變成犯罪的機會。

耶穌就這爭論向他們提出質詢時，門徒都極其尷尬，甚至無言以對。或許他們並不太理解自己所爭論的有甚麼不妥當，但卻一定十分清楚，這爭論與耶穌所談之事全無相干。

7.6.3. 作門徒的品格(35～50節)

第三個循環單元中亦有類似的教導，參8.4.3.「以服事人來管治」。

這是門徒與耶穌的關係中的一個低點。雖然門徒既迷惘又羞愧，但令人驚訝的是，耶穌並沒有放棄他們，亦沒有因門徒的荒謬爭論而責備他們；相反，馬可記載耶穌相當積極和正面地從3方面教導門徒。

7.6.3.1. 作個服事人的首領(35～37節)

你認為成功是甚麼？你認為自己在哪方面已成功了？

耶穌重新定義「大」的概念。成敗、得失、功過也都有了新的評價標準。我們開始明白**「上帝的想法」**(八33；《和合本》譯作「體貼上帝的意思」)的真正含義：並非只滿足於個人的屬靈的默想，而是要設身處地關心那些最微不足道的人與事，以至自己也成為最微不足道的人。

今天社會裏，小孩往往是家庭的中心，但古代社會的小孩都是社會的邊緣分子，不受重視。參8.2.「耶穌祝福小孩子」。

耶穌以實例教導他們，他讓一個**小孩子**站在門徒中間。這段描寫並非旨在突出這個孩子的天真無邪和單純的信心，而是要突出小孩子低微的地位，就好像永遠伏在他人的權柄之下，喪失諸多的權利一般。耶穌的話語裏提及了一連串的關係：

為了我而接待這樣一個小孩子的，就是接待我。接待我的，不僅僅是接待我，也是接待差我來的那一位。(九37)

耶穌對「偉大」和「個人價值」的觀點與我們平常從社會中所接收的有甚麼根本上的不同呢？

耶穌在此再次以極端的表達手法扭轉世人的價值觀：耶穌將偉大等同於奴役，將在先等同於在後，將接待小孩子等同於接待耶穌、接待上帝。這令我們想起先前耶穌對門徒說的那番話，提及「**得到生命**」和「**喪失生命**」之間的吊詭關係：「**因為那想救自己生命的，反要喪失生命；那為我和福音喪失生命的，反要得到生命。**」(八35) 作耶穌門徒的，所持的價值觀就是往往與世人的有別。

耶穌使眾門徒脫離大小之爭，以及與之相關的權利之爭，引導他們敞開雙臂去接納那些軟弱卑微的人。如果教會可以開始以此方式思考並付諸行動，教會對今天的社會的影響將會更大。如果我們以耶穌的定義來思想「為大為小」的概念，我們會更能夠做到背起自己的十字架來跟從耶穌。

7.6.3.2. 反對或贊同(38～41節) ⑪

福音的重要主旨就是說明上帝的揀選：儘管人的罪孽深重，但上帝恩惠的福音仍能使我們得蒙祂的揀選與愛。可惜，這種被上帝揀選的意識，常令人產生高人一等的優越感與自負的心態，在不知不覺中成為團體的人及人與人接觸與交流上的障礙。無論出於甚麼原因，這種被上帝所愛的經歷往往會發展出一種「惟我獨尊」的不健康心態。這種自負的心態會使我們經常看見別人的「不是」，這些「不是」可能只是因為他們跟「我」不一樣，我們會質問他們為甚麼「不悔改」，似乎上帝只是我的上帝。這種心態顯然不是現代教會信徒獨有的，也見於初代教會的門徒中。

馬可似乎暗示，門徒之所以排斥他，是因先前的趕鬼行動失敗，不知這陌生人的成功會不會威脅到他們的地位。

對於眾門徒試圖制止一個**他們不認識的人**趕鬼，約翰的解釋顯然可笑，甚至具有諷刺意味（38節）。在前一章，門徒未能從一個男孩身上趕出污靈，因此受到耶穌的嚴厲責備（14～29節），現在他們竟企圖制止一個成功趕鬼的人，僅因為那人不屬於他們的團體。門徒並不在意，這個陌生男子趕鬼時是否奉耶穌的名與能力，只看重此人是否屬於已被揀選的體制內。禁止這個局外人趕鬼一事與下文中小孩子被禁止接近耶穌的事一樣（十13～16），將眾門徒排他的心態表露無遺。

我們會否因為某人並非與我們同屬一個羣體，就拒絕與他們相處、合作？你認為這種「排他」的心態會帶來甚麼後果？

對於耶穌一句異常冷靜的回答（40節「因為不反對我們就是贊同我們」），我們不應該以為，耶穌但求以和為貴、就不惜包容那些對他冷淡和漠不關心（但依然稱呼他「主啊，主啊」）的人，因為耶穌在馬太福音曾說：「那不跟我同道的，就是反對我的；不跟我一起收聚的，便是拆散的。」（太十二30）

原文的意思可能是：既然是連「說壞話」或「毀謗」（《和合本》）都不會，其他傷害的說話或行為就更不用多說了。

耶穌在這裏的回答其實富有神學邏輯：「因為沒有人會藉着我的名行神蹟，又馬上轉過來**說壞話**攻擊我。」（39節）**耶穌本人**就是能力的泉源；一個人，即使是耶穌所不認識的，但他既然以耶穌的名行神蹟，他就是信服耶穌的人，願意參與建立上帝國度的人，他亦不會詆毀耶穌。門徒不僅需要培養自身仁慈寬厚的品性，而且必須認識核心人物不是他們自己，而是耶穌。是否與門徒一起並不重要，最重要的是那人是「藉着我的名」行事（39節）。

在猶太人的用語裏，一個人的名字就代表了那人。

門徒亦要明白，在路上那些向他們表示善意的人，他們的善意若是出於對耶穌的敬畏之心，而非因為門徒的好表現，他們都會有應得的獎賞（41節）。這些羣眾接納門徒的心態與行為，極之值得眾門徒仿效。

7.6.3.3. 使人跌倒的有禍了(42～50節)

在這段經文中，耶穌運用了各種令人注意的隱喻和誇張的用語，來引導門徒省察自己的生活及事奉的態度，是否有阻撓自己真誠並積極事奉上帝的地方(43～48節)。

- 承接41節論及門徒受到外人的善待，42節則論及信徒之間彼此善待的問題。在耶穌的眼中，無論人們是接待門徒、小孩子，或是任何一個「**微不足道**」的人，就等於是接待耶穌，他們都不能沒有獎賞；相反地，凡傷害別人，使別人離棄上帝的，好等於把那人徹底殺死(42節「倒不如用**大磨石**拴在他的脖子上，把他沉到海底去」)，這是極嚴重的事。在我們這個「欺善怕惡」、「鋤弱扶強」、「犧牲小他，完成大我」的社會，耶穌的話確實另有一番意思。

經文中的「微不足道的人」《現修》(《和合本》譯作「小子」)亦可指「小孩子」。

大磨石是農夫設置由騾子拉動的一塊大石頭，用來分開麥穗和麥殼。

● 發現於迦百農的大磨石。

在舊約聖經裏，不死的蟲和不滅的火經常被用來描述對邪惡勢力的審判（賽六十六24）。

在新約中，審判作惡的人的地方，常常被描述為執行火刑的地方（太五22；路十六23～24；啟二十14）。

- 令別人跌倒、離棄上帝，固然是不好，但同樣要設法避免令自己跌倒、離棄上帝。耶穌提到自殘、地獄、**不死的蟲和不滅的火**等字眼和概念，再加上「把它砍掉」（43、45節）和「把它挖出來」（47節）等極端的處理方法，必定會令眾人驚訝。耶穌以激烈的言辭，強調這真理的重要性：失去一隻手或一隻眼所帶來的肉體上的痛苦，跟下地獄、落在**永不熄滅的烈火**（43、48節）裏相比，是微不足道的。沒錯，甚麼東西都可以捨棄，最重要是「得永恆的生命」（43、45節；參8.3.1.專欄「永恆的生命」）和「進入上帝國」（47節）。這裏所涉及的主題，明顯回應耶穌第一次預言自己受難時所講有關作門徒的意義：「一個人就是贏得了全世界，卻賠上了自己的生命，有甚麼益處呢？」（八36）

地　獄

「地獄」這字的希臘文是*Gehenna*（參太五22），這字原來音譯自希伯來文的「欣嫩子谷」。因此，新約時期的「地獄」，實指舊約時期，位於耶路撒冷西南部的一個狹窄的山谷，名為「欣嫩子谷」。由於以色列人及其君王均在這地敬拜摩洛（Molech）神，又行種種邪惡的獻祭，例如將孩子扔進火中燒死（利十八21；耶三十二35），因此，對於以色列人來說，這名字就等同於與上帝為敵。後來，猶太人把惡人死後要去的地方，形容為如火燒的欣嫩子谷一樣。在新約時期，欣嫩子谷是一個用來燒垃圾的地方。

在新約聖經，「地獄」是行惡的人受上帝審判的地方，是以火刑懲罰人的地方；在那裏的人將面對劇烈的痛苦和永遠的懲罰（太五22；啟二十14～15）。那裏是一個火爐（太十三42、50），有永不熄滅的火（九43～44），是為魔鬼和跟隨他的天使預備不滅的火（太二十五41）。

- 鹽可以用來防止食物腐爛，也可以用來調味。耶穌説跟隨他的人**「都要被火鍛鍊，像用鹽醃一樣」**(49節)⑫，才可以保持潔淨。耶穌以此警告那些跟隨者，他們將要遭受的逼迫與試煉；同樣，基督徒必須經過「被鹽醃的階段」。在面對危機時，耶穌激勵眾門徒不可失去他們的獨特性，也不可向施壓者屈服，向主導這個世界的各種標準與思潮妥協。如果鹽失去了鹹味，那麼鹽的調味功能也就不復存在。只有保持作為受苦的人子之跟隨者的獨特性，門徒才有能力去影響這個世界，包括周圍的文化。無論是對早期還是後世的門徒而言，這都決非一件易事，但這正是上帝揀選我們的真正目的：我們不是要獲取特權，而是要服事他人。
- 最後這個**「彼此和睦」**(50節)的告誡來得十分合時。如果未來將是要「用火當鹽醃」(《和合本》)各人，眾門徒也就不必再爭論「誰最偉大」的問題了。他們**「要有鹽的作用」**(50節)，彼此調和，調解身邊所發生的衝突。基督徒不能一味幹活，更需要與其他基督徒一起，在充滿回憶與希望的團體中向前進發。

對那些經常高估自己作為上帝選民的地位者而言，以上的嚴厲警告無疑是一當頭棒喝。這警告以生動的描述提醒各人認識自我省察的重要性，不會任意批評那些其實比我們更成功和積極的羣體。

溫習問題(7.4.～7.6.) 在頁200。

釋經短註

① 留意馬太在記述同一事件時(太十六5～12)提到法利賽人和撒都該人的酵母。這裏的差別可能是因為要遷就不同的讀者：馬可福音的寫作對象是外邦人(如羅馬人)，

他們對希律的名字較為熟悉，而馬太的讀者是猶太人，用「撒都該人」可能較有親切感。

② 這詞在全本新約聖經只出現兩次，都是在馬可福音中。雖然《現修》希伯來書五章11節有「遲鈍」這詞，但在原文裏，那跟馬可福音中的「遲鈍」是不同的字詞。

③ 耶穌三次的預言都只是對他的門徒（使徒）講的，並沒有告訴其他人。第二（九31、35）和第三次（十32）預言的記載清楚指明是對「十二門徒」說的，而第一次則說是對門徒講的（八27）。由於馬可福音很少用「使徒」一詞，耶穌首次的預言可能也是只向「十二門徒／使徒」講的。

④ 馬可雖然記載了耶穌3次預言自己受苦和復活，但重點都在受苦和受死，而不是在復活。縱然現今所用的馬可福音裏都記載了耶穌的受難和復活，但一般學者都認為，原先的馬可福音是在十六章8節結束的，因此沒有記載耶穌復活後的顯現。

⑤ 馬太覆述這事件時，修飾了彼得的話，使說話的語氣略為溫和，把勸阻轉為帶失望和期盼（太十六22「不！主啊，這事絕不可臨到你身上！」）的意味。路加則完全省略了彼得這句衝口而出的話（參路九22～27）。無論如何，馬太和路加似乎都對彼得的這句話感到震驚，在他們看來，剛剛承認耶穌是彌賽亞的彼得，是應該不會立即反過來阻撓耶穌。

⑥《現修》的譯文似乎暗示「彼得和其他人」不知道該說甚麼才好，但按原文，所指應只是「彼得」。《和合本》譯作「彼得不知道說甚麼才好，因為他們甚是懼怕」較準確。

⑦ 雖然文中從沒有說這孩子患癲癇病，但《和合本》這段經文的標題一般都是「醫好患癲癇病的孩子」，這是因為類似的故事也記載於馬太福音十七章14至21節，而那裏清楚指這人是患了癲癇病的。

⑧ 也許有人會認為，門徒感到「詫異」是因為耶穌衣服上還留有光輝。這點與昔日摩西在曠野時的經歷很相似，昔日以色列民眾見到摩西因曾與耶和華說話而臉上留下的光輝（出三十四30）。

⑨ 有人認為，馬可刻意在這裏提及羣眾以為孩子死了，是要指出小孩若不受苦到死的地步似乎就不會痊癒；從這角度看，這神蹟預示耶穌的受難和復活（九30～32）。

⑩ 在詞句上，這次的預言與第一次的預言沒有甚麼出入，惟一較顯著的分別是成就耶穌的死的兇手；第一次說是「長老、祭司長，和經學教師」（與第三次相若，參十33），而這裏卻說是「人」。

⑪ 馬可福音九章38至50節這段經文的結構相當鬆散，而且似乎反映出馬可當時在教會內部的若干問題。

⑫《和合本》譯作「因為必用火當鹽醃各人」。有古卷在這節之後加上「凡祭物必用鹽醃」。

溫習問題(7.1.～7.3.)

1. 法利賽人和希律的酵母是指甚麼呢？(八15；參六章14至29節和七章1至23節的內容，可以找到線索)
2. 在八章14至21節中，門徒不明白耶穌哪方面的教訓呢？何以他們會不明白呢？
3. 在醫治伯賽大的盲人這事中，發生了甚麼不尋常的情況？(八22～26)這神蹟背後帶出甚麼意義？
4. 馬可記敍耶穌要分兩次才能把盲人醫好，這事情對於我們了解整個段落(八22～十52)有何幫助？
5. 當耶穌問「他是誰」時，門徒為甚麼會認為耶穌是施洗者約翰、以利亞，或是先知裏的一位，而不就是彌賽亞呢？(八27～30)
6. 就在彼得剛剛承認耶穌是基督之後，耶穌就開始告訴他們他自己必須遭遇的事情。你認為彼得之後為甚麼對耶穌的説話作出那麼強烈的反應？(八27～32)
7. 耶穌對彼得的責備為甚麼那麼嚴厲？(參八33)
8. 彼得與八章22至26節中的那個盲人有何相似之處？
9. 耶穌説，人不但要承認他是基督，並且還要跟從他，這番説話有何含意呢？
10. 你的生活似是要喪掉自己的生命，還是似要救自己的生命呢？

溫習問題（7.4.～7.6.）

1. 當耶穌改變形像時（九2～13），以利亞和摩西與耶穌一同在山上，這包含甚麼意義？（參申十八14～22；瑪四5）
2. 馬可福音第一次記載上帝的聲音是在一章11節，而九章2至13節是第二次的記載。這兩個宣告的意義和目的有何不同？
3. 當耶穌說：「以利亞已經來了，他們卻任意對待他，正如聖經所說有關他的話」（九13），他指的是甚麼事情呢？
4. 當耶穌下山回到其他的門徒那裏時，發現到他們因為不能趕出一個小孩子身上的啞巴鬼，而與經學教師激烈地辯論（九14～18）。你認為耶穌為甚麼那麼嚴厲地責備門徒呢？（九19）
5. 耶穌囑咐門徒在處理這類鬼時必須禱告，但為何他自己又不須禱告呢？這個神蹟對整個段落有何重要性？
6. 作門徒和作僕人之間有何關係？（九33～37）
7. 為甚麼小孩子在耶穌眼裏是恰當的例子？（九36～37）
8. 為何約翰要排斥那些不跟門徒一起、但藉著耶穌的名趕鬼的人？（九38）
9. 請試指出耶穌在九章42至50節的教導的重點。
10. 九章49節所提的火顯然是跟審判或試煉有關的，而鹽通常象徵淨化。那麼，基督徒如何能藉著審判或試煉得以潔淨呢？
11. 九章42至49節告訴我們，在處理我們和那些奉耶穌的名行事、卻與我們對抗的人或團體的關係時，我們應該採取甚麼態度和行動呢？

第八章

往耶路撒冷之路（十1至52）

- 有關休妻的教導
- 耶穌祝福小孩子
- 財富的難題
- 第三個循環單元：耶穌第三次預言、雅各和約翰的要求、以服事人來管治
- 治好盲人巴底買

經文

有關休妻的教導

10 1耶穌離開那地方來到猶太地區，渡過約旦河。羣眾又聚集到
他那裏，他就照常教導他們。

2有些法利賽人來見耶穌，想陷害他，問他：「請告訴我們，我
們的法律准許丈夫休棄妻子嗎？」

3耶穌反問：「摩西的命令是怎樣說的？」

4他們回答：「摩西准許丈夫寫一張休書給妻子，就可以休棄她。」

5耶穌對他們說：「摩西給你們寫下這一條誡命是因為你們的
心腸太硬。6可是太初，在創世的時候，上帝造人，有男的有女
的；7因此人要離開父母，跟妻子結合①，8兩個人成為一體。既
然這樣，夫妻不再是兩個人，而是一體。9所以，上帝所配合的，
人不可拆開。」

10他們回到屋子裏的時候，門徒又問起這件事。11耶穌告訴他們：
「任何男人休棄妻子，再去跟別的女人結婚，就是犯姦淫，辜負了
妻子；12妻子若離棄丈夫，再去跟別人結婚，也是犯姦淫。」

耶穌祝福小孩子

13有些人帶着小孩子來見耶穌，請耶穌摸他們；門徒卻責備
那些人。14耶穌看見了就生氣，對門徒說：「讓小孩子到我這裏
來，不要阻止他們，因為上帝國的子民正是像他們這樣的人。
15你們要記住，凡不像小孩子一樣來接受上帝主權的人，絕不能
成為他的子民。」16於是他抱起小孩子，一個一個地摸他們，給
他們祝福。

---

①有些古卷沒有「跟妻子結合」。

財主的難題

[17]耶穌剛上路，有一個人跑過來，跪在他面前，問他：「良善的
老師，我該做甚麼才能夠得到永恆的生命呢？」

[18]耶穌問他：「你為甚麼稱我為良善的呢？除上帝一位以外，再
也沒有良善的。[19]你一定曉得這些誡命：『不可殺人；不可姦淫；不
可偷竊；不可作假證；不可欺詐；要孝敬父母。』」

[20]那個人回答：「老師，這一切誡命我從小就都遵守了。」

[21]耶穌定睛看他，心裏很喜愛他，就說：「你還缺少一件。去賣
掉你所有的產業，把錢捐給窮人，你就會有財富積存在天上；然後
來跟從我。」[22]那個人一聽見這話，臉色變了，垂頭喪氣地走了，因
為他很富有。

[23]耶穌環視左右的門徒，對他們說：「有錢人成為上帝國的子民
是多麼難哪！」

[24]門徒對他這話感到驚奇；但是耶穌又說：「孩子們哪，要成為
上帝國的子民是多麼難哪！[25]有錢人要成為上帝國的子民，比駱駝
穿過針眼還要難！」

[26]這時候，門徒更為驚訝，彼此對問：「這樣說來，有誰能得
救呢？」

[27]耶穌定睛看他們，說：「人是不能，上帝則不然；因為在上帝，
事事都能。」

[28]彼得接着發言：「你看，我們已經撇下一切來跟從你了。」

[29]耶穌對他們說：「是的，我實在告訴你們，凡是為我或為福音
撇下了房屋、兄弟、姊妹、父母、兒女，或田地的，[30]必定在今世
收穫更多。他將得到百倍的房屋、兄弟、姊妹、母親、兒女，或田
地，並且要遭受迫害；而在來世，他將得到永恆的生命。[31]可是，
許多在先的將要居後，居後的將要在先。」

耶穌第三次預言自己的死

[32]他們在上耶路撒冷去的路上，耶穌走在前頭。門徒心懷戒懼；

其他跟着的人也都害怕。耶穌再一次把十二使徒帶到一邊，告訴他
們將要發生在他身上的事。[33]他說：「看吧，我們現在上耶路撒冷去。
人子將被出賣給祭司長和經學教師；他們要判他死刑，然後把他交
給外邦人。[34]他們要戲弄他，向他吐口水，鞭打他，並殺害他；三
天後，他將復活。」

雅各和約翰的要求

[35]西庇太的兒子雅各和約翰來見耶穌，說：「老師，我們有一個請求，希望你能答應。」

[36]耶穌問：「要我為你們做甚麼？」

[37]他們回答：「當你坐在榮耀的寶座上時，請讓我們跟你坐在一起，一個在你右邊，一個在你左邊。」

[38]耶穌對他們說：「你們不知道所求的是甚麼。我要喝的苦杯，你們能喝嗎？我要受的洗禮，你們能受嗎？」

[39]他們回答：「我們能！」

耶穌說：「我要喝的杯，你們固然要喝，我要受的洗禮，你們固
然要受，[40]但是誰可以坐在我的左右，卻不是我能決定的。這些座
位，上帝為誰預備，就賜給誰。」

[41]其他十個門徒聽見這事，對雅各和約翰很不滿。[42]因此，耶穌
把他們都召集到他跟前來，對他們說：「你們知道，世上那些被認
為是統治者的有權管轄人民，領袖也有權支配人民。[43]但是，你們
卻不是這樣。你們當中誰要作大人物，誰就得作你們的僕人；[44]誰
要居首，誰就得做大眾的奴僕。[45]因為人子不是來受人侍候，而是
來侍候人，並且為了救贖眾人而獻出自己的生命。」

治好盲人巴底買

[46]他們來到耶利哥。當耶穌與他的門徒和一大羣人離開耶利哥的
時候，有一個盲人—底買的兒子巴底買，坐在路旁討飯。[47]他一聽
說是拿撒勒的耶穌，就喊說：「大衛之子耶穌啊，可憐我吧！」

48許多人責備他，叫他不要作聲。可是他更大聲喊叫：「大衛之
子啊，可憐我吧！」

49耶穌就站住，說：「叫他過來。」

他們就對盲人說：「你放心，起來，他叫你呢！」

50盲人馬上扔掉外衣，跳起來，走到耶穌跟前。

51耶穌問他：「你要我為你做甚麼？」

盲人回答：「老師，我要能看見！」

52耶穌說：「去吧，你的信心治好你了。」

盲人立刻能看見，就跟隨着耶穌走了。

旅程中，耶穌最後來到猶太省的境界，朝著耶路撒冷邁進：**「耶穌離開那地方來到猶太地區，渡過約旦河。」**（十1）經文中的**「那地方」**大概是指迦百農或其附近一帶，因為作者只提及這地區的名稱（九33）；然而，根據這短短的描述，確實難以確定耶穌所走具體的路線：

- **「來到猶太地區」**：猶太地區位於約旦河的西面；從迦百農進入猶太地區，必須繞過加利利湖的西面，再沿著約旦河以西的地方向南走；
- **「渡過約旦河」**：這詞在原文其實是「約旦河外」（參《和合本》），即約旦河的東面（英文一般稱為Transjordan）。

換言之，這兩句話剛剛表示相反的方向。根據馬可所提供的資料，我們只能假設，耶穌繞過加利利湖的西面向南行進入猶太地區，然後在某處渡過約旦河的東面去（可能是比利亞境內），再在耶利哥附近（十46；經文並沒有說明耶穌渡河）渡河返回西面，最後抵達耶路撒冷。

正當耶穌教導眾人時，法利賽人向耶穌問了一個很難處理的社會問題：**「我們的法律准許丈夫休棄妻子嗎？」**（十2；《和合本》譯作「人休妻可以不可以？」）耶穌沒有直接回答這問題，只說「離婚」並不是上帝的心意，但如今基於人的心硬，所以摩西才訂下一些條例來。在這個非常敏感的問題之後，馬可記載耶穌接納一個遭門徒拒絕的小孩的感人故事（十13～16），帶出承上接下的作用：既鼓勵門徒（或教會領袖）不可忽略這些面對婚姻困難的人，要接納他們像接納小孩子一樣（十1～12），另一方面又藉此帶出天國是屬於微不足道的小孩子的（十17～31）。隨後的教導（十17～31）是由3組對話組成的，藉著討論財富這個重要的主題，從不同的角度探討**「有誰能得救呢？」**（十26）這問題。

就在逼近耶路撒冷時，耶穌第三次預言自己的受難和復活；然而，就如他第二次預言自己受難後門徒爭論「誰最偉大」一樣，這一次，耶穌的兩位愛徒主動提出將來要坐在他左右兩邊的請求，因此惹來其餘10位門徒的惱怒。在前往耶路撒冷的途中，耶穌的最後一個神蹟是「治好盲人巴底買」(十46～52)；耶穌所説的最後一句話是**「你的信心治好你了」**(十52)，似乎正預言很多人會因為耶穌的受難而相信他①。

A.有關休妻的教導(十1～12)
B.耶穌祝福小孩子(十13～16)
C.財富的難題(十17～31)
  a. 財主的難題(17～22節)
  b. 耶穌與眾門徒的對話(23～27節)
  c. 耶穌與彼得的對話(28～31節)
D.第三個循環單元：耶穌第三次預言、雅各和約翰的要求、以服事人來管治(十32～45)
  a. 第三次預言受難和復活(32～34節)
  b. 雅各和約翰的要求(35～40節)
  c. 以服事人來管治(41～45節)
E.治好盲人巴底買(十46～52)

8.1. 有關休妻的教導(十1～12)

與八章22節至十章52節這整個段落所包羅的耶穌的教導和言訓相比，馬可在這裏插入有關休妻的教導是有點奇怪的；但正如很多人所説，一個人的成敗必須從他的家庭、婚姻説起。離婚不單止是社會的問題，同樣也是現今教會中不少信徒會面對的危機。

與猶太文化不同，羅馬文化容許女性提出離婚。然而，有些深受羅馬文化影響的猶太人如希羅底，亦會主動離開丈夫（六17～18）。

舊約聖經並沒有清楚說明在甚麼情況之下可以離婚，但在古代近東的社會裏，妻子無緣無故離開夫家、浪費丈夫的財物、羞辱他、拒絕同房或犯姦淫，均可以是丈夫休妻的原因。

有關十章1節對耶穌旅程路線的討論，參本章開首。

在新約時期的猶太文化中，婦女在結婚或離婚的事上，一般都沒有太大的決定權；男人若要娶妻或離婚，都並不太難。因此，法利賽人提出的問題，表面上很簡單。猶太人的律法是**准許**丈夫休棄妻子的，申命記二十四章1節講得很清楚：「若有人娶了妻子後發現她有可恥行為而不喜歡她，寫了休書給她，叫她離開」。認識當時背景的人就知道，問題不是這種「離婚」的機制是否存在，而是在甚麼情況之下才可以使用這機制；換言之，問題的關鍵是經文中的「**可恥行為**」。耶穌完全知道問題的敏感性和回答的難度。

約於公元1世紀初，猶太教出現了兩位相當有分量的拉比，分別是希列（Hillel）和煞買（Shammai）。後期的拉比文獻記載了很多有關律例上的討論，大多都可以追溯至這兩位拉比的身上。然而，希列和煞買在很多方面的立場都有很大的出入，而以他們為代表的希列派（Bet Hillel）和煞買派（Bet Shammai）就代表著新約時期猶太教兩個在教義上互相對立的學派。

一般而言，在處理一些具爭議性的事件時，希列所採取的態度較溫和、較寬鬆，而煞買則較嚴謹。在收錄了歷代拉比討論的文集《米示拿》，其中的一份文獻〈論離婚訴狀〉（9.10）就有這樣記錄：「煞買學派主張『除非作丈夫的確能在其妻子身上發現不貞之事，否則一律不得休妻⋯⋯』；但希列學派則主張：『只要妻子弄壞了一道菜，做丈夫的便可把她休掉⋯⋯』」。

法利賽人提出這問題，無非是想試試耶穌②，看看他對申命記二十四章1節的看法，所贊同的觀點是屬於嚴謹的煞買派，還是屬於較為寬鬆的希列派。不過，無論耶穌怎樣回答，仍會引起一場爭論，這是在所難免的。

法利賽人（及至當時的猶太人）視休妻為律法上的問題；在這情況之下，人很自然會利用律法上所給予人的空間，在不違反律法的情況下求一己的私欲，而沒有考慮到上帝的心意。但耶穌卻把這問題提升為屬靈或信仰的問題。耶穌非常有智慧地解決了這個兩面不討好的情況，把原來法利賽人要問的有關休妻的問題，轉為從婚姻的本質上解釋。

耶穌利用創世記中有關創造的故事說明婚姻的本質（創一27～28，二18～24），認為婚姻是兩個人之間一種極深的聯合（二人成一體）。在建立這種新關係時，兩人甚至是離開父母的，而婚姻關係這一屬性正是上帝所設定的（十9）。「既然這樣，夫妻不再是兩個人，而是一體。所以，上帝所配合的，人不可拆開。」（十8～9）夫妻既然是如此親密，為何摩西又會「准許丈夫寫一張休書給妻子，就可以休棄她」（十4）？耶穌直言：「因為**你們**的心腸太硬。」（十5）

「你們」不僅指法利賽人，亦指所有以色列人。

對於創世記二章22至24節的理解，較後期的一些拉比文獻亦反映與耶穌很相近的立場。按他們的理解，婚姻中的男女是屬於另一種創造的。因此，上帝創造男和女的另一個目的，是要把他們再創造成另一個不能分割的個體。婚姻所建立的家庭關係是所有倫常關係中最親密的，遠較兄弟姊妹親密③。

那麼，難道摩西(甚至上帝)是任人擺佈的嗎？當然不是！還沒有這條律例之先，休妻者大有人在；當時想休妻的男人只須把妻子逐出家門，聲言她不再是自己的妻子就可以了。但這情況所造成的問題很大，休妻者可能日後不承認曾經做過這樣的事，反而說是妻子離夫家出走，甚至可能為妻子加上種種罪名。因此，制定有關的法律條文，本意是不讓男人隨隨便便就休妻，並且要保障妻子的權益。

與法利賽人對話之後，耶穌回到屋裏，門徒大概繼續追問耶穌有關休妻的機制，以及夫妻兩人在離婚之後的生活等問題，所以耶穌繼續說：**「……任何男人休棄妻子，再去跟別的女人結婚，就是犯姦淫，辜負了妻子；妻子若離棄丈夫，再去跟別人結婚，也是犯姦淫。」**(11～12節)

按傳統猶太人的看法，只有男人才可以休妻，妻子不可以休她的丈夫，因為猶太人認為妻子是丈夫財產的一部分(這是從主權方面來說，並非說妻子是件貨品)。一個男人若娶了被休的婦人，其實是得罪了這婦人的前夫，因為她原屬於前夫；但一個休妻再娶的男人並不得罪他的前妻，因為他的前妻和他的「新」妻子都是屬於他的。這樣看來，耶穌在十章11和12節對門徒的解釋，明顯視丈夫和妻子在婚姻上的地位平等。對於當時的猶太人來說，耶穌在這裏所表達的見解相當前衛，亦是一個對當時的男人的大警告。

某程度上，耶穌的回答其實已經暗示，他並非絕對禁止離婚(但這並非表示他容許或鼓勵離婚)，他的重點是人不能再婚而已④。不過，耶穌所看重的並非「再婚」的行為(因為申命記二十四章2節已經肯定了有這種情況的合法性)，而是背後那種貪新忘舊的心態！但這與「姦淫」又有何關係呢？

「二人成一體」的婚姻關係，既是律法上的關係，亦是屬靈上的關係。離婚雖然是破壞了婚姻在律法上的結合，但兩人的屬靈關係依然存在，因為這本是上帝的心意；人的心硬(破壞了兩人的關係)不等於可以改變上帝眼中兩人原來那種親密的本質。因此，在上帝的眼中，任何一方離婚後再結婚，都是對原來的配偶不忠，破壞了原來的屬靈關係。

關於家庭關係方面，耶穌先前已作出革命性的教導(三31～35)，亦預言信徒即將要面對的苦難包括家庭的分裂(十三12)；在這個不可更改的對於婚姻關係的申明中，卻有截然不同的重心。耶穌的立場明確：以那位創造主、並設立婚姻制度和關係的上帝作為出發點，指出離婚違反了上帝的心意，人的心硬破壞了這上帝的理想。婚姻關係本身就是一種人際關係，若關係破裂，又修補不了，難道強加禁止離婚的制度就可以勉強雙方在一起嗎？申命記二十四章1至4節亦是從這種實際角度來制定離婚的規矩，為要保障受害者。在這裏，耶穌所持的立場，似乎更保守。

若你教會中有弟兄姊妹正面臨離婚或離婚的危機，你首先會怎樣幫助他／她？你會認為他們犯了大罪嗎？

昔日兩人曾山盟海誓，但今天可能是淚流滿面地把婚約毀掉，從今以後成為陌路人，這箇中的原因並非是外人可以理解的。無論在哪一個時代，教會裏都會有離婚的事件出現。是的，他們或許婚姻失敗了，但他們還要繼續做基督徒，教會應如何對待他們呢？今天的教會可能會制定很多規條，例如禁止他們領聖餐一段時間，不准他們參與事奉一段時間。若離婚的是神職人員，他們就要離開自己的事奉崗位，如不可牧養教會、教授神學等等，目的是要表明教會的立場；但這樣做是否就可以解決問題？在執行紀律之後，有多少人還有勇氣留下來？很多當事人都會黯然地離開教會。即使他們仍留下來，亦再不能抬起頭做人了。教會除了執行紀律之外，有沒有為他們提供出路呢？

對於已離婚的弟兄姊妹，雖然很多教會為他們離婚後的生活制定了不少的(不明文)規條，但耶穌以及整本聖經都沒有在這方面提出清晰及具體的指引。離婚並非只是現代人的問題，同樣是每個時代的教會(包括早期教會)的問題，那麼，當時的信徒又如何處理這問題呢？經文沒有清楚交代，但緊接著的故事可能留下一些線索，讓我們窺探到昔日的信徒對這段經文的領受。

8.2. 耶穌祝福小孩子(十13～16)

門徒確實可惡，他們明顯地是恃勢凌人。他們把信仰架構化、階級化，但其實在上帝的眼中，那些在社會中被欺凌和弱小的人，才是最接近上帝的人。

有些人甚至因此強調小孩子般的單純、不求理智分析的慕道心態，但這顯然與聖經其他部分中，要在認知上分辨真假道理(箴一2；來五14)的教導有矛盾。

有些人帶著小孩來見耶穌，只要耶穌摸摸小孩、親親他們，就如當時很多人都會把孩子帶到祭司或拉比面前(特別在贖罪日前夕)，請他們為孩子祝福，但這些人卻竟遭門徒責備。整個故事的核心就在「像小孩子一樣來接受上帝主權的人」(15節)這句話；焦點是小孩子，完全與那些把他們帶來的人無關。

很多人都以為這段經文是**強調小孩子天真純樸的心態**，這明顯反映現代西方社會的價值觀。有小孩子的人都知道，小孩子的行為並非全都值得讚許的，而耶穌亦未企圖要把小孩子的本質理想化或聖化。

要明白這故事的信息，要感受耶穌的憤怒，就必須了解門徒的反應。門徒拒絕小孩子，全因為門徒瞧不起他們。在今天的社會中，小孩子反而往往是社交圈子的重心，是社會地位極高的一羣，沒有人敢拒絕他們，但小孩子在當時的社會中是無關重要的一羣，他們沒有社會權利、對社會沒貢獻，因此他們的出現只令有社會地位的成年人厭煩。但在耶穌的心目中，上帝的國度正屬於所有像小孩一樣的人：他們缺乏能力、易於受傷、極其軟弱，常遭厭棄；但正因為他們的光景如此，當他們看到上帝的恩手，他們就馬上毫無保留地接納上帝的管治。當門徒不讓這些小孩子接近耶穌時，他們不只犯了判斷上的一個小小錯誤，更完全違背了福音的精神。

從這個角度來看，**「像小孩子一樣來接受上帝主權的人」**(15節)，就是以被門徒拒於門外的小孩子的身分，如弱者的身分，來接受上帝主權的人。這些人正處於人生的轉捩點或低谷之中，而又內心飢渴。他們不議價、不提出反方案，也沒有任何與上帝談判的籌碼，只會承認自己無能力和無權利。就如小孩子渴望投入耶穌的懷抱，得到他的祝福一般，當這些人稱上帝為「父啊」，上帝亦會毫無保留地接納他們。

這不是指我們要妄自菲薄，而是在浩大的神恩之下，我們還有討價的權利嗎？今天很多人自恃「比上不足、比下有餘」或自覺富裕，拒絕接受這恩典。可否分享你在這方面的經歷？

離婚與小孩子的問題

這個「耶穌祝福小孩子」的故事並非帶有甚麼革命性的信息，作者只藉著這個於當時社會很普遍的現象，闡明上帝國的真理。

像這類獨立主題式的單元選段，在4卷福音書裏有很多。由於這些單元沒有提供具體的歷史背景資料，我們很難確定這些事件所發生的時間和地點，但這情況讓不同的福音書作者在記載同一個故事時，可按個別的需要將故事放在書卷中不同的位置。個別的單元故事本身有其意義，但當這故事被放置在個別的書卷中，它可能帶出另一重因文本的語境所產生的意義。但問題是：作者往往都不會清楚說明故事在文本語境中的意義；作者只把不同的故事放在一起，讓讀者揣摩。對於「耶穌祝福小孩子」這個故事，很多人都會把這故事與後面的「財主的難題」(十17～31)連在一起解釋，讓小孩子與財主形成對比。這樣的解釋固然有其合理性，但卻並非必然的，而我們幾乎可以肯定，古代的讀者並非如此理解。

參本叢書之《聖經鳥瞰——基礎篇》(黃錫木著)第二章專欄「聖經章節的標示方法」。

我們今天所見的聖經的章，分別在13世紀和16世紀才普及。**段落的標題**是在更後期加上的，這些標題的好處是能夠提醒讀者某段經文的內容，但其壞處就是使讀者把每個段落看成完全獨立的單元，看不見段落之間的關係。今天的馬可福音共有16章，但古時的聖經(亦即是載錄聖經的抄本)中，馬可福音分為48段(或章)⑤，而「有關休妻的教導」和「耶穌祝福小孩子」是同屬一章的，即28段。古時每次誦讀聖經時，往往會把一整章／段讀完。據此，古代讀者理解這段經文時，明顯也就會把這兩個故事合起來理解，以離婚者對應被門徒拒絕的小孩子，而那些門徒就如在教會中抗拒離婚者的人一樣了⑥。

當你面對一些婚姻失敗的弟兄姊妹時，你會否也有耶穌的心腸，接納他們，幫他們重新生活？抑或你會袖手旁觀，視他們為不遵守上帝旨意的人，逃避與他們交往，恐妨影響你的生活或個人形像？

不管是真誠、努力地去維繫一段圓滿婚姻，但卻變成受害的一方，或是由於「心腸硬」的緣故，主動地破壞，並且結束了一段婚姻的一方，對於經歷婚姻失敗的人，他們必須記住：即使他們在其他信徒(那怕是十二門徒)跟前完全沒有談判、討論的資格，並且只能等候別人的憐憫和接納，但在上帝的眼中，他們失敗的經歷絕不會使他們失去上帝的眷顧，好像遭到門徒拒絕的小孩子般，他們仍會得到耶穌的接納與祝福。他們除了需要鼓起勇氣重新生活之外，同樣應該得到信仰羣體的接納和安慰，讓他們可以過正常的羣體生活及得到事奉的機會。

馬可原本是否想把這個故事與「有關休妻的教導」(十2~12)連起來呢？我們不知道。但從現存的資料顯示，這極可能是早期教會的讀者(可能有10個世紀之久)的理解。

8.3. 財富的難題(十17~31)

耶穌再次以權威的姿態推翻公認的標準：如天國是屬於微不足道的小孩子的，財富是進入上帝國的攔阻，那些為了耶穌和福音撇下家產和親人的，將會在今世和永生得到百倍的家產和親人。

聖經猶如一面鏡子，其中的人物與對話都能成為我們自己，以及我們的社會文化的寫照。這段經文中，出現的人物所提出的問題和所表現的態度是我們不會陌生的。我們很容易就能想像出當時的情景，這個跑來見耶穌的財主衣著光鮮，彬彬有禮的，甚至可能是出身名門；然而，原來這一切令人羨慕的背景都是他追求屬靈生命的攔阻。他與前一個故事中出現的那些來到耶穌面前的小孩子成了強烈對比，因這名財主有著顯赫的社會地位與豐富的資財。

整段經文是由3組對話組成的：先是耶穌與財主的對話（17～22節），然後是耶穌與眾門徒的對話（23～27節），最後則是彼得的評論與耶穌的回應（28～31節）。藉著討論財富這個重要的主題，3組對話帶領讀者檢視一個基督的生命成長歷程，從**「我該做甚麼才能夠得到永恆的生命呢？」**（17節）這初階問題開始，進而探討門徒在成長中所面對的挑戰。

8.3.1. 財主的難題（17～22節）

「耶穌剛上路」（17節），意思可能是耶穌離開先前接待小孩子的地方，愈來愈接近耶路撒冷。就在路上，有一名財主跑過來。

參7.2.專欄「八章22節至十章52節的結構分析」。

不知道是否因為那種「憎人富貴厭人窮」的心態作祟，很多人對福音書中的「**財主**」都不太有好感，但這個財主卻不然。馬可著意為這個財主塑造一個非常敬虔的形像：財主謙恭地跪在耶穌面前，稱他為**「良善的老師」**，並向耶穌問了個嚴肅的問題：**「我該做甚麼才能夠得到永恆的生命**

只有馬太福音十九章16～22節清楚說明這是一個年輕的財主。

撒都該人並不相信永生之說，因為他們認為摩西律法並無這樣的記載。

呢？」(17節)對於今天的讀者，財主的問題帶有濃厚的基督教色彩，但其實在耶穌的時代，許多猶太人(可能除了**撒都該派**的猶太人外)都相信人死後還有生命，也對此充滿盼望。

永恆的生命

「永恆的生命」這概念在舊約聖經中並非十分清楚(參但十二2)；要留意的是，舊約聖經中經常出現的「永生的上帝／耶和華」是指上帝那種「永在」的觀念，與這裏的「永恆的生命」無關。「永恆的生命」的觀念在兩約之間則較為顯著；舊約次經《馬加比二書》(7.9；摘譯自《思高聖經》)有這樣記載：「……你使我失去現世的生命，但是宇宙的君王，必要使我們這些為他的律法而殉難的人復活，獲得永生。」馬可似乎亦相信這種未來式的「永恆的生命」(十30「……而在來世，他將得到永恆的生命」，指將來的時候耶穌要回來，從世界各地召集他所揀選的子民)，但在新約聖經的其他書卷中，所描繪的「永恆的生命」不單單是未來式的，也是現在式的，因為「永恆的生命」是在人接納主耶穌的時候就開始的(約三36，五24；羅五21)，並非只是死後的事情。

馬可在這裏提及的「永恆的生命」可能是包含兩種意思：財主是猶太人，他向耶穌提出的問題應該是一個有關猶太教的問題，因此，耶穌引用十誡來回答財主是最適合不過的；然而，馬可同時亦向本福音書的讀者或當時教會的信徒說話，按此，這裏的「永恆的生命」亦帶有明確的基督教色彩。因為這緣故，耶穌吩咐財主要賣掉他所有的，才能進入上帝國，並且要跟隨耶穌，而這顯然是從基督信仰(而非猶太教)的角度而言。

財主對耶穌的稱呼其實沒有甚麼特別，只是耶穌很少聽到別人對他有這樣好的稱呼；這財主可能是被耶穌的名聲和魅力所吸引，所以帶著熱忱來見耶穌，相比之下，耶穌的回答（18節「**除上帝一位以外，再也沒有良善的**」）是要把財主的注意力轉移到上帝的身上，耶穌（或馬可）的意思是：「你的熱忱並不能使你成為一個基督徒，你必須仰望上帝。」但另一方面，耶穌的回答也包含另一重意義。

舊約的十誡可以簡略地分為兩組：前4條是關於人與上帝之間的關係，而後6條是關於人與人之間的關係。在回答財主的問題時，耶穌清楚地從十誡裏引用後6條誡命中的5條：「**不可殺人；不可姦淫；不可偷竊；不可作假證；……要孝敬父母**」（19節；出二十12～16；申五16～20），又以「**不可欺詐**」（19節）精簡地總結十誡中的第十條：「不可貪圖別人的房屋；也不可貪愛別人的妻子、奴婢、牛驢，或其他東西。」（出二十17；另參申二十四14）從這角度來看，「**除上帝一位以外，再也沒有良善的**」**這句話**其實是以婉轉方式概括了十誡中的前4條。馬可的焦點是財主的人際關係，這是清楚不過的；但這並非表示財主與上帝的關係是其次的，而是他與上帝的關係如何能在他與別人的關係中反映出來。

比較出埃及記二十章2至3節：「我是上主——你的上帝；……我以外，不可敬拜別的神明。」

財主的回答（20節「**這一切誡命我從小就都遵守了**」）平實，毫無傲慢跋扈之氣，但卻帶點失望之情。耶穌的回答似乎太簡單了，財主根本自小就已知道和遵守了。耶穌的回答並未滿足財主追求的心。

耶穌似乎十分明瞭這個財主的心理，因此「**定睛看他，心裏很喜愛他**」。耶穌的「**喜愛**」不僅因為賞識、重視此人，更是出自由衷的關懷和愛。這人「**從小**」就遵守十誡的命令，這表示他的信仰生活似乎沒有突破，而這人亦自知這些誡命不足以使他得到永恆的生命，不然他也不會來找耶穌，於是耶穌趁機向這人發出挑戰，要他的生命去到另一個階段：「**你還缺少一件。去賣掉你所有的產業，把錢捐給窮人，**

你就會有財富積存在天上；然後來跟從我」(21節)。

財主「從小」就遵守的誡命，除了「要孝敬父母」一條之外，都是消極的，即財主只滿足了「不可……」的要求，代表他「一生未嘗傷害過別人」；但他不是個壞人不等於就是一個敬畏上帝的人。耶穌向他發出的挑戰是要他誠實和積極地面對自己的問題，不是保持不做壞事，而是要主動地、具體地在人羣當中彰顯他與上帝的關係。只有當這位財主不再留戀其家產時，他才能夠全心全意地追隨耶穌。可惜，財主的家財很多，而且一直牢牢地捆綁著他，使他沒有勇氣掙脱出來。對他來説，只有眼睛可見的財寶，哪裏有看不見的「天上」的財寶呢？他只有垂頭喪氣、憂憂愁愁地離開。

這財主確實是真心求問耶穌的，但得悉問題的癥結所在後，卻憂愁地離開。尋道的人不一定喜歡所尋著的答案。

上帝對每個人的呼召都不同，不是每一個人都需要賣掉所有的一切，然後跟隨祂；正如我們在7.3.3.「作門徒的代價」(八34～九1)一節所討論的，各人的十字架都不同，而這個財主的十字架明顯就是他的財富。一個「從小」就以偷竊搶劫、詐騙為生的人，必須要放下這種生活才能與上帝重建關係。對於這個「從小」就是一個眾人眼中的正人君子的人，他所放棄的並非只是一些表面上的惡習，更包括眾人都以為美好的價值觀和人生觀，然後他更要做一個並非世人眼中的好人，而是合上帝心意的人；這當然是更困難的。

然而，我們不能因為上帝對每一個人的呼召都不同，就把耶穌對財主的挑戰簡化成純粹是態度或心態上的事情。重要的是，我們每個人都要誠實地去聽上帝的呼召。

8.3.2. 耶穌與眾門徒的對話(23～27節)

財主「垂頭喪氣地走了」(22節)，他極為失望；但不單止是他失望，耶穌也非常失望。

耶穌看見身邊的門徒，就坦白地指出一個想誠實地生活於上帝的統治之下的有錢人，所面臨的考驗必然較一般人大。耶穌說：**「有錢人成為上帝國的子民是多麼難哪！」**(23節)

耶穌原來可能只是說這話表示自己的歎息，但當看見門徒並不明白、感到驚奇，就進一步向他們闡述這話的意思：**「……孩子們哪，要成為上帝國的子民是多麼難哪！有錢人要成為上帝國的子民，比駱駝穿過針眼還要難！」**(24～25節)⑦留意這句話的漸進性：先指出**「成為上帝國的子民」**的困難，再指出**「有錢人要成為上帝國的子民」**幾乎是不可能的，正如駱駝馱著貨物不能通過窄門，更不用說通過針眼了。

駱駝搬運貨物時，貨物都放在駝峯的兩邊；若要通過又窄又小的路，就必須先把貨物卸下才能通過去。財主進天國也是如此，財富就是他們的負累。

任何猶太人聽到這番話，都會像門徒一樣非常驚訝(26節)。雖然舊約聖經多處形容財富是令人離開真道的主要因素(賽二6～9；摩五10～13；另參雅五1～6)，但在猶太人的傳統宗教文化裏，財物依然是蒙上帝祝福的標記(申七13；伯一10；詩三十一19；箴十22)。今天的基督教文化也是一樣，經常可以聽見傳道人或一般信徒對一些有錢的基督徒說：「上帝很祝福你……」，但他們從不會向一個經常要領取政府綜援金的貧窮人說同樣的話。耶穌在此反而說，人愈有錢，就愈難進入上帝的國，因為他們只依靠錢財而不依靠上帝。

甚麼東西曾經是或現在是你進天國的最大攔阻呢？你如何靠著上帝的幫助勝過它呢？

眾門徒完全不能接受他們所聽到的說話，因為他們(與一般人一樣)認為，有錢人是蒙上帝賜福的一羣，是較容易得救的，因此語帶諷刺地反問耶穌，**「這樣說來，有誰能得救呢？」**(26節)耶穌回答說：**「人是不能，上帝則不然；因為在上帝，事事都能。」**(27節)表面上這是一句很簡單的宗教格言，但原來其句意並不完整，我們必須根據上下文補上一些字詞，才能明白耶穌這個回答是對有錢人的警戒：人是不能靠自己得救的，惟有靠上帝的作為人才能夠得救(「因為在上帝，事事都能」)，但對於有錢人而言，由於他們較一般人難得救，所以需要上帝雙倍的作為才行。

8.3.3. 耶穌與彼得的對話(28～31節)

前面的兩個對話無疑強調擁有財富與回應上帝呼召之間，存在著極大的張力。但這並非說，我們當中未算富有的人就可以置身於事外。耶穌與彼得的對話(29～31節)已超越了有關財富問題的探討，而是涉及人所擁有的一切，是有關生命主權的問題。

即使彼得確實如他所說的「已經撇下一切來跟從你了」(28節)，他這樣的一句話除了反映他的自信，只會令讀者感到突兀和奇怪，認為彼得自誇，更何況，漁夫又有甚麼可以撇下的呢？耶穌很嚴肅地回應彼得的話，亦應許他們將會得到和擁有的遠遠超過他們所撇下的，因為這恩賜並非只是未來的「永恆的生命」，更是在今生中有百倍的「房屋、兄弟、姊妹、母親⑧、兒女，或田地」(30節)。明顯地，耶穌只是提到人生中所涉及的幾種基本元素，也就是人的基本需求(「房屋」)，人與至親者的關係(「兄弟、姊妹、母親、兒女」)，以及人對財產(「田地」)的看法。按此，耶穌之前並非要使那個有錢人放棄世界，淪為一個流落街頭的乞丐，而是要他進入另一種富足。

你如何經歷到耶穌在這裏所說的話是真理呢？

不是所有應許都是令人歡喜的，就如當財主知道他應要做的事情時，即感到沮喪，更何況在應許中，還包括要「遭受迫害」(30節)。財主與耶穌相遇的故事也在馬太福音(太十九23～30)和路加福音(路十八24～30)中出現，但只有馬可福音特別提及「遭受迫害」，正反映馬可福音的原來讀者羣所面對的情況。以「**迫害**」作為他們是耶穌的門徒的印證，對於這些面臨（羅馬政府的）逼迫的信徒，是何等的安慰和激勵。

成為耶穌的門徒並非暗示會家破人亡，亦不表示會淪為家徒四壁，一無所有，終日亡命天涯；但成為耶穌的門徒，確實往往會經驗新的生命與舊的生命之間的張力。新的生命要求我們重新檢視我們的基本需求、我們與至親者的關係，以及我們與財產的看法，亦要求我們思考這些關係會否攔阻我們成為主的門徒。新的生命要求我們經常面對聖靈的挑戰。

馬可以耶穌在此的最後一句話（31節「**許多在先的將要居後，居後的將要在先**」）總結整個段落（17～31節），這是對彼得和所有讀這段經文的人很大的鼓勵，亦再次表達出耶穌要把世界的價值觀念扭轉過來。就如那名財主，他擁有一切，在世界而言似乎是「**在先**」的，但結果卻「**居後**」；而門徒和忠心地跟隨耶穌的人，因為已經「**撇下一切**」，在世界看來似乎是「**居後**」，但其實是「**在先**」的。

8.4. 第三個循環單元：耶穌第三次預言、雅各和約翰的要求、以服事人來管治（十32～45）

這是八章22節至十章52節中所記載的第三個循環單元，亦是最後的一個。與之前的兩個循環相同，在耶穌的預言之後，亦有一個反高潮事件（雅各和約翰的要求），而這亦造就另一次機會讓耶穌闡述作門徒的意義。

參7.2.專欄「八章22節至十章52節的結構分析」。

這個單元所包括的事情，發生「**在上耶路撒冷去的路上**」（32節），我們很難具體地確定耶穌和門徒的位置（參八章描述的「往耶路撒冷之

從馬可福音的開頭，「耶路撒冷」已經是個充滿著對抗、敵對耶穌勢力的地方（三22）。

路」的路線）。耶穌愈接近**耶路撒冷**，馬可福音中所表現的氣氛就顯得愈緊張。耶穌第三次預言自己受難，這亦是最後的一次；當進入耶路撒冷之後，預言便應驗。

8.4.1. 第三次預言受難和復活（32～34節）

作者在段落的開首已很清楚地描述了一種緊張的氣氛：**「他們在上耶路撒冷去的路上，耶穌走在前頭。門徒心懷戒懼；其他跟着的人也都害怕。」**（32節）作者沒有交代門徒**「心懷戒懼」**的原因，可能是因為耶穌在先前兩次已清楚預言即將要發生在耶路撒冷的事情，因此大家都緊張起來。門徒（可能是指十二門徒）害怕，跟隨的人就更害怕。眾人的心情可能影響他們的行動緩慢下來，以致耶穌走在前面。這並沒有甚麼特別，可能表示了耶穌作為領袖的身分，但在這裏，亦可暗示耶穌前往耶路撒冷的意向堅定。

耶穌把十二門徒叫到一旁，第三次預言自己受難：**「看吧，我們現在上耶路撒冷去，人子將要被出賣給祭司長和經學教師；他們要判他死刑，然後把他交給外邦人。他們要戲弄他，向他吐口水，鞭打他，並殺害他；三天後，他將復活。」**（33～34節）與之前兩次的預言相比（八31，九31），這次預言的內容較為詳盡，特別講及他會被交給**「外邦人」**（指羅馬政府），以及被**「戲弄」**的細節（參詩二十二6～7；賽五十6）。

若比較這3個循環單元的內容，就會發現第三個循環單元的模式與第二個循環的幾乎是一樣：

- 耶穌第二次預言後，門徒不明白耶穌所說的，亦不敢問，反倒爭論誰最偉大，然後耶穌就門徒的品格這方面加以教導，其中提及「作個服事人的首領」（九35～37）。

- 耶穌第三次預言後，即使作者沒有記載門徒的反應，但門徒的沉默，配合他們後來與耶穌的對話，明顯反映門徒完全忽略耶穌的說話，亦完全不明白；之後，門徒中又有人（雅各和約翰）要求作門徒之首，最後耶穌教導門徒，以服事別人作為管治原則的重要性。

毫無疑問，這樣的重複既說明門徒依然**不明白**（或不接受）耶穌預言的內容，亦強調了作僕人、服事的重要性。

甚至應該說，愈接近耶路撒冷，門徒就愈「不明白」耶穌的說話。

8.4.2. 雅各和約翰的要求（35～40節）

對於「誰最偉大」這問題，在耶穌第二次預言之後已經有所爭論（參7.6.2.「爭論誰最偉大」）；大家都知道，這類爭論是沒有甚麼結果的，還是要看看誰最有野心，最有膽色去爭取而已。

西庇太的兒子雅各和約翰是耶穌早期傳道時所呼召的門徒（一19），亦是與耶穌較親密的門徒（五37，九2，十三3）。但從任何角度看來，兩位門徒在這裏的要求都是無理、荒唐的。我們很難想像，在耶穌預言自己受難後，兩位愛徒竟然如此大逆不道地向耶穌作出如此的請求。事實是否如此，實在很難說，要重構當時的情況亦不大可能，重要的是要捕捉馬可的寫作動機：藉著重複類似先前關於「誰最偉大」的爭論，指明在愈接近耶路撒冷時，門徒的無知就愈顯出來。

門徒愈接近耶城，愈不懂得體會耶穌的心情。若有一個曾與你交深的朋友，愈來愈不明白你，並且在你最困難之時誤解你，你的心情會怎樣？你有耶穌的那種包容嗎？

門徒大概從來沒把耶穌即將受難一事放在心裏，亦未認真了解耶穌對自己受難的預言的意義。他們一直都認為耶穌會以軍事家般的彌賽亞身分來臨，因此也只會從這角度來註釋耶穌的預言。他們大可能這樣想：「快要到達耶路撒冷了，耶穌多番講到自己受難可能與此次進城有密切的關係，再加上先前耶穌説過：**「站在這裏的人，有的會在他死以前看見上帝的主權帶着能力實現」**(九1)，以及他在山上改變形像的事情，耶穌是否要在耶城登基作王呢？倘若耶穌果真快要彰顯上帝的統治，我們也應留意自己在這國度中的命運，希望將來能成為他的親信。」經文中的**「一個在你右邊，一個在你左邊」**(十37)明顯是政治管理上的用語⑨。

「左邊」和「右邊」的座位是最接近國王的座位，是國家之中權力最大的人的座位。另37節中的「榮耀」是指耶穌權能的彰顯。

雅各和約翰兩人提問的策略，就好像不敢直接向父母提出請求的小孩子所作的一般，先求父母答允，之後才把請求陳明。他們先說：**「我們有一個請求，希望你能答應」**(35節)；他們的說話已經反映他們知道自己的請求並不簡單。耶穌對他們的請求表達得異常冷靜，亦沒有嘲笑或責備他們，但卻要他們知道，他們不明白自己所求的是甚麼。耶穌反問他們：**「我要喝的苦杯，你們能喝嗎？我要受的洗禮，你們能受嗎？」**(38節)既是**「苦杯」**(詩七十五8；賽五十一17、22)，這明顯是指一些禍害或苦難，而配合這受苦的象徵，**「洗禮」**代表嚴酷的考驗、痛苦的經驗，甚至是殉道⑩。

我們輕易認為自己能為基督的緣故受苦，但事實卻往往因為極小的困難而埋怨耶穌。

我們相信，門徒是明白這些用詞的意思的，但他們卻誤解了受苦的意義；他們大概以為「受苦」就是要為新的以色列而爭戰，為國家、民族捐軀。

耶穌所提及的他自己所喝的杯與所受的洗禮，就是榮耀的象徵。耶穌是要藉此強調，在通往「榮耀」的路上，必定要經過苦難與死亡的幽谷，誰都不可以逃避受難，而且，即使得到了「榮耀」，這榮耀與世界看為顯赫的地位，以及權勢都無關。只有經過受難，才能達致榮耀。

對於今天的基督徒來說，耶穌所選擇的這兩種標記對我們並不陌生。每次走到聖桌前恭領聖杯，或見證他人受洗，或重溫自己洗禮時與上帝的約定，我們都一再得到這樣的提醒：跟隨耶穌必須經歷各種風險與艱難。耶穌的杯是苦杯(賽五十一17)，而我們所領受的水禮經歷也就是我們經歷了耶穌的死(羅六3～5；腓三10)。

雅各和約翰兩人最後都如他們所願，亦如耶穌所言，經歷了耶穌的死。在馬可福音面世時(約公元70年代末)，雅各的受難已經應驗了，而約翰即使沒有殉道，卻被流放，大半生時間留在拔摩島上(啟一9)。

求是可以的，即使是像雅各和約翰那種傲慢的請求，耶穌都沒有譴責，但卻要記住，主權是在上帝的手中。

耶穌說最後的話(39～40節)，並非因為雅各和約翰都不明白他的說話，所以他推說只有上帝才能決定，然後結束這段無聊的對話，而是要改正雅各和約翰提出請求背後的心態：

- 他們以為憑己意(無論是自己的努力或意願)就可以操控自己的生命，但其實門徒的命運是在上帝手中的。**「坐在我的左右」**(40節)所代表的身分，斷不是因著人的偏袒或野心就可以擁有的，而是因著上帝的主權。耶穌的確把最終的決定權交給上帝，這是因為他以「人子」的身分說這話，而人子的責任就是成就救贖的要求，死在十架上(45節)。
- 他們以管治世界的模式來思想上帝國的管治方式。這一點馬可在下一段(41～45節)會詳細交代。

8.4.3. 以服事人來管治(41～45節)

雅各和約翰兩人無禮的要求惹來其餘十人的不滿。然而，他們的惱怒明顯是出於嫉妒，而非出於正義，因為雅各和約翰搶先謀取權勢及地位，並為之瘋狂。耶穌想平息大家的不和，強調上帝國的統治與世界的王國的統治不同，不像外邦君臣那樣實行極權統治：

> ……世上那些被認為是統治者的有權管轄人民，領袖也有權支配人民。但是，你們卻不是這樣。你們當中誰要作大人物，誰就得作你們的僕人；誰要居首，誰就得做大眾的奴僕。(42～44節)

類似的話在九章33至37節亦出現過，但這裏更詳盡。更重要是要留意兩段經文的焦點略有不同。九章33至37節強調的是門徒的品格，他們要學習作個服事人的首領，但這裏強調的是門徒的管治(或行政)原則，他們要以服事來管治他人。

今天教會裏的管治方法是屬於哪一種呢？你覺得耶穌在這裏所推崇的以服事為管治的原則可行嗎？

因此，耶穌開宗明義指出，上帝國的統治哲學與世界的不同。世界的統治者「管轄人民」、「支配人民」(42節)，這些用詞都帶有極權統治，甚至用武力鎮壓人民的含意。評價一位領導者表現優劣的標準並不是他辦事的效率或工作方式，而是他是否為人民盡心。這種領導的作風和生命，與當今世界的智慧截然不同，因此對於那些只關注現實成敗的人，這種管治的方式或許並沒有太大的意義。

耶穌顯然是要改變門徒對耶穌的彌賽亞(或基督)身分的觀念。耶穌來不是依靠強權或武力，而是以服事去管治人。因此他說：「人子不是來受人侍候，而是來侍候人，並且為了救贖眾人而獻出自己的生命。」(45節)這番話撮錄自以賽亞書五十三章10至12節，是對那將要來的那位(即彌賽亞)的描述：

> 上主說：他挨打受苦是我的旨意；他的死是贖罪的祭。他會看到自己的後代；他有長久的歲月。藉着他，我要實現我的計劃。經歷了一生的痛苦，我的僕人要重新得到喜樂；他必

知道受苦不是徒然。我公義的僕人將因認識我而使許多人成為義人；為了他，我要赦免他們的罪。所以，我要使他在偉人中有地位，在強盛的人中得榮譽。他自願犧牲生命，分擔罪人的命運；他擔當了眾人的罪，為他們的過犯代求【或譯：擔當了他們應受的懲罰】。

耶穌以自己為世人的死，具體表現了他在這裏所講的服事原則。耶穌訓練門徒，其中給門徒在學習上的最大和最重要的原則，不是要他們仿效某古代聖賢，而是他自己。他以受苦僕人的形像成為上帝國門徒的典範。

8.5. 治好盲人巴底買（十46～52）

這個「治好盲人巴底買」的故事結束了八章22節至十章52節整個段落。這個段落以兩個「盲人開眼」的神蹟作開首和結尾，而兩者之間的差異使我們在閱讀這個神蹟時，特別留意到作者藉著這事迹要帶出的意思。

耶利哥位於耶路撒冷城東北方26公里左右（約16里）。耶穌可能從約旦河東岸返回西岸不久之後，就到達耶利哥城（參本章開首的討論）。

耶穌來到耶利哥城，但可能很快就離開。耶穌一行人等，人數非常多，除了耶穌和門徒，還有一大羣人隨著，這些跟隨者都是好奇的人，想看神蹟奇事之餘，亦想知道在耶路撒冷將會發生甚麼事。

經文中的「巴」字其實是亞蘭文的音譯，意思是「兒子」；有關古代名字和現代名字的比較，參《聖經鳥瞰——基礎篇》第五章「聖經歷史簡述」專欄「名字」。

就在耶穌離開這城時，遇到有一個討飯的盲人，名叫「**巴底買**」，馬可特別解釋這名字其實就是「**底買的兒子**」（46節）的意思。對巴底買來說，每一天的生活都是如此，孤獨、無望。但在這一天，他聽説耶穌竟在城中。大概是因為他聽過有關耶穌的事迹，深信耶穌有能力可以醫治他的眼睛，於是便不斷呼叫：**「大衛之子耶穌啊，可憐我吧！」**(47節)雖然很多猶太人都是**「大衛之子」**(意思是「大衛的後裔」)，但當時這名稱是專指那位猶太人一直期盼著來自大衛王的家族的基督(參撒下七4～17；詩八十九3～4；太二十一15；另參9.5.1.「有關基督的問題」的討論)。由於巴底買是盲的，街上人來人往，他根本不知道耶穌是否已來到他身邊，所以他大可能是持續地呼喊；這確實令人厭煩，周圍的人亦叫他不要再叫了。然而，他的執著竟然為他帶來復明的機會。

參7.2.專欄「八章22節至十章52節的結構分析」。

八章22節至十章52節整個段落的開首和結尾都是關於「盲人開眼」的神蹟，而作者要在治好盲人巴底買這神蹟中所表達的信息，也必須透過這種特別的鋪排在整個段落中特顯出來。以下嘗試舉出幾項作者想帶出的信息：

不同的回答反映出人們對權力的欲望，或對權利、財富和地位的追求，或對真理的深深渴望。那麼，究竟你的回答又是甚麼呢？

- 巴底買以謙卑的心呼喊耶穌，確實與之前門徒多次的爭權事件，成強烈的對比。耶穌同樣問：**「你要我為你**(你們)**做甚麼？」**(51節)但不同的人對這問題有不同的答案，也產生不同的效果。雅各與約翰這兩個局內人渴望在即將來臨的天國中獲得高位(36～37、40節)，但耶穌的恩典卻臨到了希望復明的局外人巴底買的身上(51節)。門徒自認眼目明亮，但最終卻成為瞎眼，而盲人巴底買反倒得見真光。
- 巴底買稱呼耶穌為「大衛之子」，是已經確認了耶穌作為彌賽亞的身分，這亦是在馬可福音裏，耶穌首次沒有禁止這種公開的宣稱；但相反的情況是，羣眾(是跟隨者？是門徒？)竟然禁止巴底買喊叫。這表示耶穌即將徹底揭露他的身分，但其他人卻不能接受，並企圖禁止。

- 與其他福音書對這事件的記載相比，各有不同之處。馬太福音記載耶穌用手摸那盲人(太二十34)，馬可並沒有這樣的記載；馬太記述有兩個盲人，但馬可所記的是一個。路加福音記述那盲人得醫治之後，他與旁觀的羣眾都頌讚上帝(路十八43)，但馬可卻沒有此記載。換言之，作者的重點並非在醫治本身，而是巴底買的信心。按此，耶穌向巴底買説：**「你的信心治好你了」**(52節)和隨後巴底買跟隨耶穌，就都帶清晰的象徵性意義。門徒被權力、身分蒙住了自己的眼睛，但巴底買因為憑著信心，其屬靈的眼睛(和屬肉體的眼睛)即時打開，並且成為真正跟隨主的門徒。
- 與財主的故事(17～22節)相比。儘管財主為人真誠、品格高尚，但在緊要關頭卻不能放下自己豐富的家財。他拒絕耶穌的邀請，憂憂愁愁地離開，未能成為耶穌的門徒。相反，乞丐巴底買卻捨棄自己僅有的財產(他的衣服)，高高興興地跟從耶穌。**「許多在先的將要居後，居後的將要在先」**(31節)這句説話便這樣應驗了。

「治好伯賽大的盲人」(八22～26)是這段落的開場白，指出門徒只能漸進地、緩慢地認識耶穌的身分和他們作為門徒的身分，但這「治好盲人巴底買」的故事卻要表明門徒的屬靈眼睛最終能得醫治，並且他們的信心亦能剛強起來，**「你的信心治好你了」**(52節)。

值得留意，同一句話亦見於那個觸摸耶穌的衣裳，藉藉無名的婦人的事件中(五24～34，《現修》譯作**「你的信心救了你」**)。這兩個人都沒有同伴的幫助，被迫成為社會的邊緣人士，但亦憑著信心邁出了尋求耶穌的第一步，並得到耶穌同樣的稱讚。這些人提醒我們，馬可福音中有很多局外人都得到了耶穌的接納，並被賦予了權利，如格拉森被鬼附的人、敍利亞腓尼基族的婦人、聾啞的外邦人、伯賽大的盲人及被鬼附身的小孩。那些既無權勢又缺乏能力的人，只要有信心，在上帝國中都會佔有極重要的位置。

盲人有時會有敏銳的「視力」，而聾子有時會「聽見」別人所沒有聽到的。屬靈的洞察力和敏感度是來自內心的，與身分和地位沒有關係。在這段經文中，馬可似乎樂於用諷刺的筆調，描述一個盲人能看到視力正常的人所看不到的東西。

釋經短註

① 十章1至31節(參本書8.1.～8.3.)的分段有點困難：一方面，若根據八章22節至十章52節整個段落的分析，十章1至31節應該歸納入「第二個循環單元」(按此，7.6.一節所涉及的篇幅應該是九章30節至十章31節)；但另一方面，在馬可福音中耶穌這3次的傳道旅程是相當清晰的。根據這個原因，我們依然以這3次旅程來作分段的原則。

② 這是馬可福音中第二次記載法利賽人帶著「陷害」耶穌的心態來找他(另參八11)。《現修》的「陷害」一詞略為言重，原文的意思可能只帶有「試探」的意味，即他們可能只是想耶穌「露出馬腳」而已，畢竟，耶穌對婚姻或離婚的看法大概不應該使他喪命。不過，亦有人認為，倘若耶穌公然反對休妻之事，可能會因而惹來希律的憤怒；施洗者約翰就是因為反對希律休妻和斥責他通姦(六17～28)而招致殺身之禍的。

③ 申命記二十四章3至4節特別記載：一個被前夫休了的婦人，再嫁後，若然第二任丈夫離世或又把她休了，「無論在哪一種情形下，她的前夫不得再跟她結婚」，然後經文進一步解釋，「因為對她的前夫來說，她已經被玷污了。」但按這解釋推論，婦人連再嫁也不應該，因為對第二任丈夫來說，她同樣是被玷污了的(因為她曾經結婚)。為解釋這條律例，有些學者指出：這是因為，前夫和這婦人的婚姻關係雖然在律法上已經無效，但兩人依然生存，既不是夫妻，也可以有一種如兄弟姊妹的關係；那麼，兩人假如再結婚或發生關係，就等於亂倫了。

④ 馬可的記載中沒有提到離婚的實例，但馬太對耶穌這番話的記載則略有不同，沒有用到絕對的語調(太十九9；另參林前七10～16)。值得留意，在馬太所記載的有關討論中，耶穌只談及丈夫休妻的情況，並沒有談及妻子休夫的可能性。

⑤ 這種分段只見於聯合聖經公會出版的希臘文聖經：*Nestle-Aland's Novum Testamentum Graece*。分段號碼可見於聖經內文的內欄裏，以斜體顯示的號碼。很多學

者都忽略了這項資料，而這資料大大幫助我們了解歷代教會對經文的理解。

⑥「耶穌祝福小孩子」的故事亦見於馬太福音十九章13至15節和路加福音十八章15至17節。馬可藉這故事所表達的信息與馬太一樣；但路加卻把這故事放在「法利賽人和收稅人的比喻」(路十八9～14)之後，按古時聖經的分段，是全書83段(或章)中的62段。按這分段理解，門徒就如法利賽人，而被拒於門外的小孩子就如收稅人。

⑦有學者認為，耶穌這句話可能是當時常用的俗語。拉比文獻有記載類似的話，不過所用的動物是大象，而非駱駝。

⑧留意29節提到的是「父母」，但30節卻只提「母親」(複數)；學者都對這個出入有點莫名奇妙，認為可能只是用語不一的情況，馬可把「母親」(複數)作「父母」。馬太(十九16～30)和路加(十八18～30)則用較簡潔的文字記載了類似的話，而避免類似的問題。

⑨馬太福音記載同一個故事時(太二十20～28)，清楚指出這對話是以耶穌將要落實的新國度為背景。此外，留意在馬太福音，進前來求耶穌的是兩人的母親，這可能反映馬太有意令讀者認為無理的只是兩人的母親，並非兩位門徒。

⑩耶穌時代的猶太人社會中有洗禮的儀式，施洗者約翰就經常為人施洗，因此，「洗禮」對他們並不陌生。以一個表示「被淹沒」的用語來帶出完全被覆蓋的意象，這也可見於舊約聖經(參詩六十九篇2節「我陷在泥坑中，沒有立足的地方；我落在深水中，波濤淹沒了我。」；另參賽四十三2)。此外，我們亦不能否定一個可能性，就是馬可以「洗禮」來指受苦(甚至是殉道)等信仰經歷，其實是較後期的基督教會用語(羅六3)。

溫習問題

1. 在猶太人的傳統中，在甚麼情況之下可以休妻(參申二十四1)？耶穌和法利賽人對離婚的問題有何明顯不同的態度(十1～12)？
2. 耶穌在十章11至12節中，對於離婚的問題作了意義更加深遠的闡述，到底耶穌有何看法？
3. 在十章13至16節中，我們發現耶穌第二次用小孩子來闡述屬靈的原則。像小孩子般成為上帝國的子民是甚麼意思？
4. 按我們對十章1至16節的理解，你認為作者藉著「耶穌祝福小孩子」這故事帶出甚麼信息？這信息如何幫助我們了解「有關休妻的教導」(十1～12)？
5. 猶太人對「永恆的生命」的概念是怎樣的？耶穌如何幫助那年輕的財主更深認識這概念？(十17～22)
6. 為甚麼財主進上帝國是難的呢？(十22～27)又或為甚麼財主難以像小孩子般成為上帝國的子民呢？(十13～16)
7. 在十章28節中，彼得所說的話有甚麼意思？
8. 耶穌應許門徒他們要受逼迫，這是怎樣的一回事？(十30)
9. 「許多在先的將要居後，居後的將要在先」(十31)這話總結了十章17至31節的段落，究竟這節經文有甚麼意思？
10. 試比較耶穌3次預言的內容的分別。第三個循環單元與第二個循環單元有何相似之處？(參十32～34)
11. 雅各和約翰作出請求的動機是甚麼？(十35～41)你認為他們為甚麼要開始向耶穌求取地位？
12. 耶穌所說他要喝的杯和要受的洗有甚麼意思？(十38～39)
13. 試比較十章41至45節和九章35至37節耶穌就門徒身分的教導的內容和重點。
14. 巴底買看到了門徒所沒有看到的，哪是甚麼？馬可如何藉著巴底買得醫治，襯托出門徒／羣眾對耶穌認識模糊不清？(十46～52)
15. 巴底買與年輕的財主、伯賽大的盲人，以及患血崩的婦人有何相同和不同之處？(參8.5.的討論)

第三篇

耶穌在耶路撒冷的最後一週

（十一1至十六20）

按福音書的記載，耶穌大部分時間都在加利利省傳道，然而，耶路撒冷始終是耶穌職事的方向和目的地。把4卷福音書的內容按耶穌的生平劃分為幾個重要階段(如出生、公開傳道前的日子、受難前的公開傳道日子等)，我們即時可發現，4位福音書作者對主耶穌在世上最後一星期的描寫極為詳盡，特別是從最後晚餐到主耶穌死在十字架上這段不到12小時的實錄，所佔的篇幅更是遠遠超過其他任何時段的記載，可見這明顯是4卷福音書**共同的焦點和高潮**。曾經有位19世紀的**德國神學家**形容新約聖經中的福音書為「配上詳盡引言的受難敍述故事」(passion narratives with extended introductions)，這確實非常貼切。

參本叢書中孫寶玲、黃錫木合著的《耶穌生平與福音書要領》1.3.2.「十字架的福音」和黃錫木著《新約研究透視》3.3「福音書的共同信息」的討論。

馬丁·凱勒(Martin Kähler)。以馬可福音為例，他認為開首10章只是隨後6章的引言。

事實上，從信仰和神學的角度來看，主耶穌被釘十字架是他來到世上的目的，亦是基督信仰和整個福音的核心。在這方面，我們發現福音書與保羅書信有著相同的寫作目的，就是要突出耶穌基督的十字架和復活；這是可理解的，因為保羅首先用「福音」一詞時，是指耶穌受難和復活的事情(羅一2～4；另參十9；提後二8～9)。

第九章

在耶路撒冷的傳道工作（十一1至十三37）

- 光榮進耶路撒冷
- 耶穌潔淨聖殿
- 從無花果樹得教訓
- 來自猶太教領袖的質詢
- 耶穌其餘的教導

經文

光榮進耶路撒冷

11 1耶穌和門徒走近耶路撒冷，到了橄欖山的伯法其和伯大尼。
耶穌打發兩個門徒先走，2吩咐他們說：「你們到前面的村子去。
你們一進去，就會看見一匹沒有人騎過的小驢拴在那裏。你們把牠解
開，牽到這裏來。3如果有人問你們：『為甚麼做這事？』你們就告訴他：
『主①要用牠，用後會立刻把小驢送回來。』」

4他們去了，看見路旁有一匹小驢被拴在門外。他們正在解開繩子的
時候，5有些站在那裏的人問他們：「你們為甚麼解開小驢？」

6他們就照耶穌所吩咐的回答，那些人就讓他們牽走小驢。7他們把
小驢牽到耶穌那裏，把他們的衣裳搭在驢背上，耶穌騎了上去。8有許
多人用他們的衣裳鋪在路上，也有些人拿田野裏砍來的樹枝鋪在路上。
9前行後隨的人喊着說：「頌讚上帝！願上帝賜福給那位奉主名而來的！
10願上帝賜福給那將要臨到的我們祖宗大衛的國度！頌讚歸於至高的
上帝！」

11耶穌到了耶路撒冷，進聖殿去，各處察看一下。因為天已晚了，
他就和十二使徒出城到伯大尼去。

詛咒無花果樹

12第二天，他們從伯大尼回城；在路上，耶穌餓了。13他看見前面不
遠的地方有一棵無花果樹，長滿了葉子，就走過去，想看看樹上有沒
有果子。他到了樹前，只看見葉子，因為那時候不是結無花果的季節。
14耶穌對着那棵樹說：「從今以後，再不會有人吃你的果子！」

他的門徒都聽見了這話。

---

①「主」或譯「牠的主人」。

耶穌潔淨聖殿

15他們到了耶路撒冷，耶穌一進聖殿就把所有在聖殿裏作買賣的人
都趕出去。他推倒兌換銀錢的人的桌子和販賣鴿子的人的凳子，16也不
准任何人扛抬雜物在聖殿的院子穿來穿去。17他教導他們說：「聖經記載
上帝的話說：『我的聖殿要作萬民禱告的殿』，你們卻把它變成賊窩！」

18祭司長和經學教師聽見這話，就想法子要殺害耶穌。但是他們怕
他，因為羣眾都欽佩他的教導。

19傍晚，耶穌就和門徒到城外去。

從無花果樹得教訓

20第二天一早，耶穌和門徒又從那條路經過，看見那棵無花果樹連
根都枯死了。21彼得記起這事的經過，就對耶穌說：「老師，你看，你所
詛咒的無花果樹枯死了。」

22耶穌回答他們：「對上帝要有信心！23我鄭重地告訴你們，你們若
對這座山說：『起來，投到海裏去！』只要心裏不疑惑，確信所說的一定
實現，這事就會為你們實現。24所以，我告訴你們，你們禱告，無論求
甚麼，相信是得着了，就會得到你們所求的。25你們站着禱告的時候，
先要饒恕得罪你們的人；這樣，你們的天父也會饒恕你們的過錯。②」

質問耶穌的權柄

27他們又來到耶路撒冷。耶穌在聖殿裏行走的時候，祭司長、經學
教師，和長老來見他，28問他說：「你憑甚麼權柄做這些事？誰給你權柄
做這些事呢？」

29耶穌回答：「我先問你們一句話，如果你們回答我，我就告訴你們
我憑甚麼權柄做這些事。30告訴我，約翰施洗的權是從哪裏來的？是從
上帝還是從人來的？」

31他們開始爭辯起來，說：「我們應該怎樣回答呢？如果我們說『從

---

② 有些古卷加26節「如果你們不饒恕別人，你們的天父也不會饒恕你們。」

上帝那裏來的』，他會說：『那麼，你們為甚麼不相信約翰呢？』32如果我
們說『從人那裏來的』，恐怕人民會對付我們，因為他們都相信約翰是先
知。」33於是他們回答耶穌：「我們不知道。」

耶穌對他們說：「那麼，我也不告訴你們我憑甚麼權柄做這些事。」

壞佃戶的比喻

12 1耶穌又用比喻教導他們。他說：「有一個人開墾了一個葡萄
園，周圍用籬笆圍着，在園裏挖了一個榨酒池，蓋了一座守望臺，
然後把葡萄園租給佃戶，自己出外旅行去了。2到了收葡萄的季節，他
打發一個奴僕去向佃戶收他應得的分額。3佃戶揪着那奴僕，毆打他，
叫他空手回去。4園主又打發另一個奴僕去；他們打破了他的頭，並且
侮辱他。5園主再打發一個奴僕去，他們把他殺了。他們又同樣地對付
了許多人，有的打，有的殺。6園主只剩他最疼愛的兒子。最後他打發
他去見佃戶，心想：『他們一定會尊敬我的兒子。』7可是那些佃戶彼此
商議說：『這個人是園主的繼承人，來吧，把他殺了，他的產業就歸我
們了！』8他們就抓住那兒子，殺了他，把屍體拋出葡萄園外。」

9於是耶穌問：「這樣，葡萄園主要怎麼辦呢？他一定來殺滅這些佃
戶，把葡萄園轉租給別人。10你們沒有念過這段經文嗎？

泥水匠所丟棄的這塊石頭
已成為最重要的基石。
11這是主的作為，
在我們眼中是多麼奇妙啊！」

12因為猶太人的領袖知道耶穌講的比喻是指責他們的，就想要逮捕
他。可是他們怕羣眾，只好離開他走了。

納稅給凱撒的問題

13有些法利賽人和希律黨徒奉命來見耶穌，想從他的話找把柄來陷
害他。14他們對他說：「老師，我們知道你是誠實的人；你不管人怎麼想，
也不看情面，總是忠實地把上帝的道教導人。請告訴我們，向羅馬皇帝

凱撒納稅是不是違背我們的法律？我們納還是不納？」

15耶穌看穿他們的詭計，就說：「你們為甚麼想陷害我？拿一個銀幣給我看吧！」

16他們給他一個銀幣，耶穌問：「這上面的像和名號是誰的？」他們回答：「是凱撒的。」

17耶穌說：「那麼，把凱撒的東西給凱撒，把上帝的東西給上帝。」他們聽了這話，對他非常驚訝。

復活的問題

18有些不相信復活這回事的撒都該人來見耶穌。19他們說：「老師，
摩西為我們立法：『如果一個人死了，留下妻子，沒有孩子，他的弟弟
必須娶寡嫂為妻，替哥哥傳宗接代。』20曾經有兄弟七人：老大結了婚，
死了，沒有留下孩子；21老二娶了寡嫂，也死了，沒有留下孩子；老三
也一樣。22七個兄弟都娶過那個女人，都死了，都沒有留下孩子。最後
那個女人也死了。23這樣，在復活的日子，他們從死裏復活時，這個女
人算是誰的妻子呢？因為兄弟七個都娶過她。」

24耶穌回答他們：「你們錯了，為甚麼呢？因為你們不明白聖經，也
不知道上帝的權能。25他們從死裏復活的時候，要跟天上的天使一樣，
也不娶也不嫁。26關於死人復活的事，你們沒有念過摩西書上所記載那
荊棘燃燒的故事嗎？上帝對摩西說：『我是亞伯拉罕的上帝，以撒的上
帝，雅各的上帝。』27意思是說，上帝是活人的上帝，不是死人的上帝。
你們完全錯了！」

最大的誡命

28有一個經學教師聽見他們的辯論，覺得耶穌給撒都該人的回答很好，就上來向耶穌提出一個問題：「誡命中哪一條是第一重要的？」

29耶穌回答：「第一是：『以色列啊，你要聽！主——我們的上帝
是惟一的主。30你要全心、全情、全意、全力愛主——你的上帝。』
31第二是：『你要愛鄰人，像愛自己一樣。』沒有其他的誡命比這些

更重要的了。」

[32]耶經學教師對耶穌說：「老師，你說得對！正像你所說的，上帝
是惟一的，他以外沒有別的。[33]以全心、全意、全力愛上帝，又愛鄰人，
像愛自己一樣。這比在祭壇上獻燒化祭和其他的祭物給上帝重要得
多了。」

[34]耶穌看出他的回答滿有智慧，就對他說：「你離上帝的國不遠了。」

從此以後，沒有人敢再向耶穌問難。

有關基督的問題

[35]耶穌在聖殿裏教導人的時候提出一個問題：「經學教師怎麼能說基
督是大衛的子孫呢？[36]大衛曾受聖靈的感動說：

主對我主說：
你坐在我的右邊，
等我使你的仇敵屈服在你腳下。

[37]大衛自己稱他為『主』，基督又怎麼會是大衛的子孫呢？」

要提防經學教師

羣眾都喜歡聽耶穌講論。[38]在教導他們的時候，他說：「要提防經學
教師；他們喜歡穿長袍招搖過市，喜歡人家在公共場所向他們致敬問安，
[39]又喜歡會堂裏的特別座位和宴會上的首座。[40]他們吞沒了寡婦的家產，
然後表演長篇的禱告。他們一定受到更嚴厲的懲罰！」

寡婦的奉獻

[41]耶穌坐在聖殿庫房的對面，看大家怎樣投錢在奉獻箱裏。很多
有錢人投進許多錢；[42]後來一個窮寡婦上來，投進兩個小銅板，約等
於一文錢。[43]耶穌把他的門徒都叫過來，對他們說：「我實在告訴你
們，這個窮寡婦所投進奉獻箱的比其他的人都多。[44]別人是從他們的
財富中捐出有餘的；可是她已經很窮，卻把自己全部的生活費用都獻
上了。」

預言聖殿的毀滅

13 1耶穌從聖殿出來的時候，他的一個門徒對他說：「老師，你看，
這是多大的石頭，多宏偉的建築！」
2耶穌說：「你們在欣賞這些偉大的建築嗎？這地方的每一塊石頭都
要被拆下來，沒有一塊石頭會留在另一塊上面。」

災難和迫害

3耶穌在橄欖山上，面對聖殿坐着。彼得、雅各、約翰，和安得烈私
下來問他：4「請告訴我們，幾時會發生這事？這一切發生的時候會有甚
麼預兆呢？」
5耶穌告訴他們說：「你們要當心，不要受人愚弄。6有許多人要假冒
我的名來，說：『我就是基督』，因而愚弄了好些人。7不要為了附近打
仗的風聲和遠方戰爭的消息驚慌。這些事必然發生；但這不是說歷史的
終局已經到了。8一個民族要跟另一個民族爭戰；一個國家要攻打另一
個國家；到處會有地震和饑荒。這些事的發生正像產婦陣痛的開始一樣。
9「你們自己要當心，因為人家要逮捕你們，交給法庭。你們要在會堂
上受鞭打；為了我的緣故，站在統治者和君王面前，為福音作證。10但是
福音必須先傳給萬民。11當他們逮捕你們，把你們帶到法庭的時候，不要
事先憂慮說甚麼；到那時候，上帝指示甚麼，你們就說甚麼；因為你們
所說的不是自己的話，而是聖靈藉着你們說的。12那時候，人要出賣親兄
弟，置他們於死地，父親對兒女也是這樣；兒女也要跟父母作對，置他
們於死地。13為了我，大家要憎恨你們。但是堅忍到底的人必然得救。」

大災難

14「你們要看見那『毀滅性的可憎之物』站在它不應該站的地方（讀者
必須領會這句話的含意）。那時候，住在猶太的，該逃到山上避難；15在
屋頂的，不要下來，也不要到屋子裏去拿任何東西。16在農場的，不
要回家拿外衣。17那些日子裏，懷孕的女人和哺育嬰兒的母親就苦了！
18你們要懇求上帝不讓這些事在冬天發生。19因為那些日子的災難是從上

帝創世以來未曾有過的，將來也不會再有。[20]要是主沒有縮短那些災難的日子，沒有人能夠存活。但是，為了他所揀選的子民，他已經縮短那些日子了。

[21]「如果有人對你們說：『瞧，基督在這裏！基督在那裏！』不要相信他。[22]因為假基督和假先知將出現；他們要行神蹟奇事，盡其所能來欺騙上帝所揀選的子民。[23]你們要當心！我已經預先把這一切事都告訴你們了。」

人子的來臨

[24]「那些災難的日子過去以後，太陽要變黑，月亮不再發光，[25]星星要從天上墜落，太空的系統也都要搖動。[26]那時候，人子要出現，充滿着大能力和榮耀駕雲降臨。[27]他要差天使到天涯海角，從世界的這一頭到世界的那一頭，召集他所揀選的子民。」

無花果樹的教訓

[28]「你們要從無花果樹學教訓。當枝子呈現嫩綠的顏色，長出新葉的時候，你們知道夏天就要到了。[29]同樣，你們看見這一切的現象就知道時候快到了③，就在門口了。[30]你們要記住，這一代的人還沒有都去世以前，這一切事就要發生。[31]天地要消失，我的話卻永不消失。」

那日那時沒有人知道

[32]「至於那要臨到的日子和時間，沒有人知道；天上的天使不知道，兒子也不知道，只有父親知道。[33]你們要留心，要警醒，因為你們不知道那時刻甚麼時候臨到。[34]正像一個人出外遠行，把家務交給僕人管理，分配每一個人的工作，又吩咐門房當心門户。[35]所以，你們要警醒，因為你們不知道主人甚麼時候回來，也許傍晚，也許半夜，也許天亮以前，也許日出以後。[36]假如他忽然回來，別讓他發現你們在睡覺。[37]我對你們講的話也是對大家講的：你們要警醒！」

---

③「時候快到了」或譯「他就要到了」。

根據約翰福音，耶穌是在「逾越節前六天」來到伯大尼(約十二1)，換言之，耶穌是在星期日進入耶路撒冷，而本章所涉及有關耶穌在耶路撒冷的傳道工作，則包括由星期日至星期二這3天的日子。

耶穌在耶路撒冷的最後一週

馬可其實很仔細地記載了耶穌在這一週裏的經歷：

星期日(十一1)　：第一次進入耶城
星期一(十一12)：第二次進入耶城，詛咒無花果樹、潔淨聖殿
星期二(十一20)：第三次進入耶城，與猶太教領袖爭論
星期三(十四1)　：猶大與大祭司勾結，商議出賣耶穌，①耶穌在伯大尼受膏
星期四(十四12)：預備(黃昏前)和吃逾越節晚餐(黃昏前)，耶穌被捕
星期五(十五1)　：耶穌接受審判、被釘十字架、死亡、被埋葬
星期日(十六1)　：耶穌復活

最特別的是，由於耶穌在這週的首3天，每晚都在耶路撒冷城外(例如伯大尼)度過，所以耶穌進入耶路撒冷(和聖殿)共有3次之多(十一11、15、27)。其他福音書也有提及耶穌進耶路撒冷城後曾經離開(太二十一17)，路加甚至說，耶穌在被捕前每天「白天都在聖殿裏教導人，晚上出城，在橄欖山過夜」(路二十一37)，但馬可的記載是最清晰的：耶穌進城和出城，這可能是要表明耶穌與當時主流猶太教領袖之間的矛盾和愛恨難分的關係。

這3天所發生的事情逐漸地突顯耶穌與猶太人之間的衝突：第一天耶穌只進聖殿看看；第二天耶穌潔淨聖殿，正式與猶太教領袖起了衝突；第三天耶穌在聖殿裏公開地作出一連串講論。

耶穌第一次(即星期日)進耶路撒冷城(十一1～11)受到羣眾的擁護和歡呼。羣眾並不理解耶穌的任務，只冀盼耶穌在地上復興**「我們祖宗大衛的國度」**(十一10)。耶穌進入聖殿後沒有作甚麼，只各處察看一下，便離去了。

第二天(即星期一)耶穌第二次進入聖殿(十一12～19)，耶穌與猶太教領袖之間的衝突變得白熱化。耶穌先指斥沒有果子的無花果樹(十一12～14；參20～25節)，這行動是象徵那些以聖殿為信仰中心的以色列人，將要面臨上帝的審判。馬可在記載這事件時，運用了他的敍述技巧，加插了「潔淨聖殿」一事(十一15～19)；這淪為賊窩的聖殿不再是人民可得拯救的地方，而是上帝審判臨到之所在。由此揭開耶穌與猶太教領袖之間的衝突的序幕，亦使這些領袖們對他起了殺機(十一18)。

第三天(即星期二)耶穌和門徒再次經過那條路，看見那棵不結果子的無花果樹，但它連根都枯死了，耶穌藉此提醒門徒，他們所建立的新羣體，要以信心、禱告和饒恕為標誌(十一20～26)。之後，耶穌第三次進入聖殿(十一27)，與猶太教領袖們展開連串的對話。這一天是耶穌最吃力的一天，因為按馬可的記載，耶穌在被捕前所作的公開教導，幾乎所有都在這一天內進行的。

首先有來自猶太教領袖的一連串質詢(十一27～十二34)。承接耶穌在潔淨聖殿一事所引發的衝突，宗教領袖們質疑他權柄的來源(十一27～33)，耶穌以「壞佃戶的比喻」(十二1～12)對他們作出嚴厲的責難，以致他們**「想要逮捕他」**(十二12)。然後是因應不同人士的詢問而引發的教導，所談論的課題涉及政治(論納稅，十二13～17)、神學(論復活，十二18～27)和釋經(論最大的誡命，十二28～34)幾方面。

之後耶穌主動提出3項教導，包括有關彌賽亞的事(十二35～37)，就經學教師的虛偽向眾人提出警告(十二38～40)和讚賞寡婦的捐獻(十二41～44)。第三項更是耶穌在暗地裏觀察到的，這與第二項顯然成了極大的對比：窮寡婦默默全然地獻上自己僅有的，突顯出經學教師自以為是的虛榮和真正的貧窮。

按馬可福音的記載，耶穌在世上最後的詳細教導是關於末日的來臨的(十三1～37)。那時聖殿將要被毀，極大的災難將會來臨；雖然有人聲稱自己是彌賽亞，但他們所宣傳的盼望只是謊言(十三1～27)。惟有經過這一切災劫後，上帝國才會降臨(十三28～31；參十一12～14)。耶穌提醒信徒，在他離去之後，要謹慎警醒(十三32～37)，更要靠著聖靈，將福音傳到萬邦(十三9～13)。

A. 光榮進耶路撒冷(十一1～11)
B. 耶穌潔淨聖殿(十一15～19)
C. 從無花果樹得教訓(十一12～14、20～26)
D. 來自猶太教領袖的質詢(十一27～十二34)
  a. 質問耶穌權柄的來源(十一27～33)
  b. 壞佃戶的比喻(十二1～12)
  c. 納稅給凱撒的問題(十二13～17)
  e. 復活的問題(十二18～27)
  f. 最大的誡命(十二28～34)
E. 耶穌其餘的教導(十二35～十三37)
  a. 有關基督的問題(十二35～37)
  b. 提防經學教師、留意寡婦的奉獻(十二38～40、41～44)
  c. 末日的來臨(十三1～37)
    i. 預言聖殿被毀(1～2節)

ii. 災難和迫害（3～13節）

iii. 大災難（14～23節）

iv. 人子的來臨（24～27節）

v. 無花果樹的教訓（28～31節）

vi. 那日那時沒有人知道（32～37節）

9.1. 光榮進耶路撒冷（十一1～11）

人們歡迎耶穌進入耶路撒冷，**「前行後隨的」**（9節），整個情景其實極具諷刺性：呼喊的人不明白自己到底為誰呼喊；他們所期待的救主果然來了，但他卻跟他們想像的不一樣，這位他們聲言是「奉主名而來的」救主，最後卻要在人們的呼喊中死去。然而，在這一切具諷刺性的描述中，作者依然是要突顯耶穌是以一個既尊貴但又謙卑的君王形像進入聖城的。

伯大尼是橄欖山山坡上的一個小村莊，位於耶路撒冷以東大約3公里多（2英里）的地方，在從耶利哥通往耶路撒冷的路上。

伯法其是從耶利哥通往耶路撒冷的路上的一個小村莊，正確的地理位置不詳，可能在伯大尼附近。

按馬可對耶穌進入耶路撒冷的路線的描述，耶穌等人離開加利利後，攀越橄欖山，經過南面山坡上的**伯大尼**，也經過可能位於西面山坡上的**伯法其**。

耶穌在耶路撒冷的行程

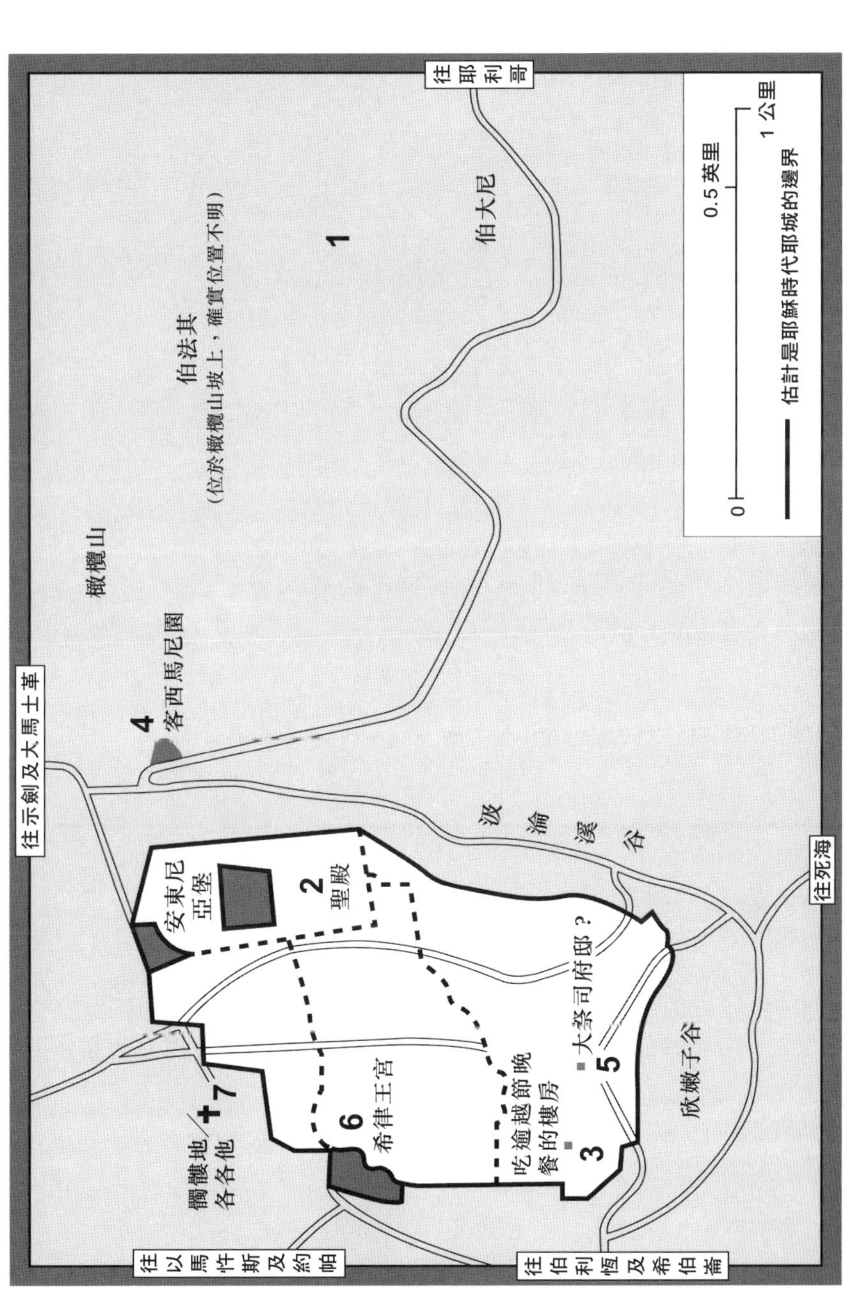

● 圖中的編號顯示耶穌進入耶城後曾到達的地方。

橄欖山

在新約中，橄欖山在耶穌最後一星期的生活中，是一個很重要的地方。

橄欖山是一條由4個山峯組成的小山脈，由巴勒斯坦中部延伸至巴勒斯坦南面，西面延伸至基訓谷及耶路撒冷，東至耶利哥及死海，所以若要由耶利哥往耶路撒冷，必須越過此山。此山距離耶城不遠，在耶穌的時代山林樹木蔥郁，其中以橄欖樹為主，這山因此得名。

根據撒迦利亞書十四章4至5節，當上帝釋放耶路撒冷的時候，祂將降臨在橄欖山，從而揭開祂拯救以色列人的序幕。那時，此山將從中間裂開，山的一半向北挪移，另一半則向南移，自東至西形成為一個大谷，以色列人在其中逃跑，他們的敵人將被打敗。所以，橄欖山是末世的象徵。馬可福音十一章23節中耶穌說：「我鄭重地告訴你們，你們若對這座山說：『起來，投到海裏去！』……」，可能就是暗指橄欖山將要裂開一事。

在馬可的筆下(配合撒迦利亞書的背景)，耶穌從橄欖山進入耶路撒冷，令耶穌在耶城所作的一切更具代表性，把耶穌作為彌賽亞的形像表露無遺。耶穌在橄欖山上，談論將來要發生的事情，並讓他的門徒知道上帝將在災難和毀滅中來到(十三3～13)。進入耶路撒冷以後，被捕之前，耶穌每晚都到山坡上的村莊裏過夜，路加甚至記述耶穌曾在此山上過夜(路二十一37)。耶穌在橄欖山上升天(徒一12)，強調了他被釘十字架、死亡、復活，以及聖靈的降臨，對末世都有極其重要的意義。

雖然站在那裏的人理所當然地會提出這問題，但配合馬可對耶穌的預告的整體性敍述，這就顯得很特別。

十一章3節「主要用牠」的「主」，原文是「牠的主人」；明顯的，馬可使用的這詞帶有權威性。

耶穌沒有即時進入耶路撒冷的城門，而是在伯法其和伯大尼附近，打發兩個門徒到前面的一個村莊(可能就是伯法其或伯大尼)為他預備一頭小驢。在馬可的記述中，耶穌給門徒的指示非常詳盡，甚至連他們**將會被問及的問題**也預先告知了他們(1～6節)。

除非耶穌是在門徒完全不知曉的情況之下安排了一切，不然，作者就是要令讀者感覺到耶穌的神奇，即耶穌預知一切事情和安排，包括在這城裏發生的一切事，都在耶穌的控制之下。這亦會提高耶穌3次預言自己受難的可信性(八31，九31，十32)。

在種種表面看來似乎並不重要的細節中，耶穌強調這驢是**「沒有人騎過的」**(2節)，這是相當奇怪，亦非常突出的地方。作者要藉此帶出這驢是分別為聖的(民十九2～3；申二十一3～9；撒上六7～8)，亦要以小驢配合下文耶穌以君王——謙卑的君王——身分進入耶路撒冷的情景。

耶穌進入耶路撒冷的時候，**逾越節快到**。所以，在道路兩旁或前行後隨的人一定比平常還要多。假如耶穌是從聖殿的正門入城的話，羣眾的行列可以長達超過1.6公里。聖殿區內的人應該可以目睹耶穌從橄欖山上騎驢而下，越過汲淪溪，再上山坡進入聖殿的正門。

參10.1.1. 專欄「耶路撒冷的逾越節和除酵節」。

他們拿著棕樹枝迎接耶穌(參約十二13)，引用詩篇一一八篇25至26節，口裏呼喊著：**「頌讚上帝！願上帝賜福給那位奉主名而來的！」**(十一9；《和合本》譯作「**和散那**！奉主名來的是應當稱頌的！」)②作者特意在這段經文中加插一句(不屬於上述的詩篇引文的)：**「願上帝賜福給那將要臨到的我們祖宗大衛的國度！」**(10節)這個帶相關話的語句是很有意思的：對於猶太人來說，就明顯指以色列民族的復興，但在馬可而言，就是要表明一個新的**「大衛的國度」**(10節)的彰顯，這是一個屬靈的國度。

「和散那」原是希伯來文，意思是「拯救我們」，但在這裏主要表示一種呼喊式的稱讚。

「用他們的衣裳鋪在路上」(8節)是歡迎尊貴者、甚至君王的方式(王下九13)，而揮動棕樹枝和呼喊則是人們在一些重要的節日裏經常會做的。這些行動，原來只是為了歡迎一般的朝聖者，非特別為歡迎耶穌而設的，但作者借用當時發生的事顯出耶穌真正的身分：這位耶穌就是彌賽亞，是以色列人的拯救者，他要將耶路撒冷重新歸入上帝的名下。

留意，自耶穌進入耶路撒冷後，他再沒有禁止任何人宣揚他的身分。(參一34、44等)

在你心目中，耶穌是一位怎樣的主？在你的信仰經歷裏，你曾否像門徒和羣眾一樣，因耶穌的形像和工作與自己所期望的不同而感到失落？

然而，此王不同彼王。耶穌是君王，但他不是人們所期望的民族英雄。他所騎的是小驢，不是戰車駿馬，也不需要人們為他揮動棕樹枝，表達他們的民族熱忱和激情。事實上，這位君王並不只是個別民族家國的領袖，他是全地的主（番三9～10、16；亞九9～10）。因此整個情景其實極為諷刺，因為儘管人們如何狂熱地叫嚷著歡迎彌賽亞，然而卻沒有人明白彌賽亞來到的真正意思；此外，在馬可的筆下，這些用自己的衣裳、棕樹枝，以及呼喊聲迎接耶穌的羣眾，跟那些轉眼之間要求彼拉多釋放一名罪犯給他們和處死那「奉主名而來」（十一9）的，或許是同一批人。

倘若這裏所描述的與翌日耶穌潔淨聖殿的事有關，那麼這裏所指的「各樣物件」可能是指商人所擺設的器具等東西。

耶穌進了耶路撒冷，入了聖殿，大概是聖殿的外院，「周圍看了**各樣物件**」（《和合本》11節）。可能由於天色太晚了，耶穌不能對他所看到的做些甚麼。可能因為耶穌知道耶路撒冷的人對他存有敵意，所以他和門徒出了城，在伯大尼過夜。

聖　殿

今天這道外牆只餘下其中的一部分，稱為「西牆」，亦稱「哭牆」，是大希律修葺後的聖殿現在僅存的遺迹；這石牆高18米，是猶太人心目中最神聖的地方。

原來所羅門所建造的聖殿（公元前10世紀）已於公元前587/6年被入侵的巴比倫人所燒毀。約在50年後，被擄的以色列人回歸，在所羅巴伯的領導下重建聖殿（所謂「第二聖殿」；參拉三～六章）。一直以來，在猶太人的心目中，聖殿代表上帝與百姓的同在；回歸後，聖殿被重建起來，雖然其外觀較以前的聖殿遜色，但其作為敬拜中心和象徵上帝同在的功能卻更明顯，而以聖殿為核心的祭司體系亦顯得愈來愈重要。

約於公元前20/19年，大希律開始擴建這所第二聖殿，約於公元63年工程才完成。第二聖殿原來只有一座建築物，約30米長x 10米寬x 15米高，主要分為至聖所、聖所和廊子3部分。大希律開展的修葺工作，除了使原本的建築物變得更壯觀外，還擴大了那圍繞著聖殿的平地，使之變成地方寬闊的外院，又新建一列的院子和走廊，彷似一道外牆般把聖殿和外院圍起來。整個聖殿的範圍稱為聖殿山。

在希臘文新約聖經裏，有兩個字可用來指聖殿：一個特指聖殿這座主要建築物（希：*naos*），另一個是指整座聖殿山（希：*hieron*）。當控告耶穌的人指耶穌曾經說，「我要把這座人手建造的聖殿拆了，三天內建另一座不是人手建造的聖殿」（十四58），經文中出現了兩次的「聖殿」都是指聖殿這座主要建築物（希：*naos*）；而當耶穌預言「聖殿」將要徹底被拆毀（十三1～2），所用的詞則是指整座聖殿山（希：*hieron*），從而表示聖殿所遭受的毀壞是徹底的，而這預言於公元70年應驗了。

● 西牆祈禱的地方。

● 這是目前對耶穌時期的耶路撒冷（有時稱為「古耶路撒冷城」）最準確的重構模型，是屬於耶路撒冷聖地酒店（Holyland Hotel Jerusalem）的私人財物，參考現存的古籍文獻和考古證據，以1對50的比例製造的。重構工作由酒店的原東主Hans Kroch先生，在以故的耶路撒冷大學教授Prof. Avi Yonah協助之下完成的（1964～1967年），而隨著考古學的新發現，這模型在製造以後的10年不斷被更新（主要由Prof. Zaffir負責）。參網頁：http://www.inisrael.com/holyland/index.html。右下方為希律的宮殿；上方為耶路撒冷聖殿。

● 希律聖殿的模型。

9.2. 耶穌潔淨聖殿(十一15～19)

*為要預備彌賽亞來臨，亦是上帝國的彰顯，耶穌潔淨聖殿，把這殿分別為聖，使它作為***「萬民禱告的殿」***。*

這是馬可福音中另一段運用了「三明治式的敘事手法」(參1.2.1.「結構」的討論)的敘述。作者馬可把「耶穌潔淨聖殿」③這個故事插入在「從無花果樹得教訓」的敘述(12～14、20～26節)中間，是要藉此襯托出耶穌詛咒無花果樹的意義。此外，我們應留意「耶穌潔淨聖殿」這故事亦與之後猶太教領袖「質問耶穌的權柄」的敘述(27～33節)有關，因為這兩個事件同樣發生在聖殿裏，亦同樣披露了猶太教領袖與耶穌之間的不和。

「耶穌潔淨聖殿」發生在「**第二天**」(即星期一),這亦是耶穌第二次進入聖殿;先前一次因為天色已晚,耶穌不能做甚麼。這天聖殿裏(指外院)非常熱鬧,但其中不是擠滿敬拜的人,而是買賣的商人和兑換錢幣的人。耶穌一怒之下,幾乎把所有東西都推倒了,他又「**不准任何人扛抬雜物在聖殿的院子穿來穿去**」(16節)。

整個聖殿的面積相當大,當中必定有很多出入口,而人們為了方便,可能會利用這些出入口作為捷徑,在聖殿外院中往來,穿梭城內外。

聖殿是猶太人宗教祭祀、敬拜和政治的中心,與古代所有的宗教中心一樣,聖殿也是猶太地的經濟中心。與聖殿和耶路撒冷城有緊密關連的,是形形色色的買賣活動。然而,這些買賣活動使聖殿的角色和功能改變了。為方便絡繹不絕的朝聖者,商人供應不同的獻祭所需要的動物和穀物給他們購買,而商人會在聖殿的外院(即外邦人院)擺放飼養動物的欄圈和籠子。另外,商人亦提供**兑換錢幣**的服務。但「方便」、「服務」只是宣傳的口號而已,這些買賣活動的出現,説到底只因神職人員想從這龐大的經濟收益當中得到利益。因此,濫用權力、以權謀私、盤踞聖殿地方、索取佣金等事情是必然會發生的。

因為通行的羅馬錢幣上刻有君王或有關的形像,所以並不能作聖殿供獻之用。在耶路撒冷供獻的敬拜者,必須兑換特定的錢幣。

耶穌嚴斥神職人員把人民敬拜的地方淪為「**賊窩**」(17節;引自**耶七11**),主要並非因為買賣活動所產生的混亂情況,而是因為神職人員縱容作買賣的人營商,甚至參與不誠實的活動。耶穌的行動令人想起舊約撒迦利亞書十四章21節裏提到的將來的盼望:在彌賽亞來臨的日子,耶和華的殿中將沒有做買賣的人,而根據瑪拉基書三章1至4節,祭司的職分亦要重新得到潔淨。

「你們以為我的聖殿是賊窩嗎?我清清楚楚地看見你們的一舉一動。」(耶七11)

從屬靈的角度來看,聖殿已經被玷污,耶穌認為必須把它潔淨過來。聖殿已經從敬拜的中心淪為做不誠實買賣的地方了,再不是「**萬民**禱告的殿」(17節;引自**賽**

「萬民」包括外邦人!敬拜不再是猶太人的專利了。

「我要帶你們【指那些歸信上帝的異族】到我的聖山錫安，使你們在我禱告的殿中有喜樂，並接受你們在祭壇上所獻的燒化祭【即燔祭《和合本》】和牲祭【即平安祭《和合本》】。我的聖殿將稱為萬民禱告的殿。」(賽五十六7)

五十六7)。耶穌的回答合併了兩段舊約經文(即賽五十六7；耶七11)，其中以賽亞書的一段經文具濃厚的彌賽亞色彩(參賽五十六1～8)；聖經預言在彌賽亞來臨的日子，聖殿中外邦人的數目要較猶太人多。從以賽亞書這段經文來看耶穌潔淨聖殿一事，別有一番意味。那些商人和兌換錢幣的人所佔用的是聖殿外院，是聖殿中惟一准許外邦人進入的地方。如此，猶太教即公然欺負外邦人，奪取他們敬拜上帝的權利，而耶穌就是以賽亞預言的那位要來的彌賽亞，他要保障「**萬民**」親近上帝的權利。對於馬可福音的外邦人讀者，這是多麼叫他們安慰的事！

你參與的教會是否可以作為敬拜的中心？當中是否有一些需要被潔淨的地方？保羅曾經以聖靈的殿比喻我們的身體，你願意讓耶穌潔淨這殿嗎？

耶穌潔淨聖殿的行動所引起的影響是很深遠的。符類福音都記述這件事挑起了猶太領袖的抗議，他們因而質疑耶穌權柄的來源(27～33節；太二十一23～27；路二十1～8；另參約二18～22)。事實上，從潔淨聖殿這件事起，耶穌和猶太領袖之間的衝突也就愈更激烈。耶穌一直以來的職事和在耶路撒冷潔淨聖殿的行動，實際上對猶太領袖造成很大的困擾；馬可這樣描述猶太教中領導層的反應：④

> 祭司長和經學教師聽見這話，就想法子要殺害耶穌。但是他們怕他，因為羣眾都欽佩他的教導。(18節)

9.3. 從無花果樹得教訓(十一12～14、20～26)

耶穌詛咒無花果樹這件事具有象徵意義：這事代表上帝宣告了對以色列的判決；而配合耶穌潔淨聖殿一事，這故事亦表示彌賽亞的新時代已經來臨，強調在新的宗教生活中，信心、禱告和饒恕的重要性。

「第二天」(即星期一)，耶穌從伯大尼再次進入耶路撒冷城；在路上，耶穌餓了。附近一帶應該有很多無花果樹，因為伯大尼附近的伯法其小鎮有「無花果之家」的別名。

耶穌看見不遠有一棵長滿了葉子的**無花果樹**，期望樹上會有果子可吃，但卻沒有，於是詛咒這樹。馬可在記述中加了一句，**「因為那時候不是結無花果的季節」**(13節)。門徒以為耶穌大概只是心情不佳，但隔了一天(即星期二)，他們又經過同一條路，看見這棵樹已經枯了，並且**「連根都枯死」**(20節)，甚至沒有可能再活過來，這顯示了前一天耶穌詛咒的力量。彼得非常驚訝地說：**「老師，你看，你所詛咒的無花果樹枯死了。」**(21節)

在耶穌時代，無花果樹的果子是一種主要的食糧。

第一造無花果通常在6月成熟，大多會被人趁新鮮吃掉。第二造會在兩個月之後收割，通常會在太陽下曬乾，留待寒冬時才吃。

一般人讀到這個記載，不免會覺得耶穌有點無理取鬧。怎能因為自己飢餓找不到果子吃而詛咒無花果樹呢？況且當時還不是收成果子的季節！然而，在馬可的「三明治式的敘事手法」中，耶穌詛咒無花果樹這樁事件發生的過程中，正插入了耶穌潔淨象徵猶太信仰中心的聖殿的事。此外，在猶太人的信仰傳統裏，無花果樹是以色列人的象徵(參耶二十四章；何九10、16；彌七1～4)。舊約先知耶利米就曾如此宣告上帝的審判：

> 我要結集我的子民，像收穫農作物。但他們像葡萄樹不結葡萄，像無花果樹不結果實，連葉子都枯乾了。所以，我容許外國人來佔據他們的土地。(耶八13)

因此耶穌詛咒無花果樹並不是因肚餓耍脾氣，亦不純是要彰顯信心的能力，而是要宣布上帝即將對猶太人領袖(甚至是當時的猶太教)的審判。

許多人以為自己是信徒，就可以躲避上帝的審判。這段經文給這些人和我們怎麼樣的警告呢？

正如耶穌看到的聖殿象徵了猶太人的信仰生命已經沉淪，審判即將臨到，以色列人的生命亦一如眼前這棵沒有果子的無花果樹一般，是白佔地土的，他們亦馬上要面對上帝的審判。從這個角度看，耶穌詛咒無花果樹與潔淨聖殿可以說是有異曲同工的果效。耶穌預言無花果樹不再結果子，其實亦是預言當時以聖殿為中心的主流猶太教不會再結果子(指他們不會接受耶穌)，而這正是他們將要面臨審判的原因。

馬可在十一章22至26節記載了耶穌的回應，表面上耶穌似乎轉了話題，又或是馬可把其他耶穌的教訓摻雜在這裏，為要反映馬可身處的信仰羣體的問題。但事實究竟如何並不太重要，一個故事可以帶出多重的教訓。讀者應留意這裏有兩點明顯與上文有關連的：

倘若這山是指錫安山，即聖殿所座落的聖山(因為耶穌亦有可能是面對著耶路撒冷的聖殿山)，耶穌的講論則是對「這座山」的揶揄，暗示其上的聖殿已經失去其重要地位。

1. 耶穌在說這話時，可能面對著橄欖山。撒迦利亞曾預言說，耶和華有一天要回到橄欖山上審判祂的仇敵，並建立祂的國度。當祂的腳踏在山上時，這山甚至要裂開(亞十四1～14；參9.1.專欄「橄欖山」)。這樣看來，當耶穌說「**對這座山說：『起來，投到海裏去！』**」(23節)這移山的禱告時，就是為上帝審判之日的來臨禱告的，是一個對末世審判加以肯定的禱告。
2. 耶穌對禱告的教導明顯承接以賽亞書的預言，就是在彌賽亞來臨的日子，聖殿將要成為「**萬民禱告的殿**」(17節)；那些使聖殿變成「**賊窩**」(17節)的活動要停止。

馬可要指出，以聖殿為中心的宗教體制將要成為過去，取而代之的是以敬虔生活為主導的信仰。對上帝的信心(22節)比那些形形色色及表面化的宗教活動更能反映真正對上帝的信仰；而信徒的禱告（24～26節）比種種獻祭更得上帝的喜悅。

> 試想想，是不是有一些人，你既要責備他們，也要饒恕他們呢？你是否需要做些事情，使你和他們復和呢？如果是的話，你要怎樣做？甚麼時候做？

留意作者記述耶穌對信心和禱告的應許，以及接著有關饒恕的教導，他所用的詞語都是極為誇張和激烈的。即使有人真的有這樣的信心可以移山，難道我們確實可以「**無論求甚麼，相信是得着了，就會得到……所求的**」（24節），然後為所欲為？又難道為了博取天父的饒恕，我們就要勉強自己做到「**先要饒恕得罪你們的人**」（25節）？不！作者所強調的是一種原則性的變動，即是從依舊的體制過信仰生活轉變成依照新的體制。我們在此不應該按字面來解釋，應著眼於這些原則性變動的迫切性：不管甚麼，相信上帝、信靠祂就可以；不要多想，禱告是最重要的；不要多說，你要饒恕人。

溫習問題（9.1.～9.3.）在頁288。

9.4. 來自猶太教領袖的質詢（十一27～十二34）

最後一週的第三天，可算是耶穌在耶路撒冷傳道過程中的高潮，因為耶穌這週裏的所有教導幾乎都在這一天裏進行的。本節將講述的耶穌的教導都是由猶太教領袖的質詢帶出的，他們包括大祭司、民間的長老、法利賽人、希律黨徒和撒都該人。

馬可並非單純地順序敘述發生的事情，而是藉著其剪裁技巧，突顯猶太教領袖和耶穌之間的衝突正加劇。馬可在這段經文裏所記的最後一樁事件則是要提醒這福音書的讀者，不是所有猶太教領袖都是如此心硬和敵對耶穌的。

9.4.1. 質問耶穌的權柄和壞佃戶的比喻(十一27～33，十二1～12)

一羣主要的宗教領袖來挑戰耶穌的權柄，但因耶穌問及施洗者約翰施洗的權而陷入窘境。他們以拒絕回答來顧全自己面子，亦表明他們無心尋求真相。耶穌也照樣拒絕直接回答他們，但卻用比喻揭穿他們屬靈光景的真相。

「祭司長」的原文是複數，包括大祭司(即該亞法)和其他前任的大祭司，如亞那(該亞法的岳父，參路三2；約十八13)。

值得留意，這提及3種領袖的組合在馬可福音只出現4次，除這裏外，另外3次(八31，十四43、53)都記載他們是要對付耶穌的人。

門徒和耶穌又在聖殿裏出現。之前一天，耶穌就在這裏，把所有商人都趕走了。大概當時情況非常混亂，有關當局未能及時與耶穌正面交涉；隔了一天，**「祭司長、經學教師，和長老」**(十一27)都來見他，問他說：「你憑甚麼權柄做這些事？誰給你權柄做這些事呢？」(十一27)兩個問題是一樣的；他們以為耶穌這樣公然挑戰當時的猶太教體制，背後必定有很強大的後盾支持，所以前來問個究竟。

耶穌卻反問他們：「約翰施洗的權是從哪裏來的？是從上帝還是從人來的？」(十一30)耶穌不是要他們先回答這問題，然後才回答他們所問的，而是這問題的答案也就是耶穌的答案。

耶穌的回答再次表示他的事工與約翰的事工一脈相傳，但這並非作者要表達的信息。馬可仔細描述這些領袖暗地裏的議論，是要讓讀者知道這些領袖的虛偽。他們以政治和利益為出發點處理關於真理的事情，當然不承認施洗者約翰的權柄是來自天上的(不然，他們就應該聽從和接受他的教導)，但為了討好羣眾，他們又似乎默認了約翰的權柄來自天上。

有時討論一些信仰問題時，我們會與對方起爭論，期間為了顯示自己的見解較別人優勝，我們也會不知不覺跌入一個純為討論而討論的陷阱中，而失去了追求真理的心。

耶穌拒絕直接回答他們的問題，是因為他們不是追求真理；這暗示倘若他們有真正追求真理的心，並願意承認施洗者約翰的身分，他們也會知道耶穌的權柄的來源。與其在這問題上糾纏，耶穌講了一個比喻，直接針對他們頑硬的心。

一個**葡萄園**園主把葡萄園修葺好，各樣設施預備妥當後，就把這園租給佃戶，自己出外旅行去了。到收成的時候，他就打發人去向佃戶「**收他應得的分額**」(十二2)。第一個、第二個、第三個奴僕，甚至「**許多人**」(十二2～5)都去了，但通通遭受很差的對待，有空手回來的、被毒打的、被侮辱的，甚至有被殺的。最後，園主打發他的兒子，認為「**他們一定會尊敬我的兒子**」(十二6)，殊不知這只是園主及他兒子一廂情願的想法。正正因為他是園主的兒子，甚至應該是惟一的兒子，是園子的繼承人，所以這些狠毒的佃戶索性把他殺了，企圖吞佔他的產業。結果，園主決定親自來「**殺滅這些佃户，把葡萄園轉租給別人**」(十二9)⑤。

作者對葡萄園的描述極為細緻和真實。葡萄園一般建在山坡上，四周以一道矮牆或籬笆圍著，以防盜賊及小狐狸進入(參歌二15)。為方便看守，園內會興建一座守望樓；此外，一般葡萄園內都會有一個榨酒池。

從上文(9.3.「從無花果樹得教訓」)所引用的耶利米書八章13節，可見在傳統猶太文化中，葡萄園可用來代表以色列民族(參賽五1～7)，這一點並沒有甚麼特別。然而，耶穌所講的故事情節，以及當中涉及的人物和事情，均帶有很濃厚的基督教色彩。因此，雖然馬可在12節明確指出「**猶太人的領袖知道耶穌講的比喻是指責他們**」，但他們所知道的可能只是針對性的信息，他們大概亦會知道，耶穌在結束時引用的詩篇一一八篇22至23節，而文中「**泥水匠所丟棄**」(十一10)的，後來成為最重要的基石的「**石頭**」(十一10；或稱為「房角的頭塊石頭」《和合本》)，其實指耶穌。故事中各細節的意義大概是他們想不到的，只有馬可的讀者才明白：

❶ 葡萄園代表猶太人；

❷ 園主代表上帝；

❸ 佃戶代表猶太人議會；

❹ 奴僕們代表過去的先知，例如施洗者約翰(參王上十八4～13；代下二十四20～22，三十六15～16；啟十六6)；

❺ 園主的兒子代表上帝的兒子耶穌，殺那兒子的人代表要來害耶穌的人；

❻ 佃戶被除滅代表上帝審判猶太人議會(可能指公元70年耶路撒冷淪陷和聖殿被毀)；

❼ 把葡萄園轉讓給別人代表猶太人(或猶太人議會)將會失去其領導權；從初代教會的角度來看，這代表在上帝的救恩歷史中，新約教會已經取替了猶太人的重要地位；

❽ 被棄的石頭是指耶穌，而所謂「基石」，是指耶穌的復活和升天成為教會的根基。

在這個比喻中，園主要求於佃戶的，就是要**「收他應得的分額」**(十二2)。原來的佃戶既然只是租了這個園子，就應該付租費給園主。同樣，猶太人「是上帝的選民；上帝使他們有兒女的名份，分享他的榮耀。上帝與他們立約，賜給他們法律；他們有敬拜上帝的知識，也接受了他的應許」(羅九4)。他們既有特權享受上帝的榮耀及應許，同樣，他們也必須遵守與上帝所立的約，遵守祂的律法。

這個比喻的目的不是要揭露宗教領袖要殺害耶穌的陰謀，而是重申上帝的主權。就如管理葡萄園的主權始終在園主手上，他最後要把園子取回，然後租給別人；同樣，上帝有權收回猶太人一直享有的特權，賜給那些願意接受福音的外邦人(參羅九章)。作者所引用的詩篇一一八篇22至23節(參太二十一42)同樣強調這種主權：「這是主的作為，在我們眼中是多麼奇妙啊！」(十二11)經文中提及的泥水匠理應是專業的，但可惜他辨認不出哪塊是普通石頭，哪塊是基石，竟然將真正的基石丟棄。初代教會在耶穌復活後，就用這節經文強調上帝為被釘十字架的耶穌辯護，表明他是所預言的那位(參徒四11)。

研讀這個比喻時，有一點我們不能忽略，就是作者用了很多篇幅描述園主千方百計要「收他應得的分額」(十二2)，與佃戶和解。即使耶穌講這比喻的目的，似乎是要表明一種上帝與猶太人領袖對立的關係，但耶穌還是強調上帝的憐愛。

9.4.2. 納稅給凱撒的問題(十二13～17)

我們的信仰與國家之間在本質上有何關係呢？哪方要順服於對方呢？基督徒是否應該完全效忠國家呢？從耶穌的回答，我們知道，國家有其權力的範圍，但「人」的一切最終都是由上帝掌管的。

之前要挑戰耶穌的猶太人領袖一怒之下走了，另一批又接續來到；他們大概都是來自同一羣體的，其中有法利賽人和**希律黨徒**(13節「……奉命來見耶穌」)。故事一開始就提到法利賽人和希律黨徒的陰謀：他們企圖從耶穌的談話中得著指控他的把柄。馬可很清楚地指出他們的不良動機。他們先恭維耶穌(14節「老師，我們知道你是誠實的人；你不管人怎麼想，也不看情面，總是忠實地把上帝的道教導人」)，然後就把他置於窘境之中：「向羅馬皇帝凱撒納稅是不是違背我們的法律？」(14節)

「希律黨徒」大概是指在政治上追隨希律．安提帕(即大希律的兒子)的人；希律．安提帕於公元前4年至公元39年間管治加利利省和比利亞省。參本書3.5.「在安息日治病(手枯萎的人)」。

當時巴勒斯坦正由羅馬人管轄，納稅給羅馬政府雖然是必須的，但很多支持極端民族主義的猶太人都不願意納稅，因為他們認為納稅歸順的表示，是出賣民族和信仰的表現，甚至連拿著有凱撒頭像的錢幣都是冒犯他們的民族領袖的。因此，這些法利賽人和希律黨徒認為：如果耶穌說可以（意思是理所當然），那麼有許多猶太人會認為他主張歸順羅馬政權；如果耶穌說不可以，他就明顯有**煽動民眾背叛羅馬政府**的嫌疑了，這樣在旁邊聽他講話的希律黨徒就可控告他了。

約於公元6年，因納戶口稅一事，引發了一場由加利利的猶太人領導的叛亂；使徒行傳也略為提及這事（徒五37）。

耶穌要了一枚錢幣，讓質問他的人說出上面鑄有誰的頭像，而後就宣告說：**「那麼，把凱撒的東西給凱撒，把上帝的東西給上帝」**（17節）。耶穌雖然不是政治人物，但他的回答所顯出的政治智慧確實令人佩服。他既成功地逃避了回答這個問題，又把問題拋回給發問者。問題的答案並非關於「應該與否」，而是關於「如何」，即是在權力世界中，如何劃分凱撒的權柄和上帝的權柄之間的界線。

● 這是曾經流行於新約時期的羅馬錢幣。錢幣的正面（左面）是奧古斯都（統治期：公元前31～公元14）的頭像，並刻有 IMP CAESAR（意即「最高統治者．凱撒」）；銀幣的背面（右面）刻有AVGVSTVS，是「奧古斯都」的名字。

馬可告訴我們，這些人**「聽了這話，對他非常驚訝」**（17節），暗示他們就此離開了；**「驚訝」**當然是因為他們既難不倒耶穌，反被耶穌弄糊塗了，但他們是否明白耶穌的回答呢？

從字裏行間可看到，耶穌確實回答了這個難題，並且能夠讓我們了解宗教和國家在本質上的關係。在耶穌的回答裏，**「把凱撒的東西給凱撒，把上帝的東西給上帝」**（17節）中的**「凱撒的東西」**，當然是指鑄有凱撒的頭像和他名號的**錢幣**(16節),但**「上帝的東西」**(17節)是指甚麼呢?可以指猶太人當獻的祭、什一奉獻,或對於馬可的讀者來說,是基督徒給上帝(教會)的奉獻,然而,屬於**「上帝的東西」**當中,最重要的當然是具有上帝形像的人。正如具有凱撒頭像的羅馬錢幣是屬於凱撒,具有上帝形像的人亦是屬於上帝的。對於當時的猶太人而言,他們要繳納課稅給一個他們認為是邪惡的政府,但他們不是屬於凱撒的,因為他們本身是屬於上帝的。

這個羅馬錢幣稱為「得拿利」;在耶穌時代,「得拿利」一面刻有「神聖奧古斯都的兒子,提庇留·凱撒·奧古斯都」等字(當時的羅馬皇帝是提庇留),另一面則有提庇留的頭像。

表面上,**「把凱撒的東西給凱撒,把上帝的東西給上帝」**似乎要帶出凱撒和上帝兩者互不相干,凱撒可以在自己的國度裏向人要求絕對的忠誠,而上帝則只會在另一個國度中。但事實絕非如此!耶穌具智慧的回答恰恰表達了相反的意思。人有著上帝的形像,所以不管他居住何處,以何為業,或從事社會工作、行商、參政,或參與宗教活動,他們都是屬於上帝的。當他們步出敬拜上帝的教堂或會堂,踏進商議社會政事的辦公室的時候,他們所要效忠的首要對象從沒有改變,仍是上帝。

在你的日常生活中,你能否活出「把上帝的東西給上帝」(17節)這重要原則?抑或你的所有都已給了「凱撒」?

不如一般人所願,這段經文沒有為我們解答教會與國家之間的問題,更沒有回答有關基督徒對政府是否應盡義務,如服兵役等,這類困擾人的問題。但它卻規定了我們要效忠的對象的次序,叫我們曉得誰是我們生命最根本要效忠的對象,誰是其次的。對於作為自己國家的公民,這段經文的確肯定了地方政府的權力,這也是初代教會的一貫立場(羅十三5～7;彼前二13～17),然而,經文亦清楚指出這權力是有限的,因為其實世上所有的權力包括凱撒的權力都是屬於上帝的。對於基督徒而言,我們要提醒自己,我們的生命不是屬於地上權勢(例如國家)的,而是屬於上帝的。

對於那些不承認人有著上帝的形像，而企圖用政治手段來改變人，剝奪人自身的尊嚴的人，這段經文無疑是一個給他們警告。

9.4.3. 復活的問題(論復活)(十二18～27)

這是宗教領袖們第三次在聖殿中用詭詐的問題刁難耶穌，希望在百姓面前羞辱他。他們的問題的確很刁鑽，但耶穌卻反過來指出他們誤解了聖經的意思。

撒都該人是一班與祭司家族有密切關係的猶太貴族。他們在信仰上的立場極之保守，並只相信五經的教導；由於五經中並沒有直接教導有關死人復活之事，所以他們就不相信有復活這回事。

接著來了另一批人，是一些**撒都該人**。馬可一開始就告訴這福音書的外邦讀者，這些人「**不相信復活**」(18節)。雖然經文沒有說明他們造訪的動機，但他們的來意明顯是不善的，因為他們提問中所假設的事情是撒都該人必然不相信的。而且，那個問題所提及的情況相當複雜，其中的情節也很荒謬(7個兄弟都先後死了！)，所以他們明明是策劃好要來刁難耶穌的。

撒都該人的假設性例案是與五經中對「叔娶寡嫂」的律例有關。假若有個已婚的男人死去，而他又無兒無女的話，按照五經的教訓，這人的其中一個兄弟必須要娶他的遺孀，之後如有生兒育女，要視為這已死的人的兒女，這樣他的血脈就可以延續下去(申二十五5～10)。很多學者指出，在耶穌時代，猶太人基本上都不再嚴格遵守這條法律了。

撒都該人問(大概帶嘲弄口吻)：**「在復活的日子，他們從死裏復活時，這個女人算是誰的妻子呢？」**(23節)

耶穌的回答可分為兩部分(24～25、26～27節)。耶穌首先指出，撒都該人對復活後的生命的理解，在觀念上是錯誤的；今世的生命和復活的生命是不同的。在這個世界，人人都要死去，人類的存在因著兩性的結合得以延續。但是，在復活之後，人就不再死了，因此再不需要現在這種兩性結合的生活方式。**「他們從死裏復活的時候，要跟天上的天使一樣，也不娶也不嫁」**(25節)，説明死後復活的人像天使一樣，跟在地上時的生活分別非常大，人既不死，也沒有世上嫁娶的身分(參林前十五35～50)；這是**「上帝的權能」**(24節)。耶穌説明，在上帝眼中，人的來世不能理解為今世的延續。我們不能用任何的數學公式來計算復活這件事，不能以現在生命的樣式計算出在天堂裏的生命樣式。復活的生命包括身體形狀的更新與改變。

耶穌並非表示人在復活後不能認出自己的配偶，只是表明上帝國的新秩序並非現今世界的延續。在上帝國度中，肉體的關係和地上的規律都不再適用。

之後，耶穌應用了拉比式的解經法來肯定復活的事(26～27節)。耶穌本來可以借用但以理書十二章2至3節(「……有許多已故的人將復活。有的要享受永恆的生命；有的要受永遠的羞辱。」)解釋復活，但撒都該人只承認摩西五經，而摩西五經對復活的問題卻沒有明確的表述，於是耶穌便以摩西遇見火燒著的荊棘這記載為基礎，證明確有復活這回事。耶穌説：**「上帝對摩西説：『我是……的上帝』」**(26節，引自出三6)。這話的大前提是**「上帝是活人的上帝，不是死人的上帝」**(27節)。既然亞伯拉罕、以撒和雅各都曾在古時候與上帝立約，而上帝是他們的上帝，可見他們必定仍然以某種形式生存著。雖然現今世界和復活後的世界之間有「死」阻隔，但從上帝卻可找到溝通兩者的橋梁，因為祂是超越死亡的。

從耶穌的回答中可以看出，撒都該人從這現實的處境(如顧及如何處理寡婦與亡夫之兄弟間的關係問題)思想復活後的生命，但不會思索死人復活這樣全新的奇迹所帶來全新的生命。他們並非企圖協調兩種生命之間的不同，而是想完全排除復活的可能性。他們的問題使他們在這個必被上帝國所取代的世界中受到局限。耶穌在這件事中，兩次表示撒都該人錯了（24、27節）是頗為特別的；這既表明事實（他們確實是錯的），亦表達了即將要從死裏復活的耶穌的歎息。

9.4.4. 最大的誡命（十二28～34）

這是耶穌面對來自猶太教領袖的質詢之中，最溫和的一次。經學教師公開稱耶穌為「老師」，又認同耶穌對最大的誡命的剖析說：「你說得對！」馬可以這個故事結束整個段落的爭論，暗示猶太教中仍有人對耶穌相當信服。

當耶穌回答完撒都該人的提問後，有位經學教師非常欣賞耶穌的表現，於是積極地前來提問：**「誡命中哪一條是第一重要的？」**（28節）這其實是一條富爭議性的問題，經學教師對此大概必定是心裏有數的。有別於馬太，馬可強調那位經學教師極其真誠（參28節），並不如馬太福音（甚或路加福音）中描寫的那般居心叵測⑥；事實上，這位經學教師是全本馬可福音中，惟一一位對耶穌沒有存敵意的經學教師。

耶穌的回答（參利十九18；申六4～5），既說明哪條是摩西律法中最大的誡命，亦表明愛上帝與愛別人同等重要，不可分割。經學教師對耶穌的回答佩服不已，在回應時，既稱耶穌為**「老師」**（32節），又清楚肯定耶穌的回答；不單如此，他還複述耶穌的回答，並加上一句話：**「這比在祭壇上獻燒化祭和其他的祭物給上帝重要得多了。」**（33節）事實上，他也因著這精確和**「滿有智慧」**（34節）的演繹，而得到耶穌的稱讚：**「你離上帝的國不遠了。」**（34節）

耶穌和那名經學教師之能夠如此投契，是因為耶穌對這「最大的誡命」的立場與他一致；作者馬可記載經學教師的回應——仔細複述耶穌的答覆——可能要反映經學教師對耶穌的回答佩服得五體投地。

「誡命中哪一條是第一重要的？」(28節)似乎是個非常簡單的問題，但在耶穌時代，這卻是一個頗具爭議性的問題。當時的猶太拉比不時討論不同誡命的重要程度，要從而得出一條最基要的誡命，以致可以用這誡命來解釋其他誡命，然後為所有誡命分等級。因此，經學教師所關注的純粹是一個釋經(甚至是神學)上的概念問題，並非強調要把誡命實踐。

雖然經學教師的問題是**「第一重要的」**(28節)一條，但耶穌卻連第二重要的都說了出來；這段經文引自申命記六章4至5節和利未記十九章18節：

「[4]以色列人哪，你們要留心聽！上主是我們的上帝；惟有他是上主。[5]你們要全心、全情、全力愛上主——你們的上帝。」(申六4～5)

❶ **申命記六章4至5節**是猶太教中非常重要的一段經文，稱為「沙瑪」(Shema)，意即「聽！」，這是希伯來文聖經申命記六章4節的第一個字。這兩節幾乎可以算為猶太教的信經，指出這位獨特的上帝的屬性；這段經文是猶太教(和基督教)的基礎，凡是敬虔的猶太人都會誦念。上帝並非眾神之一，而是獨一、惟一的神。祂究竟是一位殘忍的暴君或和藹可親的聖誕老人，都並不重要；以色列人對這位獨一真神的愛和信服是別無選擇的，因為在以色列人的歷史裏，只有這位上帝。以「沙瑪」為基礎，以色列人必須**「全心、全情、全意⑦、全力」**愛祂(30節；參申六5)。

❷ 耶穌的回答(31節)亦引用了另一段經文，即利未記十九章18節：「要愛自己的鄰人，像愛自己一樣」；經文強調以色列人在羣體生活中要以愛相待。雖然傳統猶太人認為，原來利未記的經文主要指以色列同胞，但其上下文特別提及對那些弱勢社羣(如窮人)⑧的關愛(參利十九9～18)，因而就顯出經文背後的精神是涉及所

有人的。後期的文獻顯示，耶穌時代的一些猶太教領袖在這節經文上已有這方面的共識。

申命記六章4至5節和利未記十九章18節確實是舊約聖經中非常重要的經文，總結了人對上帝和人對人應有的態度，然而，耶穌把兩者放在一起，明顯反映了他獨特的見解。對耶穌而言，這兩條命令是不可分割的，並且都是在其他一切命令之上(31節**「沒有其他的誡命比這些更重要的了」**)；這也是經學教師所認同的。

你可以採取甚麼行動表示你對上帝的愛和對鄰舍的愛？

經學教師不僅肯定了耶穌的答覆，而且亦補充說：**「這比在祭壇上獻燒化祭和其他的祭物給上帝重要得多了」**(33節；參撒上十五22；箴二十一3；何六6)。這回答的巧妙之處在於，經學教師並沒有排斥祭祀禮儀，而是建立一種明確的優先秩序，即愛上帝及鄰舍遠較禮儀重要。我們甚至可以說，他的回答包括這兩條誡命與宗教中所有形形式式的文化和禮儀的比較；有關禮儀的事情有時或許需要我們耗用很多時間、精力與金錢，但對我們卻不及兩條最大的誡命所教導的重要。

「我們的上帝是惟一的主」(29節)，我們對這話的理解可能只停留在認信的層面，沒有涉及情感、委身。但無論是猶太教還是基督教，我們所相信的上帝並非只是**「惟一的主」**，祂亦是美善和仁愛，而作為祂的子民的，我們必須將祂的美善與仁愛表現出來。我們要愛祂，也要愛人；兩者不可分割(參約十四20～21；羅十三8～10；加五14；雅二8)。若偏重前者，我們的信仰就會流於教條式；若偏重後者，信仰就變成人文主義，人的好行為亦會失去其神學基礎。

與之前富有火藥味的爭論相比，這段經文明顯顯得溫和得多；作者要指出，在當時的猶太教中，還有一些人如這名經學教師一般，能認同耶穌的教導。

溫習問題(9.4.) 在頁289。

9.5. 耶穌其餘的教導(十二35～十三37)

在前一節(9.4.「來自猶太教領袖的質詢」)，耶穌的教導都是由猶太教領袖的質詢而帶出的，而本節所講述的則是主耶穌主動的教導；馬可在十二章35節記述「**耶穌在聖殿裏教導人……**」，似乎是要帶出一個新的段落。這裏所記載的連串教導之間並沒有特別的關係，但其中最重要的明顯是耶穌對末日來臨的教導(十三1～37)。

9.5.1. 有關基督的問題(十二35～37)

耶穌主動挑戰傳統對大衛與彌賽亞之間的關係——彌賽亞是大衛的子孫——的理解。他引用詩篇一一〇篇1節，指大衛也明確指出彌賽亞是他的主，承認彌賽亞在自己之上。

對於這個故事的發生的緣由，馬可的記載顯得有點莫名其妙，因為其中只是耶穌在自問自答。耶穌教導的背後其實涉及對彌賽亞觀念的理解⑨。當時在猶太教中流行一個觀念(亦是經學教師所教導的)，認為彌賽亞是大衛的後裔，是猶太人的理想君王。這個觀念在兩約之間的文獻中明顯地反映出來，即使在舊約聖經，也有不少經文反映類似的觀念，例如：

- 「……16你【指大衛】永遠會有後代；你的國將永遠堅立；你的王朝

永遠存續。」（撒下七4～17）

- 「[3]……我曾應許我的僕人大衛說：[4]我要使你的後裔永遠作王；我要鞏固你的王位直到萬代。」（詩八十九3～4）
- 「[5]上主說：『時候將到，我要為大衛興起正義的「枝子」。他的統治賢明；他要在這塊土地上以公平正義治國。[6]在他統治下，猶大人民將安居樂業，以色列人民享受太平。他將稱為「上主—— 我們的正義」。』」（耶二十三5～6）
- 「[23]……他們要作我的子民；我要作他們的上帝。[24]將有一位像我僕人大衛的君王要出現；他要作他們的王，作他們的牧人，把他們統一起來。他們將誠心遵行我的法律。[25]他們要住在我賜給我僕人雅各的那塊土地上，就是他們的祖先住過的土地。他們要永遠住在那裏，他們的後代也要住在那裏。有一位像我僕人大衛的君王要永遠統治他們。」（結三十七23～25）

耶穌在36節**「主對我主說……」**引用了詩篇一一〇篇1節加以說明。經文中的第一個**「主」**是指「上主」（參詩一一〇1），即耶和華，而第二個**「主」**，至少在耶穌的理解中，是指「受膏者」，就是那大君王；在這裏，大衛在聖靈的感動之下，清楚稱呼他為「我主」。最後耶穌問：**「基督又怎麼會是大衛的子孫呢？」**（37節）

關於這問題，馬可並沒有給我們最後的答案，那麼，耶穌腦海中的答案是甚麼呢？你還記得那名盲人巴底買嗎？他向耶穌呼喊時，也稱耶穌為**「大衛之子耶穌」**（十47）；即使他當時可能不明白這稱呼所帶出的意思有多重要，但對於馬可或他的讀者來說，這稱呼明確地道出耶穌為彌賽亞（基督）的身分，而馬可亦認同這看法。因此，耶穌這回主動的提問，並非要推翻基督為大衛後裔這觀念，而是加以修正，指出基督不純粹是大衛的後裔(暗示基督的地位較大衛低),更是他的主,其身分遠較大衛尊貴。正如保羅所説:「從身世來説,他是大衛的後代;從聖潔的神性説,因上帝使他從死裏復活,以大能顯示他是上帝的兒子。」(羅一2～4;另參提後二8)

在36節**「主對我主説……」**,耶穌引用詩篇是相當有意思的,藉著這個語帶相關的「主」字來指「上主」(即耶和華)和「基督」,包含著一種意思:耶穌藉著從死裏復活(36節**「等我使你的仇敵屈服在你腳下」**)證明他的神性身分;**「我主」**就是「主基督」。

9.5.2. 提防經學教師、留意寡婦的奉獻(十二38～40、41～44)

本來可能是兩個事件,但馬可卻把它們並列在一起,對耶穌自進入耶路撒冷後(十一1),因與經學教師(甚至是整個法利賽派系)接觸而產生的不滿情緒作整體的總結。

在一連串的講論之後,馬可總結羣眾對耶穌講論的反應,説:**「羣眾都喜歡聽耶穌講論」**(37節下);然後,耶穌給予經學教師們最後的評價。雖然耶穌或許會讚揚個別的經學教師(28～34節),但對他們這個團體的日常生活行為卻作出了嚴厲的批評。

經學教師往往自命不凡,喜歡引人注意他們的行為,例如:他們**「喜歡穿長袍招搖過市」**(38節),企圖得到人們的歡呼;他們佔據**「會堂裏的特別座位和宴會上的首座」**(39節),為要表示自己的地位尊貴;他們**「表演長篇的禱告」**(40節),目的是要讓人感到他們在上帝的眼中比其他人重要。他們藉

長袍是一種外衣。經學教師所穿的長袍原本專供他們在禱告或進行某些宗教任務的時候穿的;那些教師在公開場合穿這長袍,好像要使人一眼便認出他們,然後向他們致敬問安。

筵席上的首座就是最靠近主人的座位;而會堂裏的特別座位就是放聖經經卷的木櫃前面的那些座位。

這些行為掩飾自己對貧窮人，尤其是對寡婦無情的剝削。

馬可並沒有具體地說明他們如何「**吞沒了寡婦的家產**」(40節)。然而，在一個男權主義盛行的社會中，最能博取無依無靠的寡婦信任的，可能就是這些被視為大慈大悲的宗教領袖。這些經學教師或利用他們的身分為寡婦提供律法上的意見、為她們求上帝的庇佑，藉此向寡婦索取大筆服務費。無論在今天或昔日的社會，這些事情都屢見不鮮。

耶穌對經學教師的指責，令人回想起以類似方式斥責猶太社會領袖的舊約先知(參賽十1～2；亞七10；瑪三5)。這種將經學教師與宗教領袖的對等的做法，可促使讀者在閱讀這段經文時，反省自己的生活方式，省察自己表面遵行宗教要求的行為與自己在私人空間裏的行為之間是否存在差異。

這些銅板是幣值最小的希臘錢幣。以當時的價值計算，兩個銅板共值1文錢，而24文錢就相等於一般人一天的工資。

記述耶穌對經學教師的譴責後，作者立即為讀者描繪出兩個迥異的情況：很多有錢人將大筆錢財投入聖殿的奉獻箱；一個極度窮困的寡婦奉獻出「**兩個小銅板**」(42節)。

在聖殿中，收集奉獻的器皿共有13個，形狀像漏斗，放置在聖殿的婦女院附近，以收集到聖殿敬拜的人的奉獻。因為這些收集奉獻的器皿是用金屬鑄造成，當捐獻的人投入錢幣的時候，就會發出金屬撞擊的聲音，聲量大小與投入錢幣的數量成正比。讀者可以想像「**很多有錢人投進許多錢**」(41節)所造成的聲音，跟那窮寡婦的兩個小銅板所造成的聲音形成何等大的對比。

由於耶穌親自稱讚了這個寡婦：「**……這個窮寡婦所投進奉獻箱的比其他的人都多。別人是從他們的財富中捐出有餘的；可是她已經很窮，卻把自己全部的生活費用都獻上了。**」(43～44節)所以一般認為，馬可是刻意抬高這個寡婦的地位，將她塑造成一位該受尊敬的理想人物。對於那些有錢的人來說，他們的奉獻並不為他們的實際生活帶來任何困難和挑戰。然而，對於這個窮寡婦而言，她投入奉獻箱的是生命裏僅有的資產，實際上她是將自己的生計都投進去了。她真摯和全然的奉獻反映她對上帝的信靠和敬愛。寡婦微薄的奉獻被耶穌視為比有錢人的奉獻更多，而因為她在貧窮中仍奉獻僅有的，所以該受別人的尊敬。

對這個故事的發生，以上這種傳統的理解並無不妥當，只是我們可以考慮把這個故事與上文「要提防經學教師」(38～40節)的故事並列來看，然後從當時的社會與政治層面理解。有3項值得留意的事情：

1. 「寡婦」這個社會階層的人亦出現在「要提防經學教師」的故事中(40節)，這是一個重要的標誌，顯示兩段經文是有關連的；
2. 作者特別強調，寡婦所奉獻的兩個小銅板就是她**「自己全部的生活費用」**(44節)，但耶穌怎麼會知道這寡婦已經奉獻了自己的一切呢？經文又未有暗示耶穌認識這寡婦。這顯示了作者馬可刻意的鋪排，可能是要讀者想到那些被經學教師吞沒了家產的寡婦；
3. 在有錢人和窮寡婦的對比之中，那些奉獻很多錢的有錢人，就好像經學教師一樣，都是**「招搖過市」**的(38節)。

重要的是，耶穌評論寡婦的行為不一定是要稱讚她，他可能是為寡婦的困苦境遇悲歎。因為那些猶太權貴(包括宗教領袖)表面看來是按律法要求行事——穿長袍及奉獻大筆金錢，但事實上他們非但沒有按律法上的要求照顧這個寡婦，而且還奪去了她僅剩餘的。按此，這個貧窮的寡婦或許很具體地代表了被經學教師**「吞沒」**(40節)家產的寡婦，甚至更廣泛地代表了那些在當時的聖殿體制下遭受逼迫之無辜百姓。因此，耶穌對經學教師的責備顯然也從他對這個寡婦的觀察中延伸出來的。

9.5.3. 末日的來臨(十三1～37)

這章又稱為「橄欖山上的講述」(Olivet Discourse),另外又因為內容談論末世的事情,所以又稱為「小啟示錄」(Little Apocalypse)或「馬可啟示錄」。

***這一章**的「末日」可有兩種的含意。一是指世界的終結;文中的天啟意象和用語都是用來預言將來(這「將來」還未來到)要發生的事情的(24～27節)。另一方面,無論對於猶太人或是基督徒,聖殿被毀確實象徵上帝終極的審判,因此,所謂的「末日」,也可從作者及原來讀者的主觀經歷角度來看,即發生於公元66至70年間的事情,包括聖殿被毀、教會遭受逼迫、假先知說讖言引誘人心、激烈的戰爭等等(1～23節);對於當時受苦的人來說,世界上發生的一切事情都是苦難。*

這是馬可福音中最長的一段教訓(按馬可福音的敘述,當時仍是星期二)。耶穌預言聖殿將要被毀後(1～4節),便指出這事發生前的預兆,就是信徒將要遇到動亂和迫害(5～13、14～23節)。然後耶穌把焦點轉到「末日」,提到他自己(即人子)第二次再臨的情景(24～27節)。最後耶穌用了一個簡短的比喻,指出末日來臨之前的預兆的作用(28～31節),並鼓勵信徒持警醒的心(32～37節)⑩。

馬可福音讀者的處境

按本書第一章「馬可福音導論」中有關馬可福音寫作日期的簡述,這書寫成於公元65至70年間,而耶路撒冷聖殿於公元69/70年被毀。要進一步確定這福音書寫成於聖殿被毀之前還是之後,既不大可能,亦不必要,因為聖殿被毀只是在一刻間發生,但當時緊張局面的氣氛卻是營造多年的。雖然十三章1至2節一段經文是對耶路撒冷聖殿被毀的預言,但馬可的記載並非按時序編排,他甚至可能借用了當時信徒的經歷,套入耶穌的預言裏,使讀者讀起來能更有認同感。

究竟馬可福音原來的讀者身處的環境是怎樣的呢？

對於羅馬政府來說，猶太人一直都是一個非常執著於自己的信仰和文化傳統的民族，這民族不時希望能取得更大的自主權。因此，當時在羅馬帝國居住的很多不同民族之中，猶太人明顯帶來很多麻煩。新約聖經並沒有清楚記載猶太人與羅馬政府之間的衝突⑪，但從其他歷史文獻可見，自奧古斯都(Augustus；統治期：公元前37～公元14年)和他的繼承人提庇留(Tiberius；統治期：公元14～37年)這兩位1世紀中最賢明的羅馬君主去世，猶太人與羅馬政府之間的關係日趨緊張。

更詳細的介紹，可參閱黃錫木、孫寶玲和張略合著的《新約歷史與宗教文化導論》中3.2.3.「該猶／加里古拉」至3.2.6.「第一次猶太人叛亂」的部分。

猶太人與羅馬政府之間的衝突，最明顯的例子是發生在公元40年左右的事情。當時提庇留的繼承人該猶(Gaius；又稱「加里古拉」[Caligula]，統治期：公元37～41年)下旨要為自己建造一座巨型的雕像，豎立在耶路撒冷的聖殿裏⑫，刻意要公開褻瀆上帝。結果，耶路撒冷的猶太人聲言，倘若該猶硬要這樣做，全體猶太人將會集體自殺。在最後關頭，幸好得到希律．亞基帕一世(Herod Agrippa I；統治期：公元37～44年)的勸阻，該猶終於收回承命。像這種由羅馬人挑起的衝突，不單止在巴勒斯坦發生，在埃及的亞歷山太城亦曾發生(這是巴勒斯坦地以外最多猶太人聚居的城市，人數可能達100萬之多)。

進入公元60年，羅馬政局非常混亂，國家經濟亦陷入危機；叛亂的事不單在猶太地發生，其他地方亦受牽連。特別在那位最為人熟悉，且以瘋癲、暴政和殘酷見稱的尼祿王(Nero；統治期：公元54～68年)上任後，情況更差。對於猶太人來說，1世紀最難忘的事件是所謂的「第一次猶太人叛亂」(公元66～73/74)⑬。這次叛亂並非由尼祿煽動的，而是因為各地的地方官長過分欺凌猶太人所致。叛亂一發不可收拾，原來只屬猶太地的叛亂，很快就延至整個巴勒斯坦地。耶路撒冷的猶太人士氣激昂，他們真的以為從此之後，可以脫離異族的管治。然而，羅馬的精銳步隊，在著名的提多將軍帶領之下，於公元70年攻入耶路撒冷，把聖殿燒毀(8月9日)；最後，提多在公元73年攻破駐守馬薩他(Masada)的殘餘亂黨，這場叛亂才告平息。

參馬可福音十三章2節；此外，十三章14至22節的描述可能反映了耶城淪陷的情景。

此外，在尼祿時期的羅馬城基督徒(包括本身是羅馬人的基督徒)亦不好過。尼祿是第一個凱撒，直接且大規模地逼迫

參馬可福音十三章12至13節。

當時在羅馬城的基督徒(猶太人和外邦人);他為了要重建羅馬城,竟然祕密派人縱火,並且把矛頭指向基督徒,使他們成為代罪羔羊。尼祿向基督徒(包括猶太裔和非猶太裔)所施的暴行甚為殘酷:有的被釘十字架;有的被披上獸皮,然後被野狗追殺;有的活生生被燒死。有些人為求自保,甚至彼此出賣。這些事件都記載在羅馬官方史學家的著作裏。按早期教會歷史的記載,彼得和保羅亦在這連串逼迫之下被殺。

9.5.3.1.預言聖殿被毀(1～2節)

耶穌的這些預言是由一個門徒對聖殿建築的恢弘氣勢的讚歎開始的。這門徒的讚歎反映當時所有見過這所聖殿的人的感覺。然而,耶穌卻宣告說,聖殿即將被毀;根據耶穌的描述,所涉及的範圍不單止是聖殿這一座建築物,而是**聖殿的整個範圍**。這意味著聖殿即將遭受的毀壞是徹底性的。耶穌的預言在公元70年終於實現了。

耶穌所用的詞是指整個聖殿山(希:hieron),參9.1.專欄「聖殿」。

聖殿是猶太教的教制中心,耶穌這番令人希奇的話,其實是對當時猶太教制度即將垮台的一個預言性的審判。對耶穌來說,聖殿既不能發揮其設立者所設計的作用,它那種美輪美奐的外表只會誤導他人離開上帝。

為何耶穌要在這裏作出如此令人震驚的預言?表面上,馬可的記載顯得非常突兀,但讀者若能溫習馬可記載耶穌進入耶城之後的工作,就不難明白耶穌預言的意義。自耶穌進耶路撒冷城起(十一1～11),一直到他在聖殿入口處講論,聖殿一直是耶穌事工的惟一背景。耶穌潔淨聖殿(十一15～17)和在聖殿中與充滿敵意的提問者相遇(十一27～十二27),在聖殿中提出關於基督的問題(十二35～37),又公然指斥經學教師一貫的作風(十二38～40),並點出聖殿中那個慷慨奉獻的窮寡婦(十二41～44)。

在一番令人震驚的預言後，故事的背景轉為「**在橄欖山上，面對聖殿**」（十三3），而聽眾的人數也減少至僅限於跟隨耶穌的**4個門徒**：彼得、雅各、約翰和安得烈。從聖殿山到**橄欖山**途中，他們討論過甚麼事情，我們不知道，但這背景的轉變明確地把討論範圍擴大了，從聖殿被毀擴闊至末日的臨近。留意門徒在這裏的提問，他們所問及的事情是以複數表達的：「**幾時會發生這【些】事？這一切發生的時候會有甚麼預兆呢？**」（4節）

這是耶穌門徒中一個特別核心的圈子；在某些場合，耶穌會只與他們4個一起，教導他們；參2.4.「呼召第一批（4位）門徒」和4.1.「呼召十二使徒」。

有關橄欖山的重要性，參9.1.專欄「橄欖山」。

9.5.3.2. 災難和迫害（3～13節）

在耶穌的回答中，他首先提醒門徒要有警惕的心，在他們身處的環境中要有高度的防備。這段經文可分為兩部分（3～8、9～13節），由重複出現的「**你們要當心**」（5、9節）帶出每部分。兩部分的內容並非按時序排列，而是按對信徒的切身的程度來編排的。

第一部分（3～8節）中有3點需要留意。首先，「**你們要當心，不要受人愚弄。有許多人要假冒我的名來，說：『我就是基督⑭』，因而愚弄了好些人。**」（5～6節）當信仰羣體遭受外來逼迫時，往往會有人「**冒我的名來**」（6節），並試圖將教會的成員引入歧途，因此，信仰羣體急需培養屬靈的分辨力。這兩節經文與申命記十三章的內容相近，申命記**警告**以色列百姓要謹防那些假先知，因為他們暗中引誘試探以色列百姓事奉敬拜其他神明。

這些警告亦包含叫人不安的預告，因為其中指出，試探者可能就是各人自己的家屬，「連你們的兄弟、兒女、所愛的妻子，或最親密的朋友，都可能暗中慫恿你們去拜你們跟祖先從來沒有拜過的神明。」（申十三6）

這段經文並未提出辨別真話假話或真假先知的任何標準或方法。經文中提及假先知，用意在於警戒教會不要輕信，或輕易接納某種以敬虔口吻提出的新觀點。教會要留心聆聽並仔細思考，這樣作便可以培養自己屬靈的分辨力。

其次，「不要為了附近打仗的風聲和遠方戰爭的消息驚慌。這些事必然發生；但這不是說歷史的終局已經到了。」(7節) 當教會處於政局不穩的景況之中，教會成員正正需要具備極大的忍耐。基督徒不要因為這樣或那樣的事情或聲音(例如自然災難或某種致命病菌的出現)而感到恐慌(或興奮)，並視之為上帝國度最終降臨的預兆。教會不應盲目狂熱，或是大驚小怪地追查末日來臨的確實日子，而是當以長遠的眼光，忍耐等候，因為這只是開始(參帖後二1～12)。時間掌握在上帝手中，教會所需要的只是耐心等候。

(參考代下十五6；賽十三11～13，十四30，十九2；耶二十二23；啟六8，十一13，十六18)

第三，「一個民族要跟另一個民族爭戰；一個國家要攻打另一個國家；到處會有地震和饑荒。這些事的發生正像產婦陣痛的開始一樣。」(8節) 這裏所用的意象經常在一些**預言性體裁的經文**中出現。儘管教會面對各種狀況，但信徒應當充滿盼望。戰爭的威脅、地震、饑荒都象徵著世界性的大混亂，而這也正是馬可當時的教會面對的處境。任何持定信仰的教會必會遭遇災難與世界的圍攻，儘管苦難的形式可能會有改變。

以上這些混亂狀況的出現都只是災難的起頭。這樣對災難的描述令人驚訝，因為它不僅正視教會當前遭受各種苦難的現實，而且也沒有樂觀地盲目否認痛苦的存在。在上帝所定的法則中，苦難的臨到絕非無緣無故。它們象徵著漫長等待過程的終結，嶄新的生活即將來臨。苦難並不令人絕望，而是讓人期盼上帝之新時代的第一縷曙光。

十三章1至8節明確提到要防備3種事情，都是與信徒周圍的處境有關；除了在5節作者用「你們」這第二人稱代名詞外，整段都是以第三人稱敍述。轉到9至13節，經文的語氣變得個人化，反映個人所面對的逼迫，而「你們」這代名詞亦頻頻出現(9〔3次〕、11〔5次〕、13〔1

次〕節)。這種表達方式增加了耶穌説話的迫切性，但另一方面，作者馬可亦可能是要借用耶穌的話來向他當時的信仰羣體説話，鼓勵他們。

留意在耶穌的預言中，信徒所遭遇的危難是逐步向他們迫近的：先是「**人家要逮捕你們**」(9節)，進而是信徒的家人：「**人要出賣親兄弟，置他們於死地，父親對兒女也是這樣；兒女也要跟父母作對，置他們於死地。**」(12節)這使我們聯想起，馬可記載的昔日耶穌給使徒(或門徒)的門訓課程中(三13～六29；參本書第四章「耶穌呼召和訓練十二門徒」)，耶穌要門徒開首(三20～21、31～35；參4.2.1「耶穌的真正親屬」)和最後(六1～6；參4.5「拿撒勒人厭棄耶穌」)經歷的，正是親人或鄉里的誤解。信徒受迫害，不是因為他們犯錯，而是「**為了我的緣故**」(十三9)、「**為了我**」(13節)。信徒的遭遇與耶穌的命運一樣，都是被他們的親信出賣(十四10、45)。

這裏提及門徒會被拉到不同的地方，有猶太人的「**法庭⑮……會堂**」(9節)，亦有外邦人的「**統治者和君王⑯面前**」(9節)。耶穌不是鼓勵他們被動忍受，而是要信徒在逼迫中依然緊記自己的召命，就是為福音作見證。因此，馬可(或耶穌)特別補充一句：「**福音必須先傳給萬民**」(10節；太二十八18～19)。對於初代的基督徒來説，他們還有甚麼途徑可接近君王與官員呢？基督徒羣體如何能以更好的方式完成自己的聖召與使命呢？在這樣的時刻，信徒不必心緒不寧地準備一篇無效的自辯答辭，相反地，卻可以仰望上帝的同在與恩賜；上帝所賜的智慧與口才不僅能使控告者的指控站不住腳，而且亦不會與福音相背。

當馬可福音的讀者閱讀這段經文時，他們大概正在經歷經文中所描述的事情；事實上，從教會歷史中，我們都知道這些事情在不同時代都會重複出現。當有人要見證福音的真實時，人的自我，或是敵對福音的文化都會對之產生強烈的反抗；上帝的統治總會對當時的統治階層構成巨大威脅。正面對逼迫的信徒要留意，主耶穌的應許是：「**堅忍到底的人必然得救**」(13節；參啟二26)。

9.5.3.3. 大災難(14～23節)

真正信耶穌的人必須信到底、堅持到底。不是每一個信徒在一生中都會受到嚴峻的試煉，但那些試煉，明顯是因為上帝要把屬祂的真正兒女和其他人分辨開來。

帖撒羅尼迦後書二章3至4節也有類似的描述：那時，「……不法者……甚至去坐在上帝的殿裏，自稱是上帝」。

當那4個門徒問及大災難與聖殿被毀的事情「**幾時會發生……？**」(4節)。馬可(或耶穌)既要清楚回答門徒，使他們有心裏準備，但又要有所隱瞞，因為身處羅馬城的馬可，當然不想因為自己用詞不小心而危害整個基督徒羣體的安危。文中的「**讀者必須領會這句話的含意**」⑰(14節)大概就是因為作者不便言明而寫下的。

耶穌提及的「**毀滅性的可憎之物**」(14節)，是出自舊約但以理書的(但九27，十一31，十二11)；但以理書作者聲言，有人會在聖殿的聖所中設立偶像，叫人不敬拜上帝，反倒敬拜偶像，公然褻瀆上帝。但以理書所指的事件，可能就是發生在公元前168年的事；當時敍利亞的統治者安提阿古四世．伊皮法紐(Epiphanes；統治期：公元前175～164/3年)確實把希臘神明宙斯(Zeus)的神像放在耶路撒冷的聖殿內。令猶太人更為記憶猶新的一次，卻是發生於公元40年左右的事情。當時提庇留的繼承人該猶(Gaius；又稱「加里古拉」[Caligula]，統治期：公元37～41年)下旨要為自己建造一座巨型的雕像，豎立在耶路撒冷的聖殿裏，這明顯是一種公開褻瀆上帝的行徑(參9.5.3.專欄「馬可福音讀者的處境」)。

耶穌在這裏說，同樣可憎的事情將要再次發生，也可能是在聖殿之中。我們都知道，耶穌是指發生於公元70年的「第一次猶太人叛亂」而言，但在末日時，究竟這褻瀆之事是指哪一件具體的事件，就很難定斷。

馬可的「毀滅性的可憎之物」

根據1世紀猶太史學家約瑟夫在其《猶太戰記》中的記載，這褻瀆之事可能是指那些從公元67年秋到68年春在耶路撒冷城中起義的狂熱分子(即激進的奮鋭黨)的破壞。約瑟夫列出他們各樣的罪行，特別是廢除原有的祭司，另立一位平民作祭司，又在至聖所中遊蕩，甚至在那裏殺人。但問題是，眾所周知，約瑟夫在整個叛亂的記述中明顯是偏袒羅馬政府的，把所有責任推卸在這些狂熱分子身上，因此，約瑟夫的意見不能盡信。

我們或許可以從原來希臘文的詞句得出一些線索。文中的「可憎之物」在原文所屬的語法性是中性(希臘文名詞各有獨特的語法性)，但形容這物「站在」的分詞卻是陽性；按希臘文語法，倘若這分詞的主語是「可憎之物」，分詞就必須同是中性。作者在這裏轉用一個陽性的分詞，雖然在語法上頗為突兀，但可能暗示作者刻意要讀者知道，這「可憎之物」不是一件物件，而是一個人；按此，作者所指的可能就是羅馬將軍提多進入聖殿的至聖所一事(於公元70年8月9日)。

「毀滅性的可憎之物」(14節)的再次出現是一件劃時代的事，讀者是不會錯過的。這事件所標誌的危難日子是嚴峻的。作者的具體描述是從一般人開始，「**住在猶太的，該逃到山上避難**」(14節)⑱，然後轉到個別的人：「**在屋頂的，不要下來**」(15節；可能是正在休息的人)、「**在農場的**」(16節；指一般工人)和「**懷孕的女人和哺育嬰兒的母親**」(17節)。人所帶來的災害是大的，我們只希望上天的憐憫：「**你們要懇求上帝不讓這些事在冬天發生**」(18節)；巴勒斯坦地的冬天寒冷、多雨，人們連走路也有困難，倘若在這種天氣之下遇上這些災難，就更苦不堪言了。

當時巴勒斯坦一帶的鄉村房屋，屋頂通常是平的，屋的外牆旁則有樓梯通上屋頂去。這裏所指的是，當時時間非常緊迫，信徒沒有時間走進屋內拿任何東西。

「在農場的，不要回家拿外衣」(十三16)：一般工人在工作時只穿一件衣服，把外衣留在家裏。

情況雖然是非常嚴峻，但作者的總結：「**那些日子的災**

難是從上帝創世以來所未曾有過的，將來也不會再有」(19節；參但十二1)是否有點誇張呢？作者從對聖殿被毀的描述，慢慢轉到描述對世界終結的來臨；事實上，對於猶太人來說，他們在耶城所經歷(或即將經歷)的慘況，確實有如世界末日一樣；對於受苦的人來說，他們的苦難就是一切。因此，作者把這本來只在耶路撒冷城(或猶太省)發生的事，擴展成涉及全人類的劫難(20節「**要是主沒有縮短那些災難的日子，沒有人能夠存活**」)；而上帝之所以縮短這些日子，是為了祂「**所揀選的子民**」(20節)。

這詞語在舊約聖經一般都是指以色列人，但在新約聖經，則是指教會(路十八7；羅八33；弗一4～5；彼前一2，二9)。

最後，作者再次提醒信徒，不要凡聽到基督來了的消息就輕信。雖然這裏所作出的提醒與5、6兩節經文中的相若，但這裏所描述的情況顯得更加嚴峻，特別是因為這些人還能行神蹟奇事，並「**盡其所能來欺騙上帝所揀選的子民**」(22節；參申十三1～3；太七15～23；帖後二9～10；啟十三13～15，十九20)。這些人很有可能是教內人，所以能夠成功欺騙上帝的選民。當信徒在受難中愈來愈感覺到不能再忍下去，聽到主耶穌基督的再來，又有神蹟奇事作為印證，有誰不會被騙呢？不單止在主耶穌的時候和馬可的時候，即使今天，我們還處於這種危機裏。耶穌說：「**你們要當心！我已經預先把這一切事都告訴你們了。**」(23節)

9.5.3.4. 人子的來臨(24～27節)

這裏是十三章中的一個很清楚的轉捩點，耶穌對末世的描述，從耶路撒冷聖殿被毀轉到世界的終末。十三章24至37節可分為3個段落：關於人子回來的預言(24～27節)；以無花果樹為例，教導即將到來的危險(28～31節)；信徒必須保持警醒(32～37節)。

在這短短的幾節經文中，作者引用了不少舊約書卷的經文，其中最重要的是以賽亞書和但以理書的經文，亦有以西結書（三十二7～8，三十九25～29）、約珥書（二10、31，三15）、阿摩司書（八9）及撒迦利亞書（十6～12）的經文。如此密集地引用舊約聖經經文，其用意不難理解：作者對傳統猶太文獻中天啟意象予以形像化的描述，以強調人子再臨時將會有的危險。最為明顯的是對於太陽變黑、月亮不再發光，以及**星宿**墜落的形像化描述，引自**以賽亞書十三章9至10節**，是上主的日子（就是審判之日）來臨時的情景；而馬可把這日等同為**但以理書七章13節**所預言人子降臨的那日子（十三26，另參十四62）。

即所謂的「太空的系統」（十三25），因為當時許多人都相信天上的星星具有屬靈的力量。

「上主的日子來到了——那殘酷、充滿着義憤烈怒的日子終於臨到了。全地要成為荒野；每一個罪人都要滅亡。每一顆星和星座都發不出光輝；太陽一升起就昏暗，月亮也黯然無光。」（賽十三9～10）

究竟這些天際異象所指的是甚麼呢？相信沒人能夠肯定。但最重要的是這些異象所帶出的信息，共有兩方面：

1. 這些異象標示主再來的日子：「那時候，人子要出現，充滿着大能力和榮耀駕雲降臨」（26節）。耶穌的第一次來臨是在靜寂中誕生，但在第二次他將會是轟轟烈烈地到來；若與「假基督和假先知」的神蹟奇事相比，那真正的基督來臨時所施行的將會更令人驚訝。

「……我看見有一位彷彿像人子的，駕着雲來。……」（但七13）

2. 「他要差天使到天涯海角，**從世界的這一頭到世界的那一頭**，召集他所揀選的子民。」（27節）這裏明顯指福音廣傳到地極的時候，亦暗示外邦人已經與猶太人同蒙福音之福。

《和合本》譯作「……從四方，從地極直到天邊」（參啟七1）。

9.5.3.5. 無花果樹的教訓（28～31節）

可能是因為耶路撒冷附近生長了很多無花果樹，又或之前耶穌已經借無花果樹比喻對以色列的審判（十一20～26），馬可再引述耶穌另一次以無花果樹作比喻，讓讀者知道如何辨別時勢。無花果樹發嫩長

接下來的兩個段落有互相補充的功用，既說明末世來臨前有很清楚的徵兆，但亦指出無人知道主要來臨的日子和時間。

芽，標誌著夏天近了，同樣，之前所描述的在世界中發生的災難（3～23節）也表明末日的來臨，主再來的日子到了。耶穌的一番嚴肅的警告：**「你們要記住，這一代的人還沒有都去世以前，這一切事就要發生」**（30節），是向這福音書原來的讀者講的，指出主必定會在他們的有生之年回來；耶穌還強調：**「天地要消失，我的話卻永不消失」**（31節）。

我們可以怎樣解釋這番話呢？毫無疑問，初代教會都抱持著一種「臨近的末世觀」，就是認為耶穌很快就會回到這個世界。不過，馬可在這裏加插這番話，可能只是要貫徹他在這一章中的做法，就是把聖殿被毀的事視為末日前將發生的事；既是如此，**「這一代的人還沒有都去世以前，這一切事就要發生」**（30節）就並非是嘩眾取寵之言了。

9.5.3.6. 那日那時沒有人知道（32～37節）

既然預兆是那麼清晰可見，我們是否就知道**「那要臨到的日子和時間」**（32節）呢？耶穌說，不！不單止天使不知道，就連上帝的獨生子（32節）也不知道這個重要時刻會在何時到來，因為這事掌握在上帝的手中。

現代教會中的神學家在「三一神學觀」的大前提下，大概不會說**「兒子也不知道」**（32節）⑲，但馬可沒有這方面的精神負擔，他只是要強調，末日是絕對保密的，只有掌管宇宙萬物的上帝才知道，連當事人，就是那位道成肉身的主耶穌也不知道。

在實際的生活中，我們需要在哪些方面保持警醒，等候耶穌的再臨呢？

「既然不知道，那就不理好了」，這是一般人的感覺。但對於耶穌來說，正因為只有上帝才知道人子再來的日子，所以上帝的子民必須保持警醒。整段經文特別奉勸讀者要保持警醒。人子的再來以及隨之而來的危機都不是人所能控制的，門徒必須一直處於警戒的狀態，不然，人子便會在他們還未作好準備時突然臨到。

基本上，整章末世講論除了談及末世會發生之事，亦提醒信徒要警醒。這種提醒最先在十三章9節中出現，警告門徒他們將會被出賣；在23與33節中再度出現，以警告他們即將發生的事情。這段經文的結尾是另一個篇幅較長的警告，告誡人們必須保持警醒(35～37節)。

為了強調警醒的重要性，耶穌講了一個**比喻**。故事的焦點並不是管理家務的一般「僕人」(34節)，而是「門房」(34節)。在故事中，僕人在日間工作，但門房在夜間**不同的時段**工作，包括「傍晚……半夜……天亮以前……日出以後」(35節)。他不用推測主會在哪個時候回來，因為他忠心警醒。為免有些人以為，只有那些作看守工作的「門房」(可能指教會領袖)才需要額外警醒，耶穌特別在這裏加上：「我對你們講的話也是對大家講的：你們要警醒！」(37節)⑳

比喻中的「當心門戶」與「要警醒」是同一個希臘字。

羅馬人把夜晚分為傍晚、半夜和天亮以前。

溫習問題(9.5.) 在頁290。

釋經短註

① 猶大與祭司勾結這事所發生的時段，福音書的記載並不一致。基本上，符類福音的記載頗為一致(參正文)，但按約翰福音的記載，這事可能發生於星期四。

② 在福音書裏，類似的擁戴和歡迎(雖然程度不同)早已在不同的場合多次出現：如耶穌剛開展他的事工時，拿但業向他的稱頌(約一49)；到他傳道的中期，耶穌在加利利海旁，羣眾欲擁戴他為王(約六14～15)，甚至他的門徒彼得在凱撒利亞．腓立比，也曾對他作了宣認，認定他就基督(八29)。

③ 留意耶穌在耶路撒冷潔淨聖殿一事在約翰福音裏是發生在耶穌傳道職事的早期(約二13～17)。在符類福音中，這事件明顯帶有彌賽亞的含意(太二十一12～13；路十九45～46)。

④ 在約翰福音中，猶太教領袖認為耶穌甚至會帶來羅馬政府的逼迫：「法利賽人和祭司長們召開議會，在會上說：『這個人行了這許多神蹟，我們該怎麼辦呢？要是讓他這樣搞下去，大家都信了他，羅馬人會來擄掠我們的聖殿和民族的！』」(約十一47～48)

⑤ 這個故事亦見於馬太福音(太二十一33～45)；但在馬太福音中，這句話是由猶太教領袖們說出的(40～41節)。

⑥ 類似的記載亦見於馬太福音(太二十二34～40)，同樣是要帶出猶太教中最大的誡命。路加福音(路十25～28)則記載經學教師問有關永生的問題，由那經學教師自問自答。

⑦ 申命記六章5節原來的經文沒有「全意」一詞。

⑧ 馬可在這裏並不是要強調利未記中的「鄰人」亦包括外邦人；與路加福音相比(十25～37)，那裏記述耶穌講了一個比喻進一步闡述關於「鄰人」這點。

⑨ 根據馬太的記載，耶穌當時正與法利賽人爭論(太二十二41～46)。

⑩ 我們在這裏清晰地劃分耶穌對聖殿被毀的描述以及末日的描述，只是為方便讀者理解。事實上，讀者可留意到，馬可在撰寫這章時，並未刻意劃分兩者，他更可在同一段經文中，由記述聖殿被毀前的預兆轉到描述末日的情形(十三3～27)。正如對於今天的信徒，既然上帝沒有確實地說明末日來臨的時日，世界上發生的任何劇變都可能是末日的徵兆。另一點我們應該留意的是，正如在福音書裏記載的耶穌的其他教訓，這一章所記載的大概不是耶穌在單一個場合裏所講的教訓，馬可可能是蒐集了耶穌在不同場合中有關末世的講論後，寫成這章的。

⑪ 新約聖經中較明顯的一次記載是在使徒行傳十八章2節，羅馬政府排斥猶太人。文中提及當時的凱撒(即羅馬皇帝)克勞第下令把所有居住在羅馬城的猶太人驅逐出境(約49～50年期間)。原因是羅馬城的(猶太裔或非猶太裔的)基督徒與(猶太裔的)非基督徒之間發生糾紛。然而，對於當時很多羅馬人來說，他們根本不能分辨猶太教徒和基督徒。而羅馬政府既然不能把自己的公民逐出羅馬城，就索性把所有猶太人驅逐出境就是了。

⑫ 有些新約學者認為，馬可福音十三章14節「那『毀滅性的可憎之物』站在它不應該站的地方」所描述的其實是這事件；換言之，按這理解，在馬可福音未成書時，十三章14至19節一段經文可能早已經存在了一段時間。

⑬「第二次猶太人叛亂」是於公元132至135年發生的。起初，當時叛亂的領袖哥斯巴(亞蘭語原意是「明星之子」)的兒子西門(Simon ben Koziba)得到很多猶太教領袖的支持，甚至被稱為猶太人久等的彌賽亞。是次叛亂平息後，羅馬政府不准猶太人在耶路撒冷居住，並且替耶城改名。

⑭ 原文並沒有「基督」一詞，全句只是「我是」(意即「我就是那位」)。雖然來自1世紀的文獻的確記載有人聲稱自己是基督(參徒

五36～37），但這只是極少數的情況；耶穌（或馬可）在這裏可能不是指某些具體的歷史事件，而是概括的說法而已。

⑮《和合本》譯作「公會」（即猶太人議會）並不正確；猶太人的公會只有一個，但原文所用的詞語是複數，所以可能是指各地的猶太人組織；一般來說，這些組織亦負責當地會堂的事務。保羅提到他被猶太人鞭打過5次，可能就是在這些各地的猶太人組織中受刑的（林後十一24）。

⑯ 這可能暗示保羅在羅馬所接受的審判（參徒二十八章；提後四16～18）。

⑰ 究竟這番話能否證明，耶穌的預言在馬可寫福音書的時候已經應驗？這很難說定，因為正反兩面的意見均可以成立：或說作者如此小心的表達，是因為作者要提醒讀者留意類似的事情將會發生；或說作者要提醒讀者留意，這裏所講的就是昔日所發生的事情。

⑱ 在耶路撒冷淪陷之前，當時的基督徒社羣為避免叛變禍及自己，寧願離開耶路撒冷，移居至約但河外的比拉城（Pella）；有認為馬可在這裏提到的避難之事，可能是指基督徒逃往比拉城一事。

⑲ 比較馬太福音十一章27節和路加福音十章22節，會發現馬太和路加在表達這點上較為小心。

⑳ 作為十三章的總結，這番話亦可能是避免有人以為，耶穌所講的事只涉及猶太人或猶太基督徒。

溫習問題(9.1.～9.3.)

1. 從1至3節看來，耶穌吩咐門徒尋找小驢的事有何特別之處？這事如何顯出耶穌的主權？如何配合他預言自己將受難的事？

2. 當耶穌進入耶城之時，羣眾的反應如何？這反應如何顯出他們是需要彌賽亞？(參十一8～10)

3. 如何得知這些羣眾最終也不明白彌賽亞來臨的意義？

4. 作者為何要如此詳細地記載耶穌進入耶路撒冷的經過呢？

5. 為甚麼耶穌因在聖殿中發生的事情如此憤怒？(十一15～17)耶穌潔淨聖殿有何屬靈意義？這與外邦人有何關係？

6. 馬可為何把耶穌潔淨聖殿的事情放在耶穌咒詛無花果樹的事件中間？

7. 不結果的無花果樹如何與以色列人的宗教景況作對照？耶穌期望以色列結出怎麼樣的果子來呢？

8. 在十一章22節，耶穌說信徒要「對上帝要有信心」，這是指哪方面的信心？

9. 耶穌說「對這座山說：『起來，投到海裏去！』」(十一23)。「這座山」可能包含哪兩方面意思？

10. 在十一章24至25節，耶穌就禱告方面給了我們甚麼教導？

溫習問題（9.4.）

1. 在十一章27節中，祭司長、長老和經學教師就耶穌的權柄問了一個問題。從耶穌的回答和他們隨後的爭議，可見他們的提問有何動機？耶穌為甚麼不回答他們呢？
2. 壞佃戶的比喻有很豐富的含意，尤其是對照以賽亞的葡萄園之歌（賽五1～7）的預表來看。如果園戶是以色列人和宗教領袖的話，那麼園主、僕人和兒子又分別是誰呢？
3. 耶穌講壞佃戶的比喻的目的是甚麼？
4. 法利賽人和希律黨徒向耶穌提出有關納稅的問題（十二13～17），其中有何敏感之處？
5. 「上帝的東西」是指甚麼東西？（十二17）歸於上帝與歸於凱撒有何分別？
6. 撒都該人如何借用五經中關於「叔娶寡嫂」的律例，來試探耶穌？（十二18～23）
7. 耶穌曾兩次指出撒都該人對「復活」的觀念有錯誤（十二24、27）。他們有哪兩方面的錯誤？
8. 耶穌如何糾正撒都該人對「復活」的錯誤觀念？
9. 十二章28至34節中記載的那名經學教師，與馬可福音中所記載的其他經學教師或猶太教領袖有何不同？
10. 經學教師問耶穌哪「一條」是最重要的誡命，為何耶穌回答了「兩條」？這兩條誡命有何關係？

溫習問題(9.5.)

1. 既然「彌賽亞是大衛的後裔」這信念是有根有據的，耶穌為何要特別澄清呢？(十二35～37)耶穌的用意何在？
2. 耶穌對經學教師的指責，與舊約先知斥責他們當時的社會領袖有何相似的地方？(十二38～40)
3. 耶穌對寡婦的稱讚或悲歎(十二41～44)與前面的經文「要提防經學教師」(十二38～40)有何關係？
4. 耶穌的警告和鼓勵(十三5～13)在教會建立的初期會給門徒們甚麼幫助呢？這些警告和鼓勵對我們是否適切？
5. 根據上下文(十三1～37)，彼得、雅各、約翰和安得烈在4節中所問的是關於哪方面的問題呢？
6. 耶穌似乎沒有正面回答他們的問題，他所關心的是甚麼呢？
7. 十三章24至27節中所描述的災難與十三章5至23節中所描述的有何不同？
8. 十三章26至27節給予那些在耶穌再來前遭遇災難的人甚麼樣的鼓勵呢？
9. 耶穌6次警告他的門徒「要當心」或「要警醒」(5、9、23、33、35、37節)，他為甚麼這樣做？
10. 耶穌只預言末日前將要發生的事情，並沒提及末日的確實日子。你認為對於信徒而言，預言末日前的徵兆與預言末日的日子有甚麼分別呢？

第十章

耶穌的受苦、死亡和復活（十四1至十六20）

- 預備受難
- 耶穌被逮捕和接受審判
- 耶穌受難
- 耶穌復活了，剩下空墳
- 耶穌復活向門徒顯現，最後被接升天

經文

殺害耶穌的陰謀

14 [1]逾越節和除酵節的前兩天，祭司長和經學教師陰謀要祕密逮捕耶穌，把他處死。[2]他們說：「我們不要在節期中下手，免得激起民眾的暴動。」

耶穌在伯大尼受膏

[3]耶穌在伯大尼那患痲瘋病的西門家裏。正在吃飯的時候，有一個女人帶來一隻玉瓶，裏面盛滿很珍貴的純哪噠香油膏。她打破玉瓶，把香油膏倒在耶穌頭上。[4]有些在座的人很不高興，彼此議論說：「這樣浪費香油膏有甚麼意思？[5]這香油膏可以賣三百多塊銀子，拿這錢來救濟窮人多好！」因此他們對那女人很生氣。

[6]可是耶穌說：「由她吧！何必為難她呢？她為我做了一件美好的事。[7]因為常有窮人跟你們在一起，願意的話，你們隨時可以救濟他們，可是我不能常與你們在一起。[8]她已盡所能的做了；她把這香油膏倒在我身上是為我的埋葬先做準備。[9]我實在告訴你們，普天之下，福音無論傳到甚麼地方，人人都要述說她所做的事，來記念她。」

猶大同意出賣耶穌

[10]耶穌的十二使徒中，有一個加略人猶大；他去見祭司長，要把耶穌出賣給他們。[11]他們聽見猶大這麼說，喜出望外，答應給他錢。從那時起，猶大找機會要出賣耶穌。

耶穌和門徒同進逾越節晚餐

[12]除酵節的第一天，就是宰逾越節羔羊的那一天，門徒來問耶穌：「你要我們到哪裏去為你預備逾越節的晚餐呢？」

[13]於是，耶穌派了兩個門徒，吩咐他們說：「你們進城去，會遇見一個人拿着一瓶水，你們就跟着他。[14]他進哪一家，你們就問那

家的主人：『老師說：我要和我的門徒吃逾越節晚餐的那間客房在
哪裏？』15他會帶你們看樓上一間佈置好了的大房間；你們就在那裏
替我們預備吧。」

16兩個門徒出去，進了城，所遇見的每一件事正像耶穌告訴他們
的；他們就在那裏預備逾越節的晚餐。

17傍晚，耶穌和十二使徒來了。18他們坐下吃飯的時候，耶穌說：
「我告訴你們，你們當中，跟我一起吃飯的，有一個人要出賣我。」

19他們非常憂愁，一個一個地問他：「不是我吧？」

20耶穌回答：「是你們十二人當中的一個；那跟我一起在盤子裏
蘸餅吃的就是。21正如聖經所說，人子將要受害；可是那出賣人子
的人有禍了！這個人沒有出生倒好！」

主的晚餐

22他們吃飯的時候，耶穌拿起餅，先獻上感謝的禱告，然後擘開
餅，分給門徒，說：「你們吃；這是我的身體。」

23他又拿起杯，向上帝感謝後，遞給他們；他們都喝了。24耶穌
說：「這是我的血，是印證上帝與人立約的血，為眾人流的。25我告
訴你們，我絕不再喝這酒，直到在上帝的國度裏喝新酒的那一天。」

26他們唱了一首詩，就出來，到橄欖山去。

耶穌預言彼得不認他

27耶穌對他們說：「你們都要離棄我，因為聖經說：『上帝要擊殺
牧人，羊羣就分散了。』28但是我復活以後，要比你們先到加利利去。」

29彼得說：「即使別人都離棄你，我也不離棄你！」

30耶穌對彼得說：「我實在告訴你，今夜雞叫兩遍以前，你會三
次不認我。」

31彼得用更堅決的口氣說：「即使我必須跟你同死，我也絕不會
不認你！」

其他的門徒也都這樣說。

在客西馬尼園的禱告

32他們來到一個地方，名叫客西馬尼；耶穌對門徒說：「你們在
這裏坐，等我去禱告。」

33於是他帶着彼得、雅各、約翰一起去。他開始悲痛難過，34對
他們說：「我的心非常憂傷，幾乎要死。你們留在這裏，警醒吧！」

35他往前走幾步，俯伏在地上，祈求上帝說，若是可以，不
使他經歷這個痛苦。36他求說：「阿爸，我的父親哪，你凡事都
能。求你把這苦杯移去；可是，不要照我的意思，只要照你的
旨意。」

37他回來，發現三個門徒都睡着了；他對彼得說：「西門，你在
睡覺嗎？你不能警醒一個鐘頭嗎？」38他又說：「要警醒禱告，免得
陷入誘惑。你們心靈固然願意，肉體卻是軟弱的。」

39他又走過去，仍然用同樣的話禱告。40然後他再回到門徒那裏，
看見他們還是睡着。他們睜不開眼睛，也不知道對他說甚麼話好。

41耶穌第三次回來，對他們說：「你們還在睡覺，還在休息嗎？
夠了，時間到了，人子就要被出賣在罪人手中了。42起來，我們走
吧！看哪，那出賣我的人來了！」

耶穌被捕

43耶穌還在說話的時候，十二使徒之一的猶大來了。有一羣人帶
着刀棒跟他一起來；他們是祭司長、經學教師，和長老派來的。44那
出賣耶穌的預先給他們一個暗號，說：「我去親誰，誰就是你們所要
的人。你們抓住他，嚴密看守，把他帶走。」

45猶大一到，立刻走到耶穌跟前，叫聲：「老師！」又親他。
46於是他們下手抓住耶穌。47站在旁邊的人當中，有一個人拔出刀
來，向大祭司的奴僕砍去，削掉了他的一隻耳朵。48耶穌對他們
說：「你們帶着刀棒出來抓我，把我當暴徒嗎？49我每天在聖殿裏
教導人，常與你們一起，你們並沒有抓我。然而，聖經的話必須
實現。」

[50]這時，所有的門徒都離棄他，逃跑了。

[51]有一個青年，身上只披着一塊麻布，跟在耶穌背後。他們抓他，
[52]可是他丟下那塊布，赤着身子逃跑了。

在議會受審

[53]他們把耶穌帶到大祭司的府邸；所有的祭司長、長老，和經學
教師都聚集在那裏。[54]彼得遠遠地跟着耶穌，一直到大祭司府邸的
院子裏，混在警衛當中坐着，烤火取暖。[55]祭司長和全議會想盡方
法找證據控告耶穌，置他於死地，可是找不出任何證據。[56]好些人
出面誣告他，可是他們的證詞都不相符。

[57]後來有幾個人站起來，作假證控告耶穌說：[58]「我們聽見他說：
『我要把這座人手建造的聖殿拆了，三天內建另一座不是人手建造
的聖殿。』」[59]就連這個控告，他們所說的也互相矛盾。

[60]於是大祭司在大家面前站起來，問耶穌：「他們對你的控告，
你沒有甚麼答辯嗎？」

[61]耶穌緘口，一言不發。大祭司再問他：「你是不是基督，是那
位該受稱頌的上帝的兒子？」

[62]耶穌回答：「我是！你們都要看見人子坐在全能者的右邊，駕
着天上的雲降臨！」

[63]大祭司撕裂自己的衣服，說：「我們再也不需要證人了！[64]你
們聽見他說侮辱上帝的話了。你們說該怎麼辦呢？」

他們都判定他有罪，應該處死。

[65]有些人向他吐口水，又蒙着他的眼睛，用拳頭打他，問他：「猜
猜看，是誰打你？」那些警衛也拉着他，用巴掌打他。

彼得不認耶穌

[66]那時候，彼得還留在下面的院子裏。有大祭司的一個婢女走過
來，[67]看見彼得在烤火，就定睛瞧着他，說：「你也是跟拿撒勒的耶
穌一夥的。」

[68]彼得否認說：「我不知道，也不懂得你在說些甚麼。」說着，
他就避到前院。就在這時候，雞叫了。

[69]一會兒，那個婢女又看見他，再對站在旁邊的人說：「這個人
是他們一夥的！」[70]彼得又否認了。

又過了一會兒，那些站在旁邊的人再次指着彼得說：「你沒有辦
法否認你是他們一夥的，因為你也是加利利人！」

[71]彼得就賭咒說：「我不認識你們所講的那個人！如果我說的不
是實話，上帝會懲罰我！」

[72]就在這時候，雞第二遍叫了；彼得這才記起耶穌對他說過的話：
「雞叫兩遍以前，你會三次不認我。」彼得就忍不住哭起來。

在彼拉多面前受審

15 [1]第二天一早，祭司長匆忙地跟長老、經學教師，和全議會商
議，定好了他們的計劃。他們把耶穌綁起來，押走，交給彼
拉多。[2]彼拉多問他：「你是猶太人的王嗎？」

耶穌回答：「這是你說的。」

[3]祭司長控告耶穌許多事，[4]彼拉多就再盤問耶穌說：「你看，他
們控告你這許多罪狀，你不答辯嗎？」

[5]耶穌仍然一言不發；彼拉多非常詫異。

被判死刑

[6]每逢逾越節，彼拉多都照民眾的要求釋放一個囚犯。[7]剛好有一
個人名叫巴拉巴，跟一些在暴亂中殺人的叛徒關在一起。[8]當羣眾
集合，要求彼拉多按照慣例為他們辦這件事的時候，[9]彼拉多問他
們：「你們要我為你們釋放猶太人的王嗎？」[10]其實彼拉多明明知道，
祭司長是出於嫉妒才把耶穌解來交給他的。

[11]可是祭司長煽動羣眾，竟要求彼拉多為他們釋放巴拉巴。[12]彼
拉多再次問羣眾：「那麼，你們所稱為猶太人的王那人，我該怎樣
處置呢？」

[13]他們再大聲喊叫：「把他釘十字架！」

[14]彼拉多問：「他做了甚麼壞事呢？」

他們更大聲喊叫：「把他釘十字架！」

[15]彼拉多為了討好羣眾，就釋放巴拉巴給他們，又命令把耶穌鞭
打了，然後交給人去釘十字架。

兵士戲弄耶穌

[16]兵士把耶穌帶進總督府的院子裏，集合了全隊。[17]他們給耶穌
穿上一件紫色的袍子，又用荊棘編了一頂冠冕，給他戴上，[18]然後
向他致敬，說：「猶太人的王萬歲！」[19]他們又用藤條打他的頭，向
他吐口水，跪下來拜他。[20]戲弄完了，他們剝下他紫色的袍子，再
給他穿上自己的衣服，然後帶他出去釘十字架。

耶穌被釘十字架

[21]在途中，他們遇見一個人，名叫西門，剛從鄉下進城，他們強
迫他替耶穌背十字架(西門是古利奈人，是亞歷山大和魯孚的父親)。
[22]他們把耶穌帶到一個地方，叫各各他，意思就是「髑髏岡」。[23]在
那裏，他們拿沒藥調製的酒給耶穌喝，但是耶穌不喝。[24]於是他們
把耶穌釘在十字架上，又抽了籤，把他的衣服分了。[25]早上九點鐘
的時候，他們把耶穌釘十字架。[26]他的罪狀牌上寫着：「猶太人的王。」
[27]同時他們又把兩個暴徒跟耶穌一起釘十字架，一個在他右邊，一
個在他左邊。①

[29]從那裏經過的人侮辱耶穌，搖着頭說：「哼，你這要拆毀
聖殿、三天內把它重建起來的！[30]現在從十字架上下來，救救自
己吧！」

[31]祭司長和經學教師也同樣譏笑他，彼此說：「他救了別人，卻不
能救自己！[32]基督，以色列的王啊，現在從十字架上下來，讓我們看

---

① 有些古卷加28節「這樣，聖經上所說『他被列在罪犯中』的話應驗了。」

看，我們就相信！」

跟耶穌同釘十字架的人也同樣辱罵他。

耶穌的死

33中午的時候，黑暗籠罩大地，約有三小時之久。34到了下午三
點鐘，耶穌大聲喊：「以羅伊，以羅伊，拉馬撒巴各大尼？」意思是：
「我的上帝，我的上帝，你為甚麼離棄我？」

35旁邊站着的人有些聽見了，說：「你聽，他在呼喚以利亞！」
36有一個人跑過去，把浸着酸酒的海綿綁在藤條上，送到耶穌的嘴
邊，說：「等一下，我們看以利亞會不會來放他下來！」

37耶穌大喊一聲，就斷了氣。

38懸掛在聖殿裏的幔子，從上到下裂成兩半。39站在十字架前的
一個軍官，看見耶穌喊叫和②死的情形，就說：「這個人真是上帝
的兒子！」

40還有些婦女從遠處觀看；其中有抹大拉的馬利亞，又有小雅各
和約瑟的母親馬利亞，以及撒羅米。41耶穌在加利利的時候她們就
跟隨他，服事他。還有其他好些婦女是跟耶穌一起來耶路撒冷的。

耶穌的安葬

42-43傍晚的時候，亞利馬太人約瑟來了；他是一個受人尊敬的
議員，一向盼望上帝主權的實現。那天是預備日（就是安息日的
前一天）。約瑟大膽去見彼拉多，向他要求收殮耶穌的身體。44彼
拉多聽見耶穌已經死了，頗覺得驚奇。他把軍官叫來，問他耶穌
是不是已經死了很久③。45既然從軍官那裏得到報告，彼拉多就把
耶穌的身體給了約瑟。46約瑟買了麻紗，把耶穌的身體取下來，
用麻紗包好，安放在一個從巖石鑿成的墓穴裏，又把一塊石頭滾

---

② 有些古卷沒有「喊叫和」。

③ 有些古卷沒有「很久」。

過來，堵住墓門。47抹大拉的馬利亞和約瑟的母親馬利亞都守着看安放耶穌的地方。

耶穌復活

16 1安息日一過，抹大拉的馬利亞、雅各的母親馬利亞，和撒羅
米買了香料，要去抹耶穌的身體。2星期天一清早，太陽剛出
來，她們就往墳地去。3-4在路上，她們心裏盤算着：「有誰能幫我們把墓門口的石頭滾開呢？」(因為那是一塊大石頭)。可是她們抬頭一看，石頭已經給滾開了。5她們走進墓穴，看見一個青年坐在右邊，身上穿着白色的長袍；她們都很驚慌。

6那青年說：「不用驚慌；我知道你們在找那位被釘十字架的拿撒勒人耶穌。他不在這裏，他已經復活了！看，這是他們安放他的地方。7你們快去告訴他的門徒，尤其是彼得，說：『他要比你們先到加利利去，在那裏，你們可以見到他，正像他告訴過你們的。』」

8她們又驚訝又恐懼，立刻逃離墓穴，飛奔而去。她們沒有把這事告訴任何人，因為她們害怕。

·有些古卷另附下列諸段·

耶穌向抹大拉的馬利亞顯現

[9星期天早晨，耶穌復活後，首先向抹大拉的馬利亞顯現(耶穌曾從她身上趕出七個鬼)。10她去告訴那些跟從耶穌的人；他們正在悲傷哭泣。11他們聽見耶穌復活和馬利亞已經看見了他的這些報告，卻不相信。

向兩個門徒顯現

12這事以後，耶穌以另一種形像向兩個正往鄉下去的門徒顯現。13這兩個人回來告訴其他的門徒，他們還是不相信。

向十一使徒顯現

14最後，耶穌向正在吃飯的十一使徒顯現。他責備他們；因為他
們既缺少信心又頑固，不信他復活後看見過他的人所報告的。15他
對他們說：「你們要到世界各地去，向全人類傳福音。16信而接受洗
禮的，必然得救；不信的，要被定罪。17信的人有行這些神蹟的能
力：他們會奉我的名趕鬼，說新的靈語，18用手拿蛇，喝了有毒的
東西也不受傷害，按手在病人身上，病就好了。」

耶穌被接升天

19主耶穌向他們說了這些話後，被接到天上去，坐在上帝的右邊。
20門徒出去，到處傳福音；主與他們同工，藉着所行的神蹟，證明
他們所傳的道是真實的。]

•另有些古卷有下列結語•

[9那些婦女去見彼得和他的朋友，把所聽到的都向他們報告。
10事後，耶穌親自差遣他的門徒，從東到西，傳佈那神聖、不朽、
使人獲得永恆拯救的信息。]

有關耶穌受難的記述（十四1～十六8）是馬可福音的高潮，其中記載了耶穌的受苦、死亡、3天後的復活。這是應驗了耶穌自從到凱撒利亞．腓立比之後，對自己將要受難的3次預言（八31，九31，十33～34；參九12）。而整本馬可福音所載的耶穌生平事迹，我們也必須從耶穌的受難和復活去閱讀。

這段受難的記載縷述了事情發生的時間、地點及參與其中的主要的人物。在這受難過程的每個階段，都揭示了耶穌的一個獨特身分：他是「那位該受稱頌的上帝的兒子」（十四61）、「猶太人的王」（十五2、12、18）、「基督」、「以色列的王」（十五32）及「上帝的兒子」（十五39）。首4個名稱都是出自那些針對耶穌的人的口，他們並不相信，卻說出了耶穌的真正身分，甚為諷刺；最後一個名稱是一位羅馬的軍官對耶穌的宣認，這正是此福音書所要帶出的主題，耶穌真是「上帝的兒子」（一1、11，三11，五7，九7，十二6）。

A.猶太教領袖設計捉拿耶穌，耶穌到客西馬尼園（十四1～42）

a.殺害耶穌的陰謀，耶穌在伯大尼受膏（1～11節）

b.耶穌和門徒同進逾越節晚餐（主的晚餐）（12～25節）

c.耶穌預言彼得不認他（26～31節）

d.在客西馬尼園禱告（32～42節）

B.耶穌被逮捕和接受審判（十四43～十五15）

a.耶穌被捉拿（十四43～52）

b.在議會前受審（十四53～65）

c.彼得不認主（十四66～72）

d.耶穌在龐修．彼拉多前受審（十五1～15）

C.耶穌受難（十五16～47）

a.耶穌被戲弄（16～20節）

b. 耶穌被釘十字架和死亡（21～41節）
c. 耶穌被埋葬（42～47節）
D. 空墳墓和復活（十六1～20）
a. 空墳墓（1～8節）
b. 後期的增篇：耶穌從死裏復活、向門徒顯現、差遣門徒和被接到天上坐在上帝的右邊（9～20節）

10.1. 預備受難（十四1～42）

耶穌在進入耶路撒冷城後所做的事情，都逐漸地突顯了耶穌與猶太人之間的衝突。自耶穌潔淨聖殿後（星期一），祭司長和經學教師就已經想法子要殺害耶穌；翌日（星期二），耶穌用比喻指責「**祭司長、經學教師，和長老**」（十一27），他們已經「**想要逮捕他**」（十二12），然後耶穌與猶太教中不同教派人進行連串辯論，更加深了猶太人對耶穌的仇恨。終於，他們密謀要「**逮捕耶穌，把他處死**」（十四1）。馬可福音十四章1至42節記載了在耶穌被捕前發生的事情。

10.1.1. 為耶穌受死而預備的香油膏（1～11節）

這是馬可福音中另一段運用了「三明治式敘事手法」（參1.2.1.「結構」的討論）的記述。作者馬可把「耶穌在伯大尼受膏」（十四3～9）這個故事插入「殺害耶穌的陰謀」（1～2節）和「猶大出賣耶穌」（10～11節）之間，是要突顯膏抹耶穌的女子對耶穌的忠誠，以及她對耶穌要走上十架道路的洞悉。她勝過所有耶穌的門徒，更與賣主的猶大形成強烈的對比。

十四章1至2節清楚說明耶穌受難的兩個背景：第一，那時正是逾越節的節期前；第二，耶穌與當時的猶太教領袖的衝突，已到了白熱化階段。

打從馬可福音二章，耶穌便與當時的法利賽人等發生過5次爭議，在這5次爭議之後，**「那些法利賽人從會堂出來後立刻和希律黨人商量要怎樣對付耶穌，殺害他」**（三6）。耶穌在潔淨聖殿一事上，更觸怒了耶路撒冷的權貴，祭司長和經學教師**「就想法子要殺害耶穌」**（十一18）。十四章記載，逾越節是宗教領袖謀害耶穌的陰謀得逞的時候，但他們必須在安息日之前（即星期五日落之前）解決耶穌這口眼中釘，因為恐怕會在節期間引起羣眾——特別是從加利利而來又同情耶穌的朝聖者——的騷亂，令情況一發不可收拾。①

根據馬可的記載，耶穌釘十架的日子是安息日之前（十五42，即星期五黃昏前），吃最後的晚餐那天是安息日的前一天（即星期四晚上），而逾越節前一天是指星期三（十四1），那天猶大去見祭司長商議出賣耶穌。

耶路撒冷的逾越節和除酵節

逾越節可以說是猶太人最重要和神聖的節期。昔日摩西領以色列人出埃及時，上帝即將降下第十災，是殺掉埃及全地頭生的人畜之災。為要使在埃及地的以色列人免受這災害，上帝命令摩西吩咐他們，在當天晚上宰殺一頭羊羔，將祭牲的血塗在門楣及門框上，並且在當晚要吃羊羔的肉、無酵餅和苦菜，這樣當上帝滅命的使者在殺滅當地頭生的人畜時，便會「越過」這些人的房子。逾越節就是為了記念這事件，它記載於出埃及記十二章21至28節（參民九2～14；申十六1～8）。

昔日他們倉卒地離開埃及地，趕不及烤製有酵的餅（出十二39）。因此從逾越節當天晚上起的一連7天之內，以色列人不可吃有酵的餅（出十二15～20，二十三15，三十四18；申十六1～8），是為無酵節。雖然逾越節和除酵節原來是兩個不同的節期，但由於兩個節期的日子相近，都在亞筆月（Abbi；出十三4），亦即猶太年曆的尼散月(Nisan；相當於我們公曆的3月或4月期間)，於是人們便把兩個節期合起來(參民二十八16～25)。

在耶穌時代，耶路撒冷城的人口約12萬。每年為過這兩個節期而來到聖殿朝聖的人，由8萬至30萬不等。這些朝聖客，多住在帳幕或城郊的小鎮，在這期間，耶路撒冷的氣氛熱鬧。然而若發生任何騷動，情況則難以控制。所以無論是管理聖殿的權貴，或是羅馬的總督，對這段時期羣眾對事物的反應都會非常敏感。原駐守於凱撒利亞總督府的總督，也會在此時進駐耶路撒冷。

有關耶穌時代的猶太人如何準備逾越節筵席、這筵席的過程，以及逾越節的晚餐與主餐的比較，可參考10.1.2.專欄「預備逾越節的筵席」、「逾越節筵席的過程」及「逾越節的晚餐與主設立的餐的比較」。

若曾追隨耶穌多年，作為十二使徒之一的猶大，仍會因為某些原因而出賣耶穌，我們每一個作為耶穌門徒的，亦有可能因為某種誘惑而出賣他！

配合祭司長和經學教師的惡毒詭計的，竟是耶穌的十二門徒之一的加略人猶大(10～11節；參三19)，作者一連3次介紹猶大是**「十二使徒之一」**(43節；參10、20節)，是耶穌的入室弟子；耶穌是被一個自己人所出賣的。並非愈接近耶穌，就一定愈神聖！然而這一切都在上帝的掌管之中。雖然祭司長等人所設下圈套是要陷害無辜的義人，而一切似乎都在他們的控制之下，但他們沒想到上帝卻要藉此機會成就祂的旨意，叫人得著贖罪之恩(十45)，並且上帝的計劃最終得到實現。

為了避免羣眾在節期期間生亂(2節)，祭司長必須掌握逮捕耶穌的最好時機，例如是耶穌在晚上活動的時間。猶大自動獻身作祭司長等人的內奸，自然令他們喜出望外，而他們也承諾猶大給他金錢上的利益。在逮捕耶穌時，猶大成了祭司長等人的手下的嚮導(43～44節)。

為何猶大會背叛耶穌？

馬可並未告訴我們猶大背叛的動機；路加則告訴我們是撒但進了猶大的心(路二十二3；參約十三2)；約翰更直指猶大是個賊，常盜用公款(約十二6)；馬太則記載猶大是為了金錢而出賣耶穌(太二十六15～16)。

有學者認為猶大之所以出賣耶穌，是因為他自己原是一個熱心於律法、並且支持以色列國家復興主義的人②，而他漸漸發現耶穌並非如他所期望般是那位要推翻羅馬政權的彌賽亞。不論是耶穌光榮地騎驢進耶路撒冷(十一1～10)，還是他以潔淨聖殿的行動來針對當時掌管聖殿的權貴(十一15～17)，耶穌都未有把握機會策動叛變，聳動羣眾擁立他為王，以此表明他作為彌賽亞的身分，將新的國度帶來。於是，猶大在失望之餘，轉投當時的猶太權貴。又或許猶大認為這是兵行險著的最後機會，可能會迫使耶穌為保護自己的性命而破斧沉舟，揭竿起義。若猶大真有以上的想法，猶大應該開始明白到耶穌並非一位政治或軍事的王，耶穌也沒有意圖要推翻當時的政權；在這點上，猶大可能比其他門徒更了解耶穌！不過無論原因是甚麼，猶大都要為自己的選擇負上責任。

十四章3至9節是馬可福音運用了「三明治式敍事手法」的中間插段，一方面是要突顯耶穌將要面對死亡這決定性的時刻，另一方面是要對比用香油膏耶穌的女子與出賣耶穌的猶大，那女子獻上極貴重的純哪噠香油膏，而猶大則為了少量的銀錢將耶穌出賣。

耶穌被膏時，身在橄欖山的伯大尼城，於曾患痲瘋病的西門的家裏，耶穌和眾門徒極可能前兩天晚上都在這裏留宿(見十一11～12、19)。正在用晚膳的時候，有一個女子帶來了一個瓶，裏面載著極貴重又純正的**哪噠香油膏**。她將瓶子打破，把香油膏澆在耶穌的頭上。在當時，若在喜慶的節日以香油膏膏頭是平常的事，是一種團契和彼此分享的表現

「哪噠香油膏」是東方一種著名的香料，從生長於印度一帶的一種植物的根部及嫩枝提煉出來，會發出很濃郁的香氣。

當時的婦女並沒有賺錢的能力，因此這瓶貴重的哪噠香油膏十分可能是她的家傳之寶。

（詩二十三5；摩六6），但用如此**貴重的香油膏**，則較一般對貴賓的招待更隆重。最特別的是，把一整瓶香油膏澆在一個人身上，這多是在安葬時的做法（參十四8），而耶穌也同樣解釋這女子是為了他的安葬來作預備的。倘若馬可記載這事的目的，是要藉著這女子膏抹耶穌的行為暗喻耶穌是那王者彌賽亞（參撒上十六13；詩四十五6～8，八十九20），那麼耶穌的受死也就是他「受膏」為王的典禮了（參十五26）！

我們是否明白耶穌的心意，願意將生命中貴重的東西全然獻上給他，不為自己保留半點呢？這種對耶穌的愛是不可以與任何物質的價值作比較的。

這女子將整個瓶子打破，用盡了當中所有的香油膏，沒有留下一點作其他用途的，這表明了完全的奉獻。這香油膏非常昂貴，值**「三百多塊銀子」**（《和合本》譯作「三十多兩銀子」），差不多是當時一個人一年的工資（參太二十4、10）。這女子的舉動立即引起旁人的非議，認為她浪費資源（十四4**「這樣浪費香油膏有甚麼意思？」**），若將這瓶香油膏變賣，不是可以叫很多貧窮人得到幫助嗎？但耶穌卻為這女子辯護，是的，賙濟窮人固然有意義，不過在耶穌要面對死亡的前夕，這女子的行動便顯得更具意義和重要性，而在此之後再沒有人有機會於耶穌在生時膏他了。在馬可福音裏，這名膏耶穌的女子是在耶穌生前、惟一一位真正明白耶穌將要面對死亡的來臨的人，因此她可適時地為耶穌獻上貴重的香油膏③。

凡我們一切所作的，有沒有被人記念並不重要，最重要的是耶穌對我們有甚麼評價，以及我們所作的是否為基督而作？是否蒙他所喜悅？在服事主時，我們是否有這樣的心態？

難道耶穌真的不配使用這樣的香油膏嗎？旁觀者的議論反映出他們並不明白耶穌將要面對他一生中最決定性的時刻；在這特別的時刻之中，那看來是美好的事——賙濟窮人，絕對不及為那將要成就的更美之事而奉獻。耶穌所看的，是這女子的動機和心意。耶穌的評價才是最重要的。他不單稱許這女子所作的是一件美好的事，而且吩咐門徒無論在何處傳福音，都要述說這女子所作的事，以為記念。所要記念的，並非這女子——我們連她的名字也不知道，而是她那種毫無保留的愛和把握機會的奉獻。門徒所傳講的福音不只是關乎耶穌所宣講的上帝國的信息，同時也包括人當怎樣向基督毫無保留地奉獻自己。

10.1.2. 預備逾越節的筵席，預言耶穌的受死(12～25節)

作者再次提醒讀者，這時是逾越節的時候(12節；參1節)，耶穌和門徒來到耶路撒冷，是要慶祝逾越節。耶穌與門徒共處有差不多3年之久，在耶穌要獨自走上十字架的路之前，他又與門徒一起坐席，但這是最後的一次了，是「最後的晚餐」。

耶穌和門徒要於黃昏前在耶路撒冷城中找到一個可以用逾越節晚餐的地方，他們可能找到了馬可的家(參本書第一章「馬可福音導論」的專欄「馬可生平」)。當時耶穌打發兩個門徒，告訴他們進城找一個迎面而來，拿著一瓶水的人，這人會引導他們找到讓出客房給他們吃逾越節筵席的家主，這家主會告訴他們所需要的那地方在哪裏④。這拿著一瓶水的**「一個人」**(13節)在原文是指一個男人。在當時，拿水瓶的一般是婦女(或奴隸)而非男人，因此這便成了特別的暗號。

這一切都按照耶穌所指示的一一實現(16節)。這房屋的主人可能就是馬可自己，從馬可記述耶穌仔細地教導門徒如何與家主對答，可看出馬可與門徒並不相熟，亦反映出這家主經常借出樓房接待客人。或許，馬可這樣描述，是為要隱藏自己的身分。這事件跟耶穌與門徒第一次進城時的情況十分相似，就是耶穌打發兩個門徒，牽來一匹沒有人騎過的小驢，而兩人遇見的事情就如耶穌之前所預料的一般(十一1～6)。

預備逾越節的筵席

耶路撒冷是惟一可以用逾越節筵席的地方(申十六5～8)。

猶太人計算日子是由晚上開始的，按馬可的記載，此事發生的那年，逾越節的正日剛好是星期四。在逾越節前一天，按羅馬人計算，即是吃逾越節晚餐同一天的下午，約在正午的時候，他們會停止一切的工作。在下午3時左右，一家之主會帶著將在逾越節犧牲的羔羊，到聖殿宰殺，祭司會把羔羊的血灑在祭壇的腳下，而油膏則放在壇上燒掉，按律例，祭物的腳不能被打斷。接著，獻祭物的人會領回那祭牲，把牠帶回家中或預備好筵席的地方，舉行逾越節的晚餐。

根據猶太史家約瑟夫的記載，在公元66年的逾越節，被宰的羔羊共有255,600頭；這明顯是誇大的記載，然而這也可以顯示聖殿中的祭司在逾越節期間繁忙的程度，而我們亦可以想像逾越節時那種熱鬧的氣氛。

耶穌選擇了在大樓中的一間客房和門徒共進逾越節的筵席。這稱為客房的「**大房間**」(15節)，可用作招待客人、貯物，或是退修的地方。根據後期拉比的傳統，拉比經常在樓房上教導他的門生，這些樓房可能就是指類似的房間。

在以下的敍述中，馬可把耶穌與門徒共享最後晚餐的記載(22～26節)編排在耶穌兩次預言有門徒出賣他的記載之中(17～21節和27～31節)，這是要把耶穌忠於上帝，願為屬他自己的子民自我犧牲的態度，對比門徒在耶穌被捕後離棄了耶穌。

在當時一些較為正式的筵席中，坐席者是挨身而坐的，這坐姿代表他們屬於自由身，不再是奴僕。

在晚餐時，耶穌是席上的主人，席間他指出在坐席的人中間，有人會出賣他，這當然令門徒極度憂慮和不安。門徒於是一個一個地問耶穌：「**不是我吧？**」(19節)到底他們是自信那人不會是自己，還是不肯定，而需要耶穌為他們肯定呢？這我們並不清楚。耶穌並未有確實地說出那人是誰，只指出他是十二門徒之一，是跟耶穌**「一起在盤子裏蘸餅吃的」**（20節）。門徒並沒有特別懷疑猶大，或許我們可就此推斷，猶大在十二門徒中並非公認為最差劣的一位。根據馬可福音的記載，此事之前亦沒有任何蜘絲馬迹顯出猶大對耶穌有任何不滿，促使他出賣耶穌，直至事情真的發生了，門徒才知道誰是出賣耶穌的人。

「不是我吧？」這是否也是我們應該反問自己的問題？

作為老師的（14節），將要被他的門徒出賣。在逾越節這慶典的筵席間，本應團契分享和彼此祝願平安，然而其中卻隱伏著狠心的背叛和血腥的陰謀。雖然如此，耶穌仍然沉著氣，向門徒解釋他死的意義。背叛者的計謀似乎得逞，**「人子將要受害」**（21節），但耶穌指出這人實際的景況：**「可是那出賣人子的人有禍了！這個人沒有出生倒好！」**（21節）要完成上帝使命的人子和這將要出賣耶穌的人，在上帝的安排之下，實現了聖經的預言：一個將要順服上帝以致於死，另一個則抗拒上帝以致於死。猶大選擇背叛耶穌，並不在上帝的意料之外。

有時若單憑表面的事實是看不到真相的；然而凡隱藏的事，終有一天要顯露出來。

逾越節筵席的過程

根據拉比著作的記述，逾越節筵席有以下4個重要的部分：

1. 筵席前奏	• 斟第一杯酒：由家主敬上第一杯酒、祝福，然後遞給在座者喝。
2. 逾越節禮序	• 講述逾越節的故事：由作為家主的，向家人講述逾越節筵席的意義（出十二1～13）； • 由家中最年輕的孩子問道：為何這夜只吃無酵餅？為何這夜只吃苦菜？為何這夜將菜沾鹽水、苦菜蘸甜醬？為何這夜要挨著身去吃？

	• 唱逾越節讚頌的首部分(詩一一三～一一四篇); • 斟第二杯酒，喝酒。
3. 正餐	• 為餅和食物祝謝; • 吃正餐; • 斟第三杯酒，喝酒。
4. 總結	• 唱逾越節讚頌第二部分(詩一一五～一一六篇); • 斟第四杯酒:頌讚的杯(參詩一一六13)，喝酒。

耶穌透過日常生活中最普通的一環——用膳——提醒門徒。當我們每天進食的時候，都應想起基督的救贖，基督如何願意將自己的生命獻上，以致我們能得著生命，並且得著生命的餵養。

耶穌藉著這筵席，預示自己將要受苦以致於死，並表明其中的意義。在日常一般用膳的時候，

作為一家之主的，會將餅舉起，

然後說:「願頌讚歸予你，就是主我們的上帝，宇宙的王，叫食物從地土中出來的那位。」

在座者便和應「阿們」。

家主將餅擘開，然後傳開去。

喝杯之前也是一樣，家主先獻上頌讚:「願頌讚歸予你，就是主我們的上帝，宇宙的王，葡萄樹果子的創造者。」

然後再將杯遞給坐席的人。

耶穌藉著日常生活中的環節，傳遞他的信息，然而他格外強調筵席中的兩個動作——擘餅和喝杯，並賦予新的意義。當他拿起餅來，作感謝禱告後，就分給門徒，他並沒有依一般逾越節筵席的程序，解釋為何要使用無酵餅，反而加入另一些內容，就是將他們所吃的餅比喻為他自己的**「身體」**(22節)。餅被擘開和傳開，這預示耶穌將會受害，而門徒會因耶穌的受死而得益。

在擘餅之後，他們一起進食，根據逾越節筵席的程序，耶穌所祝謝的杯，是筵席中的第三杯酒。謝恩之後，耶穌將杯遞給門徒，他們

魯的女兒從死裏復生（五37），並耶穌在山上改變形像（九2）。彼得曾承諾至死忠心地追隨耶穌（十四29），雅各和約翰兩兄弟則曾揚言耶穌所喝的杯，他們也會喝（十39）。

耶穌將要面對苦難和死亡的恐怖和痛苦，極之憂愁難過。他表白自己的內心感受：**「我的心非常憂傷，幾乎要死」**（34節），這大難將臨，驅使耶穌要獨自禱告。耶穌臉伏於地，祈求上帝，向上帝傾吐他內心的苦情。雖然當時有許多不同的方式稱呼上帝，但耶穌卻只選用了**「阿爸，我的父親哪」**（36節）稱呼祂。耶穌體會到自己作為上帝的兒子，必須信靠那位為父的，並且順服祂。在禱告中，耶穌肯定上帝的全能，能救他脫離一切的患難，也能將那痛苦的杯挪去。但耶穌並不是要左右父上帝的旨意，乃是要上帝的旨意得到成就，一切都是照父的意思實現，子願意順服父的旨意。耶穌對父上帝深信不移，即使父上帝要他經過苦痛和死亡，他最終必能脫離死的權勢，從死裏復活，戰勝死亡。

耶穌在客西馬尼園的禱告，並沒有得到像他受洗或在山上改變形像時的天上聲音的回應，一切都變得死寂，沒有鴿子降臨的異象，也沒有輝煌榮耀的光彩伴隨。但正當耶穌極度難過的時候，上帝差派天使向他顯現，堅固他的力量（參路二十二43～44）。父上帝的旨意已顯明，子便真誠地順服接受。耶穌必須面對上帝此刻的緘默，忍耐等候最終的得勝；他要克服人性那種逃避苦痛的本能，默默接受苦難以至那更高旨意的成就。他接受死亡，因為他相信上帝是全能的生命主宰。

禱告與沉睡有一點相似的地方，就是當事人同樣都要閉上眼睛！門徒曾作自信十足的承諾，然而他們在客西馬尼園卻睏倦沉睡了。這是他們「心靈固然願意，肉體卻是軟弱的」的最深刻的寫照。

馬可記載耶穌有3段禱告的時間，而每次耶穌禱告回來，看他的3位愛徒時，他們都是**昏昏沉沉地睡著了**。他們沉睡可能由於他們並未意會到大難將至，也可能因在晚餐中曾經用酒，所以已睡意昏昏⑥。耶穌3次吩咐他們要警醒，並不是要他們窺探那些捉拿耶穌自己的人是否來到，好叫他們可以及時逃避，而是惟有禱告警醒，他們才能明白和承受上帝的心意，有信心和勇氣行在祂的旨意之中，好像耶穌一樣。

耶穌第一次回來看門徒時，他首先對彼得說：**「西門，你在睡覺嗎？你不能警醒一個鐘頭嗎？」**(37節)這是馬可記載耶穌給西門改名為彼得後，第一次記述耶穌以**「西門」**稱呼他(另參一16、29、30、36)。西門在此刻顯得力不從心。這曾揚言自己不會離棄耶穌的西門，在此刻仍未醒來，無奈耶穌只有自問自答，可想像耶穌對門徒表現的失望，以及他感到無人了解自己的那種孤單寂寞的心情。當耶穌對門徒說：**「你們心靈固然願意，肉體卻是軟弱的」**(38節)，他並非要為門徒找藉口逃避他們的軟弱，而是指出信靠上帝、謹慎自守，並非自然而然的事，往往要在遇到試探和自己軟弱時，作出掙扎、堅持不妥協。

耶穌第二次回來，再次發現他們還在睡覺。他們的眼睛發沉，睜不開眼來；他們的身心靈疲累，只知自己的睏倦，對身處的環境情況毫不敏銳(39～40節)。馬可沒有記載耶穌說了甚麼，只記載門徒**「不知道對他說甚麼話好」**(40節)，這顯出門徒的無奈和他們疲累至無法控制自己。

耶穌第三次回來，責難他們說：**「你們還在睡覺，還在休息嗎？」**(41節)作為耶穌的愛徒，他們完全不了解老師的掙扎。但他們不能與耶穌一起禱告，一起警醒，又如何可以在耶穌受難時，與他一起受難呢？他們曾揚言與耶穌同死(31節)，但這只是一個經不起考驗的承諾。那指定的時刻已經臨到，**「時間到了」**(41節)，在晚餐中耶穌已隱晦地提及那出賣他的人來了，而那大難的時刻，就是人子要被交在罪人手中的時刻已經到了，他們要起來迎接這時刻的來臨。耶穌經過掙扎，後來忠於父上帝，承擔苦難(43～49節)，而門徒則沉睡，後來背棄耶穌落荒而逃(50～51節)，兩者成了強烈的對比。

溫習問題(10.1.)在頁346。

10.2. 耶穌被逮捕和接受審判(十四43～十五15)

耶穌預言自己將要受苦和受死，現在這時刻終於臨到。耶穌所要面對的，是被十二門徒之一的猶大所出賣、被門徒(包括彼得)離棄、被辱罵和誣告、被奚落、侮辱、鞭打，最後被釘在十字架上，身、心、靈都經歷了莫大的煎熬。而耶穌面對這一切，全是為了我們！

10.2.1. 耶穌被猶大出賣及被捕(十四43～52)

在耶穌被捕的整個過程中，出現的人物眾多，有些是讀者會十分感興趣，想知道其真正身分的，如那削去大祭司僕人耳朵的人、那丟下身上麻布赤身逃走的人。然而，我們只知道整個過程中其中兩人的名字，就是耶穌和猶大。

大祭司的親信們如臨大敵般，浩浩蕩蕩地來到了客西馬尼園，要捉拿耶穌。猶大與他們早有了默契，他以親吻為記號指出耶穌是誰。在混亂之中，耶穌沒有以暴易暴，他極之冷靜地欣然踏上命途，因為他知道自己所走的，是父上帝要他走的路。

大概是由祭司長、經學教師及長老的親信所組成，其中包括聖殿警衛官(路二十二52)的一羣人，帶齊了刀棒等兵器，來到客西馬尼園，要捉拿耶穌。從他們的裝備反映出他們視耶穌和眾門徒如暴徒；若他們即時反抗，很容易引起騷亂。為了避免不受控制的情況出現，他們寧可先發制人，故此才這樣如臨大敵般來到。但是，耶穌從來沒有想過要抵抗他們，或作武力的還擊，他也不許人使用暴力(參十四48；路二十二51；耶穌曾稱聖殿的權貴為盜賊，見十一17)。

若你在場，親眼看見耶穌被捉拿，你會怎樣反應呢？你會拔出刀來抵抗，還是立即逃走？

十二門徒之一的猶大以親吻為記號，不只讓捉拿人的能鎖定目標，而且亦避免耶穌在混亂中會乘機逃脱。猶大仍未明白耶穌是自願地慷慨就義的，他和祭司長等人所施的詭計，只是顯出他們的小人之心。親吻自己所尊重的人，在猶太文化中是常見的(撒上十1；撒下十九39)。猶大先稱呼耶穌為**「老師！」**(十四45)並且親吻他，這一切似乎是正常的行動，但原來背後卻隱藏著詭計和背叛。

當聖殿警衛官上前抓住耶穌時，在這千鈞一髮之際，有一個人突然發難，拔刀削掉了大祭司其中一個奴僕的一隻耳朵，符類福音沒有記載這人是誰(太二十六51；路二十二49～51)，只形容他是與耶穌同行的人，惟有約翰福音記載他是彼得(約十八10)。這樣看來，大祭司等人密謀要捉拿耶穌，但恐怕逮捕耶穌會觸發騷亂，其實並非過分的憂慮。在羣情洶湧之下，羣眾中果然有人拔出刀來反抗。

根據馬可福音，耶穌即時指斥警衛官將他當作暴徒看待，然而在白日當耶穌在聖殿裏教訓人時，他們卻不敢如此待他。他們在這夜裏閃縮地進行他們的詭計，耶穌直言識破他們的虛假。不過耶穌指出**「聖經的話必須實現」**(49)，這是應驗馬可福音十四章27節：**「上帝要擊殺牧人，羊羣就分散了。」**所引用的撒迦利亞書十三章7節。耶穌被逮捕，**「所有的門徒都離棄他」**(50節)，逃之夭夭，這可能包括那些沒有跟耶穌到客西馬尼園的門徒。這些門徒沒有親眼看見耶穌被捕，但聽到耶穌被捕的消息後，就立刻逃亡。這實在是一件可悲的事，從他們的行動可看出他們從沒有想過要去救耶穌，或設法證明他的無辜，顯出他們對耶穌的感情薄弱。即使有門徒想留下看看事情的發展，但最終也離開了。當中有彼得只是老遠地跟著耶穌，直到耶穌受審的地方，他要知道老師究竟會怎樣，但最終他還是否認曾認識耶穌(54、66～72節)。

此外，馬可加插記載一個青年的情況。這青年人原本跟在耶穌背後，可能與彼得一樣，想知道耶穌究竟會怎樣，但當他被捉拿時，卻丟下身上披著的麻布，赤著身子逃跑了(51～52節)。作者描述了他那狼狽不堪的樣子，這正正就是這羣門徒的最好寫照。當警衛官們要抓他們時，他們就甚麼都丟下，逃跑走了。這些曾撇下一切追隨耶穌的門徒，現在卻撇下耶穌，逃命去了。利未記二十六章36至37節的經文，是對他們的景況的最好詮釋：「我要使流亡在敵人領土的人非常驚慌，連風吹草動的聲音都會使你們驚駭逃跑。你們要像在戰場被追擊一樣地奔逃，沒有人追趕也要跌倒。沒有人追擊也要彼此相撞；你們無力抵抗任何敵人。」

10.2.2. 在猶太議會受審(十四53～65)

猶太議會對耶穌的審訊成為耶穌披露他真正身分的機會；他是那當稱頌者的兒子、猶太人的王、基督和以色列的王。

耶穌在猶太議會受審(十四53～65)，在總督彼拉多面前受審，被兵士凌辱(十五1～20)，被釘十字架(十五21～32)，最後受死和被埋葬(十五33～47)。這幾個階段有很多相似的地方，而焦點都是在耶穌的身上。

猶太人議會

耶路撒冷的猶太人議會，由以大祭司為首的70人組成(有另一傳統說是71人)，是當時在猶太全地5個地方的猶太人議會中最具權威的。這議會具有行政和相當的立法和司法的權力，可處理有關宗教和司法上的訴訟，然而卻不能判處犯人死刑，因為惟有代表羅馬政權的長官，才有權將囚犯處以極刑。在新約時期前後，有兩樁最轟動的案件，就是有關大希律的審訊(約瑟夫《猶太古史》14.175)和耶穌的受審(參太二十六57～59；路二十二66；約十一47～50)。另外，使徒行傳多次記載使徒被帶到議會面前受審(四6，五17、21、27，六12～七60，二十二30～二十三10)。約瑟夫也記載了耶穌的兄弟雅各曾在議會受審(公元62年，《猶太古史》20.200)。

大祭司等人連夜召開議會，作初步聆訊，他們希望「速戰速決」，盼能盡快在安息日前處理妥當這案件。整個審訊的過程並非要找出耶穌是否有罪，而是找出控告耶穌的把柄，將他入罪(參十一18，十四1、55)。議會中的人認為耶穌有罪，應處以極刑，但因為沒有權柄執行處決，所以必須再交由羅馬總督裁決。

根據舊約的法例，必須有兩個或以上的人作供，有共同的見證⑦，才可審定一個人的罪(民三十五30；申十七6，十九15～21)，祭司長等人找來控告耶穌的見證人，然而他們的證供彼此不相符，因此難以定耶穌的罪(十四56)。後來有人起來誣告耶穌說：**「我們聽見他說：『我要把這座人手建造的聖殿拆了，三天內建另一座不是人手建造的聖殿。』」(58節)** 耶穌潔淨聖殿的場面，對他們來說實在太深刻了。他們認為耶穌破壞了聖殿裏的日常運作，是不尊重聖殿的表現。這是一項非常嚴重的指控，因為聖殿是猶太人的宗教及民族的象徵。

值得留意，馬可福音中關於耶穌潔淨聖殿的經文中，沒有記載這句話，但類似的話卻記載在約翰福音裏。

然而猶太領袖的指控只是捏造出來的謊言，因為雖然耶穌曾私下告訴門徒聖殿將要被毀，但他並沒有説他自己要拆毀這殿。此外，耶穌雖曾預言自己3天內把聖殿重建，而耶穌的確要重建聖殿，但他所提及上帝與祂子民親近的地方，不是人手所造的殿，而是指他復活的身體(參約二19)。當時猶太人盼望彌賽亞來到，有人認為彌賽亞會重建新的殿，可能因此後來大祭司質問耶穌是否彌賽亞。指控耶穌的人的說法一半假、一半真，但前一半的假足以扭曲後一半的真。在這一切的誣告之下，耶穌保持緘默，不予回應，就好像以賽亞書中所記載的耶和華受苦的僕人(賽五十三7)和詩篇中所記載的義人一樣，面對著陷害他的人的屈枉，依然默默無聲(如詩三十八12～15)。

最後還是大祭司起來，要套取判處耶穌死刑的口實。他大概對於耶穌的沉默感到甚不耐煩，這樣下去，怎樣可以拿到處決他的把柄呢？於是大祭司直接盤問耶穌説：「你是不是基督，是那位該受稱頌的上帝的兒子？」(61節)耶穌肯定地回答：「我是！」(62節)這是他坦然公開自己身分的時候，他再為上帝的兒子這身分解釋：「你們都要看見人子坐在全能者的右邊，駕着天上的雲降臨！」(62節)大祭司終於找到他判處耶穌死刑的理據，他斷定這是侮辱上帝的話，於是以**撕裂衣服**的行動，戲劇性地表示耶穌這樣説是犯了大不諱。而議會既找到判耶穌死罪的藉口，便裁定要將他處決。

在古代，撕裂衣服可以代表哀傷、痛悔或忿怒(見書七6；撒下一11；王下十八37，十九1；賽三十七1；耶三十六24；珥二13)。

耶穌在62節的答問中，將詩篇一一零篇有關大衛傳統中的彌賽亞形像，以及但以理書七章大啟傳統中的人子形像結合起來，指出這彌賽亞不只是大衛的子孫，地上的君王，同時是那來自天上，接受天上權柄，並施行審判的那位(但七14)。其實宣稱自己是彌賽亞並沒有甚麼大不了，當時也有一些受羣眾歡迎的先知作出這樣的宣稱。但耶穌以自己為上帝的兒子，享有上帝的權柄，從他們的信仰角度看，卻是絕對不能接受的，是「**侮辱上帝的話**」(64節)。此外，這是馬可福音中第一個和最後一個針對耶穌的人的議論(二7，十四64)。

這一羣理應維持社會的聖潔公義、高舉律法的領袖，竟為了排除異己不惜一切，甚至捏造假見證，歪曲事實，務要將無辜的耶穌入罪，將他置諸死地。我們所看見的，是一羣掌權的既得利益者，因為自己的權力受到挑戰，怕失去自己的影響力而不擇手段地誣陷別人。

這不公平的審訊並未完結，有些人向耶穌吐口水，並且蒙著他的眼睛，用拳頭打他，又戲弄他說：「**猜猜看，是誰打你？**」(65節)警衛官也用巴掌打他。但耶穌果真是先知，馬可記載耶穌早已3次預言自己所遭遇的苦難，耶穌也曾預言自己的門徒會四散奔逃，而他的愛徒彼得真的有3次不認主，這些都一一應驗了。

10.2.3. 彼得否認認識耶穌(十四66～72)

在一封寫給小亞細亞信徒的信函中，彼得提醒信徒說：「萬事的終局就要到了。你們要謹慎自守，警醒禱告」(彼前四7)，並且「你們遇到火一樣的考驗，不要驚怪，好像所遇到的是很不平常似的」(彼前四12)。我們不知道考驗何時會臨到，但卻要常存警醒準備的心。可能我們所面對的考驗，並非如彼得所面對的一樣，令我們要否認自己作為基督門徒的身分，但卻也可能會令我們不願意再持守信仰、伸張正義。

在十四章53至72節此一大段內，彼得在考驗中的反應與大祭司審問耶穌兩部分輪流出現，形成兩個連在一起的三明治結構：

A. 耶穌在猶太議會中受審(十四53)

B.彼得進到大祭司的院子(十四54)

A'.耶穌接受大祭司的審問（十四55～65）

B'. 彼得面對考驗（十四66～72）

C.耶穌的審訊完結（十五1）

事實上，耶穌受審與彼得受考驗這兩件事是同時間發生的，當耶穌被盤問的時候，彼得正在大祭司府邸的院子裏。耶穌在大祭司面前坦然承認自己的身分，但彼得被大祭司的婢女及旁邊的人查問時，卻不敢承認自己與耶穌之間的關係，兩者形成對比。彼得面對著另一種方式的審訊，他的信心受到嚴峻的考驗。耶穌表現出忠誠和勇敢，而彼得則表現出畏懼，他3度否認自己與耶穌的關係。

彼得3次不認主，這與在客西馬尼園耶穌3次叫門徒要謹守警醒，但他們卻3次達不到耶穌的要求的記載，互相呼應。

彼得第一次不認主時，他身處大祭司府邸的院子裏，有一個婢女私下問他是否與那拿撒勒人耶穌是一夥的。他連忙否認說：「我不知道，也不懂得你在說些甚麼。」（68節）事實上這也正是門徒當時的光景，他們真的不知道、亦不明白所發生的事情的意義何在。

當彼得避到前院去時，那個婢女又看見他，就對站在旁邊的人說，彼得與耶穌和門徒是一夥的。這對彼得來說壓力更大，因為婢女不是私下問他，而是向其他人表示對他的懷疑。於是彼得第二次否認與耶穌有任何關係。

過了一會，可能因為彼得說話的口音，暴露了他是來自加利利的，而由於眾人都知道耶穌是來自加利利的，因此這些站在旁邊的人認定彼得與耶穌和門徒是一夥的。這時彼得為加強否定的語氣，於是賭咒說：「如果我說的不是實話，上帝會懲罰我！」（71節）彼得使用了在法庭上用的誓詞，以證自己「清白」。

事情就如耶穌所預言的一般，在雞叫兩次之前，彼得3次不認耶穌。在彼得第一次不認耶穌後，第一次雞叫(68節)，但這似乎未有叫彼得醒悟，到了第二次雞叫時(72節)，彼得才想起耶穌對這事的預言。這時，他的心破碎了，他為自己的失敗痛哭流涕，因為他竟以耶穌為恥，不敢認他(31節；參八29)。此刻他自慚形穢，然而這亦是他走向悔改的第一步。

耶穌在受審時，宣認自己作為人子和神子的身分，這與彼得否認自己認識耶穌，成了強烈的對比。耶穌的宣認招致後來的死亡，彼得的否認為的是要保護自己的生命，但只有藉著耶穌的死亡，人才能得著生命。

10.2.4. 在羅馬總督彼拉多面前受審(十五1～15)

彼拉多以羅馬審判官的身分審判那生命的主宰。他雖然查不出耶穌的罪項來，卻接受了猶太領袖出於嫉妒心的指控，不惜放棄公義，選擇處死無辜的耶穌。主的沉默並非表示無奈，而是他向世人無聲的指控。

當時彼拉多應住在位於城西山上的希律的王宮，他的總督府就在王宮之內。根據約翰福音十九章13節，那地方名叫「石砌階」，亞蘭語的意思即「高地」，位置即現今約法門所在的地方。

第二天清早，猶太議會的成員包括祭司長、長老和經學教師齊集，他們並非重新審議在前一個晚上對耶穌的決議，而是擬訂具體的計劃，將耶穌交予⑧羅馬政府，因為惟有羅馬政府才可以判處耶穌死刑(1節；參約十八31)，而且若耶穌被羅馬政府判處釘十字架的刑罰，他的門徒能重振旗鼓的機會，便會微乎其微。羅馬的司法審訊在清早進行，猶太領袖們如臨大敵似的，將完全沒有反抗過的耶穌捆綁起來，可能為要表示耶穌是個危險人物，然後就將耶穌押往**總督府**。當時管轄猶太省的第五任羅馬總督是彼拉多。

一般來説，當時的羅馬政府會讓地方的管治階層管理日常治理地方的事務，包括行政和維持社會治安的工作。地方官員有權逮捕疑犯及作初步的聆訊，而對於嚴重的案件，則負責搜集指控的證據，提交羅馬總督作正式的聆訊，由總督審理。奉派作為總督的，有權將非羅馬籍的犯人判處死刑，審判程序和方式沒有固定的準則，量刑往往沒有任何標準，濫權徇私的問題，極其嚴重。

彼拉多

彼拉多是猶太地的第五任羅馬特派總督，他在任12年，由公元26至37年，是歷任14位管治猶太省的羅馬總督中任期最長者。

在猶太人眼中，彼拉多是個極兇殘的卑鄙小人。根據猶太史家約瑟夫的記載，彼拉多曾將鑄有羅馬王塑像的盾牌，放在耶路撒冷，觸發起猶太人的抗議，因為這違反了猶太人的律例。當時猶太羣眾齊集在耶路撒冷城以外差不多70里的凱撒利亞，一連5天到彼拉多的府邸作非暴力的抗議。彼拉多下令逮捕這些抗議者和在競技場將他們殺死，然而這些抗議者不但不屈服，更揚言情願被砍首，也不違反祖先的律法。彼拉多在無可奈何之下，只有收回承命，將盾牌移走。另外，有一次彼拉多動用聖殿的金錢，要建一條長23里的水道，引水進耶路撒冷，但遭猶太教的熱心人士所反對，他們認為不應動用聖殿的金錢支付任何公共建築物的興建費用。但這次彼拉多不理羣眾的抗議，要捉拿抗議的人，在混亂中兵士大開殺戒，有大批羣眾被殺，亦有羣眾在逃跑時互相踐踏，死者眾多。還有，路加福音中記載彼拉多曾殺害加利利人（十三1），並將他們的血與他們帶到聖殿的祭物的血混在一起。最後，彼拉多以暴力鎮壓某撒馬利亞人的起義，卻因此掉了官職。

彼拉多不單止性格兇殘，在處理事情上，更往往缺乏敏銳的觸覺和靈活性，因此多次引起不必要的衝突，要以暴力收場。在審理耶穌這案件一事上，彼拉多似乎覺得不值得因為耶穌再次與猶太羣眾發生衝突，因此認為耶穌絕對是可以犧牲的。

耶穌被當時猶太社會中最高層的議會所指控，作為羅馬總督的彼拉多當然要格外小心的處理這案件。彼拉多問耶穌的第一個問題是：**「你是猶太人的王嗎？」**(2節)這問題與大祭司之前的提問(十四61)，在意思上完全一樣，這意味著祭司長向彼拉多所提出對耶穌的最重要指控，就是耶穌自稱是猶太人的王。祭司長等人以這點提出指控，是因為若耶穌只是犯宗教上的錯誤，説了**「侮辱上帝的話」**(十四64)，彼拉多根本就不會受理(參徒十八14～17)，然而若耶穌自稱為王，則是一個非常嚴重的政治問題，會對國家的安全構成威脅，更屬於叛國罪(參路二十三2)。對羅馬政府來説，「彌賽亞」一詞帶有強烈的軍事和政治含意。

耶穌就好像以賽亞書五十三章所描述的那受苦的僕人一樣：「他受迫害，受虐待，但他一言不發。他像待宰的小羊，像被剪毛的羊，他一聲不響」(7節)。

耶穌的回答含糊：**「這是你説的」**(2節)，強調「你」字，即耶穌言下之意，是「你説甚麼便算甚麼吧」。耶穌既不肯定，亦不否認，因為耶穌並非他們想像中那位政治和軍事上的王，但耶穌卻又是以色列人的王。祭司長等人繼續提出對耶穌的諸多控訴，在這一切的憎恨、譭謗、誣陷之下，耶穌拒絕為自己的無辜辯護(4節)，他的緘默並非表示他向罪惡屈服低頭，而是向上帝順服，他的緘默令彼拉多感到非常詫異。事實上，彼拉多心知這些宗教領袖加害於耶穌，是出於他們的嫉妒(10節)。耶穌受羣眾歡迎及支持(特別是在加利利)，引起猶太教領袖們的嫉妒，這嫉妒引發起他們的惡毒和殺害耶穌的動機。

羅馬的審訊經常是公開地進行的，而召喚羣眾在審訊的過程中表達他們對囚犯的意見，也並非不尋常的做法。在當時有一個習俗，就是在逾越節期間，羅馬總督可照羣眾的要求釋放一個囚犯(6節；參太二十七15；約十八39)，但當然最後的決定權是在彼拉多的手上。猶太教領袖們當然知道有這樣的習俗，他們絕對不會容許耶穌得到釋放，當時圍觀審訊進行的羣眾，可能大部分都是祭司長等人所安排的，正如他們在猶太議會中安排的假見證人一樣，他們不置耶穌於死地是不會罷休的。

巴拉巴是一個囚犯，他曾在一次**叛亂**中殺了人。當彼拉多問羣眾是否要釋放「猶太人的王」(9節)，在祭司長等人的煽動之下，羣眾反要求釋放巴拉巴。諷刺的是，耶穌並沒有使用暴力以致社會動盪，但卻要接受這釘十字架的酷刑，而巴拉巴是那支持暴力、雙手沾滿血腥的人，卻竟得到自由。然而，上帝卻使用這不公平的判決，叫耶穌這無辜的義人，代替犯罪的世人承受刑罰，而耶穌他甘願犧牲，叫人得到真正的自由。彼拉多雖然知道祭司長等人是為了嫉妒的緣故而捉拿耶穌，又知道耶穌實在是無辜的，但他卻為了討好羣眾，答應了他們的要求，將巴拉巴釋放了。

「巴拉巴」這名字的意思是「父親之子」或「教師之子」。馬太福音二十七章16至17節記載他名叫「耶穌」，因此耶穌巴拉巴與父上帝的兒子耶穌兩者之間的對比，就鮮明不過了。

當時的巴勒斯坦經常出現叛亂，叛亂的人部分是因經濟困難而淪為強盜；在羣眾的眼中，他們有些是俠盜，因為他們專向那些剝削貧窮人的富戶地主埋手，有時也劫富濟貧。

如猶太人素常把犯人釘十字架之前所作的，他們先把耶穌鞭打，然後才釘他十字架上(十五12～15)。羅馬的笞刑是相當殘酷的，赤裸的犯人會被綁在一條直柱上，然後被鞭笞，鞭笞的次數沒有任何規定。笞刑中所用的是一種短節鞭，由多條鑲上了骨碎片、鉛塊或銅塊的皮製成的，有時這些鉛塊或銅塊是附有小鉤子的。當鞭打犯人時，這些小鉤子會鉤人皮膚內，將皮肉扯開，被鞭的人因而皮開肉爛。這樣做是要使犯人因皮肉之苦而完全失去反抗的能力。有些時候，被鞭打的人在未釘十字架之前，便已因失血過多而死亡。

● 羅馬時代所用的短節鞭。

根據馬可的記載，彼拉多曾3次嘗試為耶穌解圍(十五9、12、14)。然而這並不代表在處決耶穌這事上，他可以置身事外，因為彼拉多作為總督，不只有權柄，還有責任維持司法公正，但他並沒有選擇這樣做，反而順應了祭司長等人和羣眾的意願。彼拉多這樣做可能是為了避免在這敏感的節期間與猶太領袖發生衝突，況且他也犯不著為耶穌這小人物出頭，於是作了一個「政治正確」的決定。他的判決也可為他贏得一點政治本錢。所以雖然是大祭司等人設詭計殺害耶穌，但彼拉多卻是在清楚這是椿冤案的情況下，判決耶穌釘十字架的。

作為總督的彼拉多好像被羣眾所擺佈，不像一個管治羣眾的人，相反被管治的猶太宗教領袖們，卻好像控制了大局，他們是幕後黑手，精心部署一切。耶穌亦好像是任人擺佈的，然而這卻是他心甘情願的選擇。在這一切之上，上帝是那位最終的管治者，祂主權性的旨意終會實現。最後上帝會推翻人的判決，叫耶穌從死裏復活，證明他是一個義人，亦是上帝的兒子。

10.3. 耶穌受難(十五16～47)

馬可福音十章33至34節最詳細地記載了耶穌對自己將要受苦的預言。首先，「人子將被出賣給祭司長和經學教師；他們要判他死刑」(十33)，這在十四章53至65節已經應驗了。「然後把他交給外邦人」(十33)，耶穌被交給羅馬總督彼拉多的手裏(十五1)。「他們要戲弄他，向他吐口水，鞭打他」(十34)，馬可福音十五章15至20節記載兵士這樣對待耶穌。最後「並殺害他」(十34)，這見於十五章21至39節，耶穌走上被釘十字架的路，最後死亡。

10.3.1. 耶穌飽受兵士的凌辱(16～20節)

耶穌所要承受的，不只是死亡，和死亡之前被釘十字架的痛苦，他還被人欺凌侮辱。他們嘲弄他是一個王，是一個任由人魚肉的王，他們踐踏耶穌作為人的尊嚴，是要挫耶穌的鋭氣，要對他信心嚴峻的考驗。

馬可記載兵士把耶穌帶到總督府的院子裏，召集了全隊的兵士⑨。他們在那裏凌辱耶穌。好像在祭司的府邸裏一樣，耶穌被嘲弄，兵士將耶穌打扮成王帝的模樣，給他穿上一件「**紫色的袍子**」，戴上一頂**荊棘編的冠冕**(17～18節)。冠冕是權力的代表，耶穌表面上全無權力，但事實上是一位有能者，當他服在上帝的權柄之下，他的能力就顯露出來，而從他對以後千千萬萬人的影響中，他能力亦顯露出來。

這些兵士為他們不知道的事實做了見證，這事實就是耶穌是王，他是羅馬王之上的王，但卻不是兵士想像中那種地上國家的君主。兵士對耶穌的侮辱，某種程度上也是對猶太人的侮辱，指他們的王，那猶太人的王，只是如此脆弱不堪。他們用藤條打耶穌的頭，向他吐口水，又以戲弄他的態度向他下拜。耶穌的確是另類的王，他被人辱罵、被涎沫所膏、頭戴荊棘冠冕、最後被釘在十字架上，被舉起來，而且所有人都撇棄他。

「紫色」在當時是由一種貴重的染料染成的顏色，穿著紫色衣服代表身分尊貴，如王帝就會穿紫色的衣服。

當時的冠冕大多是由棕櫚樹的枝子編成的；在耶路撒冷，最常見的是橄欖棕櫚或針棕櫚樹。

以賽亞書五十章6節的記載，正好是受苦的耶穌的寫照：「我任憑人鞭打我的背，拔我的鬍鬚，吐唾沫在我臉上；我忍受人的侮辱。」

不論在猶太議會還是在總督府，馬可都將耶穌受苦的重點，放在他如何被人的欺凌上，惟一的分別是在祭司長的府邸中，他們嘲笑他是假先知，他們「蒙着他的眼睛，用拳頭打他，問他：『猜猜看，是誰打你？』」(十四65)而在總督府裏，他們則嘲弄他自稱為王。

當兵士剝下耶穌所穿的紫色的袍子時，相信必令之前短節鞭所做成的傷口再爆裂，叫耶穌再受皮肉之苦。耶穌穿回自己的衣服，然後被帶出城外去釘十字架(十五20)。

10.3.2. 耶穌被釘十字架至死(21～41節)

在當時，刑罰往往是在公眾地方進行的，目的是要發揮阻嚇的作用。釘十字架的刑罰也不例外，受刑者會被帶著遊街示眾，有牌子寫著受刑者的罪狀。為了令受刑者更感到羞辱，男犯人往往要全身赤裸，而這刑罰可怕的地方，就是那被釘的犯人會經歷長時間的折磨，受刑者可能會被掛數天，最後往往因肌肉過勞引致窒息或心臟衰竭而死⑩。

正常來説，在釘十字架的刑罰中，首先十字架的橫枝會擱在犯人的肩背上，犯人張開雙手，手和肩會被人用繩綁在橫枝上，犯人要背著這橫枝走到自己被釘十字架的地方；然後橫枝會或被釘或被綁在早已牢固地豎立在地上的直梁上，形成十字的形狀，然後兵士會將犯人的雙手釘在橫枝上，再將犯人的雙腳疊在一起，用釘從腳踝骨處釘在早已豎立在地上的直梁上。馬可並未有描述兵士如何將耶穌的手釘在十字架上，但可想像犯人在過程中是極之痛苦的。

任何極權政府都會以嚴刑懲罰異己分子，以威嚇的手段控制人心，羅馬政府也不例外。釘十字架這刑罰是專用來對付那些在社會上最低下階層的人，例如奴隸，或是那些對羅馬政權或社會具威脅的人，例如狂暴的囚犯、戰犯、叛變者等。馬可並未有以煽情的方式描繪十字架酷刑的殘忍和可怕，他描述的焦點在於耶穌所忍受的凌辱。

就如其他囚犯般，耶穌要背負著橫枝走到被釘十字架的地方，但在半途中，兵士卻沒有讓耶穌揹此橫枝。馬可並沒有交代羅馬兵士為何不需耶穌背負這橫枝，可能因耶穌受了鞭傷，身體實在太脆弱，根本無力將橫枝揹起。兵士只隨意找一個途人代替他。這人名叫西門，剛從鄉下進城，兵士就強迫他替耶穌背十架(21節)。馬可介紹這西門是古利奈人亞歷山大和魯孚的父親。西門是希伯來文名字，亞歷山大是希臘文名字，而魯孚是拉丁文的名字。馬可提及這3個人的名字，很可能是因為他們後來都成了基督徒，甚至成為初代教會的領袖(參羅十六13)，是為讀者所知曉的。這裏已暗示福音的普世性，福音是傳給不同民族，說不同語言的人的。西門真的背起十字架來跟隨耶穌，正如耶穌曾吩咐他的門徒所要作的(八34)。

根據猶太人和羅馬人的習俗，死刑必須在城外執行(利二十四23；民十五35～36；來十三12)。於是耶穌被帶到耶路撒冷城外的一個地方，名叫各各他，這是亞蘭語的地名，意思是「髑髏崗」。這地方有這稱號可能是因為這地方狀似髑髏，亦可能因為這是常用作執行死刑的地方。

• 1968年在耶路撒冷城城北意外地發現了一個骨龕，內有一個生於公元1世紀，年約20多歲被釘十字架的青年的骸骨。釘十字架時，釘子被鎚入手腳的位置，在骸骨上也可看見。見V. Tzaferis, "Jewish Tombs At and Near Giv'at ha-Mivtar," *Israel Exploration Journal* 20 (1971): 31。

當時的行刑隊伍由4個兵士和1個軍官組成，馬可記載那些帶耶穌到各各他的人，拿沒藥調製的酒給耶穌喝(23節)。以沒藥調的酒是古時的一種麻醉劑，兵士這樣做，似是善意的行動，因為可以暫時減輕受刑者的痛苦，然而這樣亦會拖長受刑者受苦的時間。耶穌拒絕喝這酒，他不需要這短暫的麻醉，為了拯救罪人，他完全清醒地喝這苦杯。

兵士按慣例瓜分受刑者的衣物，雖然馬可並沒有指出這應驗了詩篇二十二篇18節的經文，但他將這事記下來，反映出他留意到這點應驗了詩篇的經文。耶穌是受苦的義人，他受苦完全是出於上帝的旨意。

耶穌的門徒雅各和約翰曾請求耶穌讓他們一個坐在他寶座的右邊，一個在左邊（十37）；但若他們看到此刻的情景，不知他們會有何感受？

耶穌被釘時，是早上9點鐘的時候。他的罪狀被寫在罪狀牌上：**「猶太人的王」**（26節）。耶穌與兩個暴徒一起被釘十字架，一個在他左邊，一個在他右邊，這正應驗了以賽亞書五十三章12節的話：「他自願犧牲生命，承擔罪人的命運」。當耶穌被釘在十字架上時，有3批人對耶穌出言侮辱：路過的人（29～30節）、祭司長和經學教師（31節），以及與耶穌同釘十字架的人（32節）。

路過的人「搖頭」，並非表示他們為耶穌被害而歎息，他們的舉動是一種輕蔑的表示，正如詩篇二十二篇7節所言：「看見我的人都譏笑我，對我搖頭吐舌，說：你倚靠上主，他為甚麼不來救你？上主若喜歡你，為甚麼不來幫助你？」（參哀二15）。路過的人對耶穌所提出的兩項指控，與耶穌在猶太議會中所面對的指控一樣，是有關拆毀聖殿，並且三天內重建（十四57～58），以及耶穌就是彌賽亞（十四61～62）。路過的人說：**「現在從十字架上下來，救救自己吧！」**（29節）。祭司長和經學教師也譏笑耶穌說：**「他救了別人，卻不能救自己！基督，以色列的王啊，現在從十字架上下來，讓我們看看，我們就相信！」**（31～32節）。

甚至連跟耶穌同釘十字架的人（27節；耶穌在中間的位置，具體地表達了他作為王者的身分）也不放過他，同樣辱罵他（十五32）。

當時的人有如之前的法利賽人般，要求耶穌顯神蹟，來表明耶穌作為上帝兒子的身分（八11）。耶穌並不是不能救自己，他大可以從十字架上下來，行更大的神蹟，使人推崇他；但他甘願留在十字架上！

因為他不是要救自己、抬舉自己，他乃是要完成上帝的旨意，拯救普天下的人，他死是為要使人得生命(八35)。他的身體若作為聖殿，的確是被拆毀，但3天後他要從死人中復活，上帝還要高舉他成為其他人的救贖(十45)。

由中午至下午3點鐘約3句鐘的時間，黑暗籠罩了大地，這黑暗可代表著悲哀(耶四27～28)，當時的景象悲滄，因為耶穌在極度的孤單下面對苦痛和死亡，他被出賣、離棄、否認、侮辱，被苦痛所煎熬。黑暗也可象徵上帝審判的臨到(參出十21～23；賽十三9～13；耶十三16；哀二1；珥二10，三14～15；摩五8、18、20)，上帝對犯了罪的人的審判，都落在耶穌的身上。

耶穌在十架上痛苦地呼喊，非因對上帝沒有信心，而是正因為有信心的緣故，所以面對掙扎；他的呼喊是一種感情上的發洩。我們也可在困苦中向上帝呼喊，正如昔日耶穌在十架上呼喊一樣。

下午3點，耶穌在十架上大聲的呼喊說：**「以羅伊，以羅伊，拉馬撒巴各大尼？」**(34節)這句亞蘭語的意思是：**「我的上帝，我的上帝，你為甚麼離棄我？」**(34節)這呼喊表達了耶穌感到極度孤單。耶穌所面對的，並不只是皮肉上的痛楚煎熬，還有被釘十字架的羞辱；不只是面對死亡、分離的哀傷，還有被撇棄的苦痛。他被視為一個罪有應得的囚犯，萬惡不赦的罪人，而上帝的緘默，就好像認同這判刑一樣，彷彿上帝也將耶穌撇下一般。

耶穌被視為一個罪有應得的囚犯，黑暗的勢力好像掌權，而耶穌好像墮入無底的痛苦深淵裏。當我們面對人生的苦痛時，要謹記耶穌亦曾經經歷苦痛，但他毅然進入孤單和寂寞之中，進到那黑暗的深淵裏，將我們拯救出來。

34節是馬可福音的記載中耶穌所說的最後一句話，這句話引自詩篇二十二篇11和19至21節。耶穌就是那受苦的義人，他以詩人的禱告表達他內心的沉痛，深信上帝是那位最終的保護和拯救者。耶穌在十架上承受痛苦，成就了上帝的旨意，應驗了聖經的預言。旁邊的人以為耶穌在呼喊求以利亞拯救他，將他從十字架上放下來(十五35～36)。這可能是因為亞蘭文中「以羅伊」與「以利亞」

的發音相似。此外在當時，猶太人相信當人面對絕境時，那駕著火焰車升天的以利亞(王下二11)，會出手幫助。

有一個人把浸著酸酒的海綿綁在藤條上，送到耶穌嘴邊，有人認為這人是出於好意，讓耶穌能支持多一會兒，等以利亞來臨，但根據醫學上的討論，這樣做只會令耶穌更快窒息死亡。送酸酒的人的輕蔑譏誚，只反映出他的無知，事實上，若這人真的有信心，他就已能看見以利亞，因為那為主預備道路的以利亞已來了，就是施洗者約翰(九12～13)。

之後，耶穌大喊一聲，就斷氣死了。似乎一切都完了，死亡證明了耶穌不是彌賽亞……。

耶穌的受苦與詩篇二十二篇中受苦的義人

詩篇二十二篇是對耶穌受苦的最好詮釋：

耶穌受辱	然而，我不再像一個人；我像一條蟲，被人藐視嘲笑。看見我的人都譏笑我，對我搖頭吐舌，說：你倚靠上主，他為甚麼不來救你？上主若喜歡你，為甚麼不來幫助你？(6～8節)
耶穌筋疲力盡	我的喉嚨像塵土一樣枯乾，舌頭黏在牙牀上。你竟讓我在塵土中等死。作惡的人結夥圍困我，像成羣的惡狗困擾我……。(15～16節上)
耶穌手腳被釘	他們撕裂了我的手腳。我的骨頭歷歷可數；仇敵都幸災樂禍地瞧着我。(16節下～17節)
耶穌衣服被分	他們分了我的外衣，又為我的內衣抽籤。(18節)
耶穌呼喊	我的上帝，我的上帝，你為甚麼離棄我？(1節)

詩人表達了對上帝的信任，以色列的祖先信靠上帝得庇佑，最終不至失望(詩二十二3～5)，詩人深信上帝不會忽視窮苦的人，不忘記他們的苦難，永不撇棄他們，

必會垂聽他們的呼求。最終萬民會敬拜上主，此詩以「上主拯救了他的子民」作結（詩二十二31）。耶穌那在極度痛苦中的呼喊，並非表示事件已到終局，上帝是施行救贖的大能者，祂還要施行拯救，叫基督從死裏復活。相信這也是耶穌在呼喊中的禱告，這並非因為對上帝缺乏信任，從詩篇二十二篇看，耶穌對上帝萬分信任，而這在呼喊中的禱告卒蒙應允。

耶穌斷了氣，但這並不表示一切已結束。在沒有任何合理的解釋之下，聖殿中那分隔聖所與至聖所之間的幔子，忽然從上而下裂成兩半。根據希伯來書的解釋，因著耶穌的捨身，被撕裂，那通往上帝的路已被打開（來九1～8、12、24～28，十19～20），所有人，包括非猶太人在內，都可以藉著耶穌所完成的救贖，來到上帝的跟前，而舊有的制度，就是那通過聖殿和祭司才得以到達上帝面前的方式，現在都要過去。新的時代有新的方式。那外邦的軍官的宣認，標誌著非猶太人同樣可以得到福音的好處（參十五39）。

幔子裂開兩半，這就好像耶穌在受洗時，天曾為耶穌打開一樣（一9～11），他的受洗和受死，為世人打開了進到上帝國的門。但這次不像耶穌受洗時，有天上而來的聲音說：**「你是我親愛的兒子，我喜愛你」**（一11），而是由一位看見耶穌慷慨就義的情景的軍官，發出信心的宣認說：**「這個人真是上帝的兒子！」**（十五39）這軍官所相信的，是耶穌因順服上帝、為服事眾人以致於死，以證明他自己是上帝的兒子。對比祭司長和經學教師的不信，這軍官看見整個天象的轉變，見證義人耶穌被釘而死，真的看見而相信了（參十五32）。軍官相信耶穌是上帝的兒子，確認耶穌這身分是與耶穌被釘十字架而死互有關連。這正是馬可在開首的標題中所揭示的，耶穌基督是上帝的兒子（一1）。這亦應驗了詩篇二十二篇27節的話：「願萬族都敬拜他！」

軍官的結論當然並非常人會作的結論，然而順服上帝的旨意，以愛心服事，是觸動別人生命，叫人相信的重要元素。若你要自己的服事有感染力，也必須具備這重要的元素。

10.3.3. 安葬耶穌(40～47節)

在耶穌斷氣時，一直守候著耶穌的，並非追隨了耶穌3年多的門徒，而是一羣對耶穌不離不棄的婦女。馬可再次運用三明治結構(十五40～41……十六章：十架下的婦人……墳墓旁的婦人；十五42～46：彼拉多前的亞利馬太人約瑟)，在這裏突顯出那名猶太議會成員亞利馬太人約瑟的勇氣。

這些從遠處觀看耶穌被釘十字架的婦女，是在耶穌於加利利傳道時，已一直跟隨耶穌的(41節)，她們亦隨著耶穌來到耶路撒冷。有別於耶穌的門徒，她們並未有撇下耶穌不顧。她們在遠處觀看耶穌被釘十字架的情況，可能因為他們是女性，要避免直接在近處看到耶穌赤裸的身體。

這些婦女對耶穌關懷備致，處處為耶穌的需要著想，在一路上服事耶穌；在馬可福音的記載中，服事耶穌的，只有天使(一13)和這些婦女(十五41)。這些婦女雖然見證了耶穌被釘的整個過程，然而卻沒有像那位軍官一樣，宣認耶穌是上帝的兒子。其中在場觀看的，有小雅各和約瑟的母親馬利亞，以及撒羅米。

那天是星期五預備日，是安息日的前夕(42～43節)。在傍晚尚未日落的時候，有一個人從亞利馬太(位於約帕港以東)來了，他名叫約瑟，是猶太議會的成員。約瑟是一位受人尊敬的議員，亦是一個敬虔的信徒，「**一向盼望上帝主權的實現**」(43節)。他冒著被人誤會甚而被誣告與搗亂分子是同黨的危險，大膽去見彼拉多，向彼拉多要耶穌的遺體，將他埋葬。這表示在猶太議會中，亦有同情耶穌的人，好像約翰福音中的尼哥德慕一樣(約三1)。

根據申命記二十一章22至23節：「若有人被處死，屍體懸掛在柱子上，這屍體不可留在柱上到第二天，必須在當天埋葬。因為屍體掛在柱子上將招惹上主詛咒那土地。你們要埋葬屍體，免得玷污上主——你們的上帝賜給你們的土地」(參撒下二十一12～14)。約瑟必須盡快在安息日前，即夜星初現之前，將耶穌的屍體處理好，並將他埋葬，因為在安息日是不可作工的。

彼拉多從軍官得到報告，確定耶穌已死，才批准約瑟收殮耶穌的屍體(44～45節)。在羅馬政府的統治下，成千上萬被判釘十字架的人，從未有記載其中有一個人可以在被釘十字架這酷刑後仍然生存的。約瑟得到彼拉多的許可，就收了耶穌的遺體。一般來說，猶太人會先**用香油抹死者的身體**，才將屍體埋葬的，然而因天色已晚，他們只用麻紗將屍體包好，安放在一個從巖石鑿成的墓穴裏。當時猶太人不容許耶路撒冷城內有任何墓穴。這裏所描述的墓穴，是滾石墓，是有錢人家才使用的，因此這墓穴極可能是約瑟自己家族的。墓內有停放屍體的地方，屍體往往在那裏停放一年，讓屍身腐化了，才執骨放在骨龕之中。抹大拉的馬利亞和約瑟的母親馬利亞，都見證了埋葬耶穌的事情(47節)。

在安葬耶穌時，來不及為他抹香油，這叫我們想起那用純哪噠香油膏抹耶穌的婦女(十四3～9)，她的確把握了機會，之後再沒有這樣的機會了。

10.4. 耶穌復活了，剩下空墳(十六1～8)

十五章42至43節記載安息日已近，所以約瑟用麻紗將耶穌的屍首包裹時，沒有足夠時間為他抹上香油，只有在安息日之後才做這程序。十六章1節記載抹大拉的馬利亞、雅各的母親馬利亞和撒羅米這3位婦女，在安息日過後即時來到安葬耶穌的墓穴，用買來的香油抹耶穌的身體。為死者的身體抹上香油，並不是要避免屍體腐化，而是用以遮蓋腐臭，表達對死者的敬重。

承受苦難，忍耐等候上帝的心意顯露，並非一件易事，然而上帝是一切盼望的根源，是我們生命的力量泉源。

馬可3次將見證耶穌被釘十字架、埋葬和復活的婦女之名字列出(十五40、47，十六1)，是不尋常的，大概是要指出她們是這些事件的見證人。雖然在猶太人的社會裏，婦女的意見和見證，特別在宗教的事情上，往往不被重視。然而這裏卻指出這些意見不被重視的婦女，是最先見證耶穌復活的人。

星期天清早，旭日初升的時候，這些婦女趕緊來到墳地。她們懷抱著極度哀傷的心情，來到耶穌的墓前，她們不知道耶穌已經復活了；然而，這竟然是人類盼望的開始。

正當她們正在煩惱怎樣才可以把墓門口的石頭滾開時(耶穌的門徒大概都不敢露面，隱藏了起來，所以幫不了她們)，她們赫然發現墓門的石頭已經給滾開了。於是她們走進墓穴，或許是要知道為何石頭會給滾開了，又或許是要看看耶穌的身體是否仍在墓穴中。她們一看，耶穌的屍體已經不見了，只見**「一個青年坐在右邊，身上穿着白色的長袍」**(5節)。這人究竟是誰？他在這裏幹甚麼？他與耶穌的屍體不見了有何關係呢？這些婦女顯得驚惶失措。

這穿白長袍的青年，坐在原本安放耶穌身體的地方的右邊，他要宣告這墳墓並非耶穌命途的結束！這青年無疑是從天上而來的使者(參啟七9、13～14)，他對婦女們說：**「不用驚慌」**(十六6)。這正是天使或耶和華向人顯現時，安慰人叫人可以安心的方式(但八17～18，十8～12)。耶穌的屍首並非被人偷去(參太二十八13)，更不是耶穌自己醒來逃走了，她們也沒有去錯墓穴，她們找不到耶穌，是因為她們沒有相信耶穌說他自己3日後復活的預言，仍到墳塋去找耶穌的身體。這從天上而來的使者要向這些婦女解釋這空墳的意義，他說：**「那位被釘十字架的拿撒勒人耶穌。他不在這裏，他已經復活了！看，這**

是他們安放他的地方。」(十六6)這正應驗了耶穌自己所說的預言(八31，九31，十34)，上帝已叫耶穌從死裏復活。

天使囑咐婦女們，要將耶穌復活這事告訴耶穌的門徒，現在再不用保持緘默了。天使特別吩咐她們要告訴彼得，就是那曾3次不認主，認為自己已一敗塗地，沮喪痛哭的彼得，要他謹記自己要先往加利利去。加利利是耶穌早已和門徒約定見面的地方(十四28)，耶穌已先於他們去到那裏，門徒要在那裏與耶穌重聚，而且好像以前一樣，耶穌要繼續帶領他們。加利利曾是耶穌呼召門徒跟隨他的地方，耶穌在那裏要把門徒重新組織起來，叫他們認清耶穌是誰，重建他們的信心，好讓他們能面對前面的挑戰。

若馬可福音以十六章7節作結，並不會叫人感覺不安，但根據最可靠的古抄本，十六章8節才是全卷福音書的完結的地方，在這一節經文中，作者一連描述了6個這些婦女的負面反應：**「驚訝」**、**「恐懼」**、**「立刻逃離」**(參十四50)、**「飛奔而去」**(參十四52)、**「沒有把這事告訴任何人」**和**「害怕」**。我們或以為這些婦女比耶穌的眾門徒更有信心和膽量，然而她們的反應卻令我們萬分失望。

馬可福音這樣完結，實在令人覺得撲朔迷離，有點兒摸不著頭腦。婦女們驚訝恐懼，飛奔出墓穴，沒有將耶穌復活的事告訴人，這怎可以是全書的結束？我們期望的結尾，大概是積極的，甚而是充滿喜樂的大團圓結局，因此我們可以想像為何後人會覺得此福音書還未寫完，要加上他們認為比較合理的結尾(參10.5.「耶穌復活向門徒顯現，最後被接升天」的討論)。

馬可福音的結尾

雖然在今天的聖經裏，馬可福音的最後一節是十六章20節，然而大多數近代的聖經譯本均會有註腳說明，最古老和可靠、又載錄有馬可福音結尾部分的抄本，均沒有十六章9至20節的部分。事實上，大多數聖經學者都認為，馬可福音原來的結尾是十六章8節。

那麼，現時的十六章9至20節的結尾是從何而來的呢？據現存的抄本，最早記載有這段結尾的抄本是來自5世紀的(不過，5世紀前的教父亦有提及有關的內容)；而在內容上，撰寫這結尾語的信徒明顯是取材自幾本福音書的結尾：

❶ 9～11節：取材自約翰福音二十章1～13節

❷ 12～13節：取材自路加福音二十四章13～35節

❸ 14～18節：綜合了4段有關「大使命」的經文，如馬太福音二十八章16至20節，路加福音二十四章36至49節，約翰福音二十章19至23節和使徒行傳一章6至8節。

❹ 19～20節：綜合了路加福音二十四章50至53節和使徒行傳一章9至11節，有關「耶穌升天」的經文。

其實，十六章9至20節並非惟一的結尾，按現有抄本的證據顯示，至少有另一個結尾(譯文可參《現修》馬可福音的最後部分)。抄錄馬可福音的人之所以補上另一個結尾，是因為他們(就如今天的讀者一樣)認為，以十六章8節作為馬可福音的結尾並不圓滿。

值得注意的是，即使今天我們認為十六章9至20節不是原來的結尾，也並不表示這結尾語完全沒有價值，從此可以把它從聖經中刪除去。因為在1500多年的教會歷史裏，這個結尾已經塑造了一個教會對馬可福音的傳統理解。我們並不是將錯就錯，而是尊重這結尾在教會歷史中所形成的傳統——哪怕有一天考古學又發現有另一個更可靠的結尾！正因為這個緣故，今天通行的希臘文新約聖經以及聖經譯本的馬可福音，依然會印有這段經文，但卻清楚註明這結尾是後期加上的。

其實以婦女的害怕作為整卷福音書的結尾並不奇怪，因為在馬可福音中，「門徒（包括婦女）害怕」是頗常見的，例如：耶穌平靜風和浪時，門徒非常**「恐懼」**（四41；參太八27「驚奇」，作者用了一個側重「驚訝」過於「害怕」的字眼），而患血崩的女人發現自己的病已得醫治時，她戰戰兢兢（五33）。此外，「害怕」的主題並非只與神蹟連上關係，它更用作形容人面對耶穌的神性身分時的反應，不論他們是親身經驗耶穌身為人類救贖者（如彌賽亞）的大能，或是只在旁邊見證那身分的彰顯，例如耶穌步向耶路撒冷時，只有馬可特別記載那些跟隨者都害怕起來（十32），就連大祭司也害怕（十一18）。因此，在馬可福音十六章8節，馬可指出婦女**「又驚訝又恐懼……她們害怕」**，可能是當時實際的情況；但作者主要想指出，婦女已經見證了耶穌的神性身分的彰顯，因為他已復活了。

此外，這好像未完的結尾，亦可能是要引發讀者去思索，究竟我們會否好像這些婦女一樣，雖然看見了空墳，知道耶穌已經復活了，但仍怕得不敢張揚作聲？還是我們會挺身昂首，帶著信心，公開地宣告這大喜的信息？我們有時不敢將福音傳開，是為甚麼呢？我們的緘默合理嗎？耶穌在世時，往往吩咐人不要將他的名聲傳開，但他們卻偏偏要傳開，現在天使吩咐婦女要將耶穌復活的事傳開，她們卻偏偏保持緘默；人的軟弱，於此可見一斑。馬可讓我們看到空墳，看到婦女所看的，聽到她們所聽的，那如今我們又應該怎樣做呢？

這是新一頁的開始，這新的一頁是馬可所見證的，就是有關耶穌的事蹟，包括他的受死、埋葬、復活和升天，終於被傳開了。雖然人的軟弱是明顯不過的，如眾門徒和婦女都會有軟弱，然而耶穌是那扭轉人類命運的那一位，藉著他這福音終被傳揚開去，證明了上帝的大能。

溫習問題(10.2.～10.4.) 在頁347。

10.5. 耶穌復活向門徒顯現，最後被接升天(十六9～20)

這段經文的作者十分熟悉初期教會中有關使徒和神蹟的傳統，這段經文的主題環繞門徒如何由不信耶穌已復活(11、13、14、16節)到相信(16、17節)。全段可分為4個部分：

A. 耶穌復活後向抹大拉的馬利亞顯現(9～11節)

B. 向兩個門徒顯現(12～13節)

C. 向11個門徒顯現(14～20節)

D. 耶穌升天(19～20節)

前3部分是3個有關耶穌復活的見證，這些見證一個比一個具權威性，首先是一個婦女的見證，然後是兩個男性門徒的見證，最後是十一個門徒的見證。

10.5.1. 耶穌向抹大拉的馬利亞顯現(9～11節)

這裏描述耶穌曾經從抹大拉的馬利亞身上趕出7個鬼，在路加福音八章2節記載了這事。這個馬利亞曾是一個被鬼完全操控的人(「7」代表完全)，但耶穌將她釋放了。約翰福音二十章1至2節記載在星期日清晨，抹大拉的馬利亞來到耶穌的墳墓，看見了空墳，並且曾與復活的主對話(約二十11～18)，而耶穌囑咐她要將復活的事告訴門徒。

馬可福音中的記述與約翰福音的很相似，這裏説門徒不相信馬利亞的報告，這同樣見於路加福音二十四章11節。馬可福音的記述中有一點是較為獨特的，就是門徒都在悲傷哭泣，這可能意味著門徒的哀傷(10節)使他們看不見上帝在耶穌身上的神蹟性工作。

10.5.2. 向兩個門徒顯現(12～13節)

這兩節經文概略地描述了路加福音二十四章13至35節中，兩個門徒在以馬忤斯路上與復活的主相遇的事情。馬可福音十六章12節更解釋了為何那兩個門徒認不出耶穌來，因為「耶穌以另一種形像向兩個……門徒顯現」。然而11個門徒也沒有相信這兩個門徒的說話。

10.5.3. 向11個門徒顯現(14～18節)

最後，這裏記載在11個門徒一起吃飯時，耶穌向他們顯現。他首先責備他們不相信之前抹大拉的馬利亞和兩個門徒的見證，這證明他們缺乏信心，心裏頑固(14節)。

接著的記述可以說是馬太福音二十八章19至20節的「大使命」的另一版本(15～18節)。這福音要傳遍世界，因為福音是給予所有人的，不分種族。相信而接受洗禮的人，便能得著救恩(徒二38，八36～38，十六30～33)，而救恩不只是得著救贖，還有行神蹟的能力(參徒五12，十四3；來二4)：會奉耶穌的名趕鬼(徒八7，十六18)、說新的靈語(徒二4，十45～46，十九6；林前十二10、30，十四2、18)、用手拿蛇(徒二十八3～6)、喝有毒的東西也不受傷害和為病人按手叫病人得醫治(徒九32～35、36～43，十四8～10)。這些神蹟奇事，都「證明他們所傳是真實的」(20節)。

10.5.4. 耶穌升天(19～20節)

馬可福音十六章19節將使徒行傳一章9至11節與詩篇一一〇篇1節合併了。耶穌完成了在地上的使命，被接到天上，坐在上帝、那大能者的右邊。十六章20節綜合了初期教會門徒的經歷：門徒放膽將福音傳開，主與門徒同在、與他們一起工作，他們靠著主所賜的能力行神蹟，表明上帝真實的道。這是上文耶穌吩咐門徒要作事情的實踐。

釋經短註

① 亦有人認為祭司長和經學教師們原不想在節期的日子處決耶穌，但因為猶大突然表示願意配合，使他們改變初衷，決意在此時除去耶穌。

② 在新約聖經中，猶大的全名為「加略人猶大」。其中的「加略人」(Iscariot)一詞既可指他來自的地方(但這地方的確實位置仍未能肯定)，亦可能含有當時猶太教中激進派組織「匕首黨」或「刺客黨」(拉丁語：*Sicarii*)之義。

③ 這裏與馬可福音十二章41至44節所載的那窮寡婦的奉獻，有很多相似的地方：如兩者在常人眼中都是不合理的事情，卻為耶穌所稱讚，因為窮寡婦的奉獻代表對上帝的忠心，而這女子的膏抹是對基督的忠誠。

④ 根據原文，耶穌稱這客房為「我的客房」，好像說他才是房子的主人。

⑤ 在此之前，馬可福音十一章7至9節引用了撒迦利亞書九章9節。

⑥ 路加福音中對耶穌門徒的昏睡，提出了另一種解釋，就是他們因憂傷過度而睡著了(路二十二45)。門徒可能因前景不明朗而焦慮，亦可能因耶穌說他們中間有一位要出賣他而焦躁不安，以致不願清醒地面對。

⑦ 在十四章55至63節這9節之中，「見證」及有關的詞彙共出現了7次之多(55節「證據」；56節「誣告」、「證詞」；57節「假證控告」；59、60節「控告」；63節「證人」)。

⑧ 十五章1節所用的「交給」一詞，在十四章中多次出現(10節「出賣」、11節「出賣」、18節「出賣」、21節「出賣」、41節「被出賣」、42節「出賣」、44節「出賣」)。這詞運用在耶穌身上，兩種不同的效果：既可指耶穌被出賣，亦可指耶穌是按上帝的計劃被交上，為要達成救贖的目的。

⑨ 當時的「一隊」是指羅馬全營軍隊的十分之一，約有600人，這裏馬可並非嚴格地指軍隊中的「一隊」。

⑩ 當時釘十字架這刑罰如何進行，並其令犯人致死的原因，可參：Joe Zias, "Crucifixion in Antiquity," <http://www.uncc.edu/jdtabor/crucifixion.html>, 1998; William D. Edwards, Wesley J. Gabel, and Floyd E. Hosmer, "Study on the Physical Death of Jesus Christ," <http://www.frugalsites.net/jesus/crucifixion.html>, 2002。

溫習問題(10.1.)

1. 為何耶穌稱讚那澆純哪噠香油膏在他身上的女子?(十四9)
2. 門徒如何看這女人獻香油膏的行為?這女子的行為與耶穌的彌賽亞身分有何關連?
3. 馬可將一個女人獻香油膏的記載(十四3～9),插在猶大出賣主的經文中間(十四1～2、10～11),其用意何在?
4. 你認為猶大為甚麼要出賣主?
5. 耶穌如何吩咐門徒為他預備逾越節的晚餐?(十四12～16)這與門徒牽小驢給耶穌的事件有何相似之處?(參十一1～7)
6. 耶穌與門徒一同吃的「逾越節晚餐」原本是為記念甚麼事情而設的?
7. 這「最後的晚餐」與逾越節晚餐的程序及意義有何分別?
8. 耶穌在客西馬尼園的禱告及他對門徒的吩咐,對你有何意義?(十四32～41)
9. 從耶穌3次回去對門徒說話的記載中,如何看出耶穌十分體諒門徒的處境?
10. 在耶穌被逮捕的過程中,門徒之一的猶大出賣了他,眾門徒四散奔逃,連與耶穌甚為親近的門徒彼得,也3次不認耶穌,這對你作為耶穌的門徒有何提醒?

溫習問題(10.2.～10.4.)

1. 為何祭司長動用了這麼多人去捉拿耶穌？為何猶大以親吻作記號？(十四43～49)
2. 從門徒的逃跑可看出，他們與耶穌的關係如何？(十四50～51)
3. 大祭司等人以甚麼罪名控告耶穌？最後以甚麼罪名入耶穌罪？(十四53～64)
4. 在聆訊的過程中耶穌有沒有為自己申辯？他如何表明自己的身分？(十四61～62)
5. 彼得所面對的考驗與耶穌的受審之間有何相同之處？彼得與耶穌的表現有何不同？(參十四66～72)
6. 在判決耶穌要被釘十字架這事上，彼拉多擔任甚麼角色？他曾否為耶穌解圍？他應承擔多少責任？(十五1～15)
7. 耶穌被釘十字架之前受了甚麼刑罰？從耶穌所受的刑罰看來，宗教領袖與羅馬人視耶穌為一個怎樣的囚犯？(十五15～20)
8. 耶穌被釘十字架時為何不救自己？他被釘十字架的真正意義何在？
9. 釘十字架這刑罰的可怕之處在哪裏？耶穌被釘十字架致死的這個過程，令你有何感悟？(十五21～39)
10. 若你是耶穌的門徒，你會去看耶穌被釘十字架的情況嗎？你會和那些婦女一樣在星期天早上到耶穌的墓穴，預備以香油抹耶穌的身體嗎？為何？(參十六1～10)

《現代中文譯本修訂版》

聖經

現代中文譯本修訂版

《現代中文譯本》是由聯合聖經公會在1979年出版、1995年完成修訂的。舊約以基托爾氏(Kittel)的希伯來文聖經第三版為根據，新約以聯合聖經公會審訂的希臘文新約第四版為根據。此譯本以「功能對等」的翻譯理論為基礎，力求忠實、靈活，和有效地把原文的意思，以更貼切、流暢、淺明的現代中文表達出來，相信能讓信徒和非信徒在閱讀時更容易明白上帝的話語。

緊扣時代 服事教會

以文字傳揚基督真道

讀者意見表

衷心多謝你購買本社書籍。本社一直致力以出版事工服事教會，幫助信徒扎根於神的話語，促進靈命增長。為使我們的出版更能滿足你的需要，請填寫下列各項資料，並寄回或傳真予本社。

所購書籍：________________

本書最吸引你的地方：
☐作者 ☐適切性 ☐文筆 ☐設計 ☐實用性
☐其他：________________

購買本書地點：
☐基道書樓 ☐基督教書店 ☐非基督教書店

性別：☐男 ☐女 職業：________________

信仰：☐基督徒 ☐非基督徒

年齡：☐ 16 歲或以下 ☐ 17～25 歲 ☐ 26～35 歲
☐ 36～55 歲 ☐ 56 歲或以上

學歷：☐中三或以下 ☐中五 ☐預科
☐大學 ☐研究院

☐我欲更多了解基道出版社的事工及考慮支持，請寄給我下列資料：
☐機構簡介 ☐新書資料 ☐基道會員通訊
☐《基道文字事工通訊》

姓名：________________ 電話：________________

地址：________________

____

傳真：________________ 電子郵件：________________

其他意見：________________

____

多謝賜教！

意見表可以傳真（2687-0281）或直接郵寄以下地址：
香港沙田火炭坳背灣街26號富騰工業中心1011室
基道出版社編輯部收